Dieter Radaj

Spinozas und Einsteins apersonaler Gottesbegriff – Ursprung, Folgen, Überwindung

Dieter Radaj

Spinozas und Einsteins apersonaler Gottesbegriff – Ursprung, Folgen, Überwindung

Die Deutsche Nationalbibliothek verzeichnet diese Publikation
in der Deutschen Nationalbibliographie; detaillierte bibliographische
Daten sind im Internet über http://dnd.d-nb.de abrufbar

wbg Academic ist ein Imprint der wbg

Die Herausgabe des Werkes wurde durch die
Vereinsmitglieder der wbg ermöglicht.
Satz und eBook: Satzweiss.com Print, Web, Software GmbH
Gedruckt auf säurefreiem und
alterungsbeständigem Papier
Printed in Germany

Besuchen Sie uns im Internet: www.wbg-wissenverbindet.de

ISBN 978-3-534-40309-7

Elektronisch sind folgende Ausgaben erhältlich:
eBook (PDF): 978-3-534-40311-0
eBook (epub): 978-3-534-40310-3

Inhalt

Vorwort

Der publikumswirksam auftretende Neue Atheismus war der Anlass, mich mit Spinozas und Einsteins apersonaler Gottesauffassung kritisch auseinanderzusetzen und nach einer überpersonalen Lösung der Gottesfrage zu suchen. Dies geschah im Rahmen eines Rundgangs durch die abendländische Philosophiegeschichte unter Hinzunahme buddhistischer Denkansätze. Als Schlüssel für die Bestimmung der überpersonalen Gottheit erwies sich die Gleichstellung von Sein und (lebendigem) Nichts.

Als auch geisteswissenschaftlich tätiger Naturwissenschaftler hat mich nicht nur Albert Einsteins spezielle und allgemeine Relativitätstheorie besonders interessiert, sondern haben mich ebenso seine sehr bestimmten Aussagen zur Gottesfrage beeindruckt. Dabei wurde ich von Einstein auf Spinoza verwiesen. Von dort aus richtete sich der Blick auf Descartes und Hobbes sowie auf die bedeutenden philosophischen Systementwickler der Neuzeit. Angeregt durch die damit verbundenen geistesgeschichtlichen Einblicke stellte sich mir die Frage, wie die personalen und apersonalen Aspekte Gottes in der überpersonalen Gottheit zu verbinden sind, ohne die Basis vernünftigen Philosophierens und Spekulierens zu verlassen. Bei der Antwort auf diese Frage haben mir Meister Eckhart, Nikolaus Cusanus, Jakob Böhme, Martin Heidegger und Nishitani Keiji den Weg gewiesen.

Das Ergebnis meiner Bemühungen findet der Leser in dem vorliegenden philosophisch-theologischen Sachbuch, das ausgehend von Spinoza und Einstein eine wissenschaftlich fundierte Bestandsaufnahme der abendländischen Philosophie zur angesprochenen engeren Gottesfrage bietet. Etwa ein Drittel des Buchumfangs befasst sich mit Spinozas philosophischem System und Einsteins daraus abgeleiteter Gottesauffassung. Das zweite Drittel erläutert die auf Spinoza folgenden philosophischen Systeme unter dem Aspekt von Sein, Erkenntnis, Ethik und Gott. Das letzte Drittel führt die personalen und apersonalen Bestimmungen Gottes in der überpersonalen Gottheit zusammen.

Meine Ausführungen wenden sich an gebildete Laien mit Interesse an philosophischen oder theologischen Grundsatzfragen, an Menschen, die sich an Albert Einstein als geistiger und moralischer Autorität orientieren, an Theologen, die sich um den Ausgleich zwischen säkularem Atheismus und religiösem Fundamentalismus bemühen, an Theologen, die reformerische oder ökumenische Ziele verfolgen, besonders aber auch an die Mitglieder atheistischer Organisationen.

In der heutigen säkularisierten Welt besteht ein besonderer Bedarf, rationales Wissen und religiösen Glauben zu verbinden. Säkularer Atheismus oder religiöser Fundamentalismus sind keine vertretbaren Optionen. Jeder Einzelne, der dem eigenen Leben einen Sinn geben will, benötigt einen rational vertretbaren Gottesglauben. Internetrecherchen helfen in der Gottesfrage nicht weiter. Vertiefende theologische und philosophische Einblicke werden benötigt, um sich im Leben zu orientieren. Die heutigen christlichen Religionsgemeinschaften kommen diesem Bedarf nicht nach.

Während es die modernen elektronischen Medien gestatten, die Wissensbasis unbegrenzt zu erweitern, sind die elektronischen Möglichkeiten, dieses Wissen zu ordnen, zu verdichten und zu vertiefen, nach wie vor äußerst gering. Dieser Mangel kommt umso mehr zum Tragen, je allgemeiner der zu behandelnde geisteswissenschaftliche Sachverhalt ist. Die Gottesfrage ist ein derartiger Sachverhalt allgemeiner Art. Das vorliegende Buch ordnet und vertieft das zur angesprochenen engeren Gottesfrage vorliegende vielfältige philosophische und theologische Wissen.

Obwohl die Kapitel des Buches einem konsequenten Gedankengang folgen, können sie ohne Verlust an Verständlichkeit auch unabhängig voneinander gelesen werden. Dem besonders schwierigen Kapitel über Spinozas philosophisches System ist eine Kurzfassung beigegeben, um dem eiligen Leser ein Überspringen des anspruchsvollen Haupttextes zu ermöglichen.

Teile meiner Ausführungen fußen in erheblichem Maße auf den Werken anerkannter wissenschaftlicher Fachautoren. Das gilt besonders von den Ausführungen zu Baruch de Spinoza (Fachautor Wolfgang Bartuschat), zu Meister Eckhart (Fachautor Kurt Flasch) und zur Personalität des Menschen (Fachautor Nicolai Hartmann). Die den entsprechenden Textabschnitten beigegebenen Autorenhinweise (kleingedruckte Hochzahlen) sind zu beachten.

Der Wissenschaftlichen Buchgesellschaft danke ich für die Aufnahme des Titels in das reguläre Verlagsprogramm. Um Annahme und Drucklegung des Manuskripts haben sich die Lektoren des Verlags, Jens Seeling, Jan-Pieter Forßmann, Lea Eggers und Sophie Dahmen verdient gemacht. Ihnen gilt mein besonderer Dank. Ebenso danke ich Claudia Raschke für ihre stete Einsatzbereitschaft bei der Erstellung der elektronischen Fassung des Manuskripts.

Stuttgart, im Juni 2019 Dieter Radaj

Kapitel I
Anlass und Inhalt

Der publikumswirksam auftretende Neue Atheismus[1-5] übt scharfe Kritik am Gottesglauben und an jeglicher Art von Religiosität. Protagonist dieser Bewegung ist der englische Evolutionsbiologe Richard Dawkins[6] mit seinem vielbeachteten und zwischenzeitlich auch vielkritisierten Werk *Der Gotteswahn* (engl. *The God Delusion*). Im deutschen Sprachraum vertreten Michael Schmidt-Salomon[7] und Franz Wuketits[8, 9] ähnliche Positionen.

Auslöser des Neuen Atheismus war der Terroranschlag islamistischer Attentäter auf das World Trade Center in New York am 11. September 2001. An dieses Ereignis knüpft das Werk *The End of Faith* des philosophischen Erfolgsautors Sam Harris[10] an. Glaube ohne Evidenz der geglaubten Fakten, insbesondere aber der monotheistische Gottesglaube, werden für überholt erklärt.

Den Vertretern des Neuen Atheismus bereitet es jedoch erhebliche Schwierigkeiten, die ausgesprochen gottgläubige Einstellung namhafter moderner Naturwissenschaftler zu integrieren, allen voran das tief religiöse Weltbild von Albert Einstein.[11-13] So versucht Richard Dawkins Einsteins häufiges Reden von Gott als missverständliche religiöse Metaphorik auszugeben.

Allerdings war Einstein nicht gottgläubig im jüdischen oder christlichen Sinn: Er war zwar kein Gottesleugner, denn er sah voller Ehrfurcht in den physikalischen Gesetzen des Kosmos und deren Erkennbarkeit für den Menschen das Wirken Gottes. Was er jedoch zurückwies, war die „inadäquate" Vorstellung eines dem einzelnen Menschen personal zugewandten, belohnenden und strafenden Gottes, wobei er sich auf Spinoza berief. Diese Zurückweisung kann als Atheismus ausgelegt werden, denn sie betrifft den Kern des jüdischen und christlichen Glaubens. Sie negiert dessen Heilserwartung. Offenbar weist der Gottesbegriff von Spinoza einen schwerwiegenden Mangel auf, der sich in Einsteins Weltbild fortsetzt.

Mit den nachfolgenden Ausführungen wird dem Mangel an Spinozas und Einsteins Gottesbegriff und Weltbild vertiefend nachgegangen. Dabei sind die genannten beiden weltanschaulichen Exponenten nur Ausgangs- und Endpunkt. Dazwischen steht die über die gesamte Neuzeit verteilte Entwicklung philosophischer Systeme, die den Gottesbegriff einbezogen haben. Es werden auch die Philosophen erfasst, auf die sich Spinoza direkt bezieht, insbesondere Descartes und Hobbes. Zu den behandelten nachfolgenden Philosophen gehören Leibniz, Kant, Fichte, Schelling, Hegel und Nicolai Hartmann, deren Ontologien, Erkenntnistheorien, Ethiken und Theologien dargestellt werden. Die Ausführungen münden in eine weitgefasste philosophische Analyse des Personbegriffs und davon ausgehend des personalen Gottesbegriffs. Es wird versucht, die personalen und apersonalen Aspekte Gottes in der überpersonalen Gottheit zu integrieren. Dabei werden die Philosophien und Theologien von Meister Eckhart, Nikolaus Cusanus, Jakob Böhme, Martin Heidegger und Nishitani Keiji zugrunde gelegt. Auf Goethes Naturphilosophie und Schellings Theosophie wird näher eingegangen.

Kapitel II
Ausgang von René Descartes

Das philosophische System von Spinoza geht von Descartes' Philosophie aus, dessen Prinzipien Spinoza in einer besonderen Abhandlung darstellt. Spinozas Philosophie stellt jedoch keine Fortentwicklung des Ansatzes von Descartes dar, sondern ist ein aus fundamentaler Kritik an Descartes entstandener Neuansatz. Um sich Spinozas Positionen zu nähern, ist es daher sinnvoll, zunächst die Aussagen von Descartes zu betrachten. Nur die für das Atheismusthema relevanten ontologischen Prinzipien von Descartes' Philosophie werden nachfolgend angesprochen. Außer Betracht bleiben Descartes' Ausführungen zu den „Leidenschaften der Seele", den Affekten, denn Spinozas Affektenlehre geht nicht von Descartes, sondern von Hobbes aus.

René Descartes (1596–1650) gilt als genialer Mathematiker (Begründer der analytischen Geometrie) und als Initiator der neuzeitlichen Philosophie (Prinzipien der Erkenntnis), aber auch als gescheiterter Naturwissenschaftler (Wirbeltheorie, unbewegte Erde, keine Atome und kein Vakuum, dafür Lebensgeister).[14–16] Er erhielt seine Ausbildung in neuscholastischer Tradition am Jesuitenkolleg von La Flèche. Zur gleichen Zeit wurde er von seinem Mentor, Kardinal Bérulle, in den Augustinismus eingeführt. Danach diente er zunächst als wohlhabender Offizier im holländischen und bayerischen Heer, vorgeblich um die Welt und die Menschen kennenzulernen, wohl aber auch, um der Enge der bürgerlichen Existenz zu entfliehen. Schließlich zog er sich in das relativ liberale Holland zurück, wo er über einen Zeitraum von zwanzig Jahren seine bedeutenden philosophischen Werke verfasste, darunter *Abhandlung über die Methode, seine Vernunft richtig zu leiten und die Wahrheit in den Wissenschaften zu suchen* (1637, französisch) und *Meditationen über die Erste Philosophie, in der die Existenz Gottes und die Unsterblichkeit der Seele bewiesen werden* (1641, lateinisch).

Erkenntnistheorie und Substanzmetaphysik

Descartes treibt die Frage um, wie Erkenntnisgewissheit über Gott und die Welt zu erlangen ist. Wenn Gott als Schöpfer allmächtig ist, könnte es ja sein, dass er dem Menschen als Wahrheit erscheinen lässt, was in Wirklichkeit Irrtum ist. In dieser Weise fundamental zweifelnd, glaubt Descartes Erkenntnisgewissheit ausgehend von zwei Prinzipien gewonnen zu haben, die klar und deutlich wahrgenommen werden (*perceptio clara et distincta*): Gewissheit aufgrund der Existenz des denkenden Ichs (*cogito ergo sum* oder treffender *cogitans sum*) und Gewissheit aufgrund der Existenz des wahrhaftigen Gottes (mehrere Gottesbeweise). In beiden Fällen ist die streng rationale Methode anzuwenden, die sich in der Mathematik bewährt hat. Sie geht von angeborenen Ideen aus.

Der Zweifel, von dem aus sich Descartes zur Selbstgewissheit und Gottesgewissheit durchringt, ist methodischer Art. Er dient der Grundlegung seiner Erkenntnistheorie. Ähnlich wie in der Geometrie, sollen sich aus allgemeinen Prinzipien die Folgerungen im Einzelnen durch streng rationale Deduktion ergeben. Die Existenz von Gott und Einzelseele wird dem herkömmlichen Glauben entsprechend nicht in Zweifel gezogen. Als Beleg dafür mag gelten, dass Descartes für die klare Erkenntnis des *cogito ergo sum* (1619, in der Wärme eines bayerischen Ofens meditierend) eine Wallfahrt nach Loreto zur Mutter Gottes gelobte, die er vier Jahre danach auch tatsächlich ausführte.[15] Auch die Willensfreiheit wird von Descartes nicht in Zweifel gezogen.

Außerdem hat Descartes drei Gottesbeweise vorgetragen, teilweise in Anlehnung an ältere Vorbilder. Erstens: Das Unvollkommene wird über das Vollkommene erkannt, das Endliche über das Unendliche, also das Ich über Gott. Zweitens: Die Idee eines vollkommenen Wesens, also Gottes, kann nicht in einem unvollkommenen Wesen entstanden sein. Drittens: Zur Wesenheit Gottes gehört notwendig das Dasein (noch werden Parmenides folgend Denken und Sein identisch gesetzt).

Der Kern von Descartes' Philosophie ist Substanzmetaphysik. Nach Aristoteles ist Substanz das Wesen eines Dinges, das Bestand Habende, das Beharrende. Von der Substanz unterschieden sind die Akzidentien, die nur an anderem bestehen, die unbeständig sind, die wechselnd und zufällig auftreten. Descartes definiert darüber hinausgehend: „Unter Substanz können wir nur ein Ding verstehen, das so existiert, dass es zu seiner eigenen Existenz keines anderen Dinges bedarf" (*Princ.*

Phil. I 51). Der Substanzbegriff nach Aristoteles beinhaltet nur die Existenzform, während der Substanzbegriff nach Descartes (und später der nach Spinoza) darüber hinaus den Daseinsgrund erfasst. Der Substanz zugehörig sind die Attribute, wesentliche, nicht wechselnde Merkmale der Substanz, und die Modi, unterschiedliche Daseinsweisen der Substanz.

Descartes unterscheidet die eine unendliche Substanz, nämlich Gott (*substantia infinita sive Deus*) von den zwei endlichen Substanzen, der ausgedehnten Substanz (*substantia finita extensa sive corpus*) und der denkenden Substanz (*substantia finita cogitans sive mens*). Ausdehnung und Bewegung werden als Hauptattribute der Körper verstanden, Denken als Hauptattribut des subjektiven Geistes (*mens*).

Der zu dieser Substanzunterscheidung führende Gedankengang stellt sich wie folgt dar. In der Welt gibt es zahlreiche *endliche Substanzen*, die sich jedoch zwei ganz unterschiedlichen Arten zuordnen lassen: einerseits die sinnlich wahrnehmbaren materiellen Substanzen in der Außenwelt, darunter der eigene Körper, und andererseits die sinnlich nicht wahrnehmbaren immateriellen Substanzen in der Innenwelt, darunter der eigene Geist. Der eigene Körper ist räumlich begrenzt, der eigene Geist ist gedanklich begrenzt. Demgegenüber ist der göttliche Geist vollkommen, durch keinerlei Mängel begrenzt, also *unendliche Substanz*. Das Attribut der absoluten Vollkommenheit umfasst die von Descartes auch erörterten weiteren göttlichen Attribute: aus sich selbst heraus existierend, Ursache aller Dinge seiend, außerdem allwissend, allmächtig, ewig, einfach, unendlich, absolut gut. Das Attribut der absoluten Vollkommenheit schließt aus, dass Gott den Menschen mit Trugbildern als vermeintlicher Wahrheit geschaffen hat.

Die drei genannten Substanzen sind nicht voneinander unabhängig, wie es Descartes' eigene Substanzdefinition fordert. Die beiden endlichen Substanzen leiten ihr Sein von der unendlichen Substanz, dem Schöpfergott ab. Sie interagieren: Gedanken bewegen den Körper, körperliche Vorgänge bewegen den Geist. Descartes spricht von einer „substantiellen Verbindung“ von Körper und Geist. Die Verbindung zwischen Körper und Geist (oder Seele) wird nach Descartes durch die Lebensgeister im seinerzeit neu entdeckten Blutkreislauf hergestellt, die über die im Gehirn freischwebend angenommene Zirbeldrüse mechanisch wechselwirken. Die Körperbewegungen werden als mechanisch und determiniert gedeutet, die Geistesbewegungen als frei und indeterminiert. Der Widerspruch in der Auffassung der beiden endlichen Substanzen als wechselwirkend statt unabhängig blieb Descartes nicht verborgen. Er sprach von einer „rätselhaften Tatsache".

Descartes war ängstlich darum bemüht, von den Glaubenshütern der Kirchen und Glaubensgemeinschaften nicht als Häretiker wahrgenommen zu werden und suchte auch deshalb die Abgeschiedenheit. Die Verurteilung von Galilei durch die römische Inquisition hatte ihn tief erschreckt. Noch belastender waren die Angriffe protestantischer Gemeinden in seiner unmittelbaren holländischen Umgebung. Man versuchte, ihn wegen Atheismus gerichtlich zu belangen, und die Universität Leiden verbot 1648, seine Philosophie zu lehren oder seine Schriften zu zitieren. Der Prinz von Oranien, Statthalter des spanischen Königs in der Republik der Niederlande, als solcher den kirchlichen Gemeinschaften sowie der Universität gegenüber weisungsbefugt, musste zugunsten von Descartes einschreiten.

Erst später (1663, *post mortem*) kamen die Schriften des Descartes wegen verschiedener Häresien auch auf den Index der verbotenen Bücher in der römischen Kirche. Nicht der zur Bewusstseinswahrheit führende fundamentale Zweifel dürfte den Ausschlag gegeben haben, denn schon der Kirchenvater Augustinus hatte befunden: „Wenn ich irre, weiß ich, dass ich bin" (*De civ. Dei* XI, 26). Aber andere Elemente des rationalen Systems von Descartes waren mit katholischer Theologie nicht ohne Weiteres vereinbar, so der Ausgang der Philosophie allein vom Menschen, die Auffassung des Menschen allein als „denkendes Ding" und damit einhergehend die Subjekt-Objekt-Spaltung der Wirklichkeit und schließlich die mechanistische Deutung der natürlichen Lebenswelt: Tiere sind Automaten, Menschen sind vom Geist gesteuerte Maschinen. Auch in den Aussagen zur Trinität der Gottheit dürften Häresien entdeckt worden sein.

Inwieweit Descartes seinen eigenen Gottesbeweisen auch existentiell traute ist ungewiss. Die folgenden zwei Einlassungen belegen seine Ambivalenz: „Wie die Schauspieler eine Maske aufsetzen, damit auf ihrer Stirne nicht die Scham erscheine, so betrete ich das Theater der Welt – maskiert" und er sei „ein Mensch, der allein und in den Finsternissen geht".[14]

Kritik an Descartes: Pascal, Geulincx, Malebranche

Die Schriften des Descartes wurden von vielen Zeitgenossen begeistert aufgenommen, aber auch zurückgewiesen, wobei sich Zustimmung oder Ablehnung keineswegs bestimmten Geistes- oder Religionsströmungen zuordnen läßt. Drei namhafte Philosophen haben in der Auseinandersetzung mit Descartes' Philosophie deren Mängel thematisiert und versucht, diese zu beheben: Pascal, Geulincx und Malebranche. Auf die Fundamentalkritik der englischen Empiristen am einseitigen Rationalismus Descartes' wird nicht eingegangen, weil für Spinozas Philosophie irrelevant.

Blaise Pascal (1623-1662), der ebenso wie Descartes ein genialer Mathematiker war (Begründer der Wahrscheinlichkeitsrechnung) und sich mit dessen Philosophie auseinandergesetzt hat, verfasste seine Schriften (*Pensées*) und Briefe (*Lettres provinciales*) zurückgezogen lebend in der Zisterzienser-Abtei von Port Royal des Champs bei Versailles. Er trat als Sprecher des dort befindlichen Jansenistenzentrums auf. Die Jansenisten bildeten eine Reformbewegung innerhalb der katholischen Kirche, die sich auf die Lehren des Kirchenvaters Augustinus berief (Erbsünde und Gnadenwahl). Die Reformbewegung hob die Innerlichkeit des Glaubens hervor und richtete sich gegen die Weltläufigkeit der Jesuiten. Sie wurde 1713 vom Papst als häretisch verdammt. Der Jansenismus wurde daraufhin vom französischen Staat verboten.

Pascal sucht ebenso wie Descartes ausgehend vom Zweifel die gesicherte Erkenntnis. Ein Bekehrungserlebnis 1654 führt den zunehmend schwer Erkrankten vom Gott der Philosophen zum Gott Abrahams und Jesu Christi, dessen Leiden ihm zur demütigen Annahme der eigenen Krankheit verhilft und dessen Wahrheitsanspruch er nunmehr vertritt.

Als Philosoph übt Pascal heftige Kritik am zu mathematischen Geist des Descartes, der das Einzelne und den Einzelnen aus dem Blick verliert: „Wir erkennen die Wahrheit nicht nur mit der Vernunft (fr. *raison*), sondern auch mit dem Herzen (fr. *cœur*) [im Sinne von Gefühl]“ oder auch „Das Herz hat seine Gründe, die die Vernunft nicht kennt, man erfährt das in tausend Dingen“. Neben dem *esprit de géometrie* stehe der *esprit de finesse* [im Sinne von Feingefühl]. Gott ist für Pascal einmalige Person, die in je einmaliger Weise das einmalige Individuum anruft. Pascal verweist darauf, dass die Details der rationalen Gottesbeweise schon nach kurzer Zeit nicht mehr erinnert werden, während die Gegenwart Gottes dem Gläubigen jederzeit fühlbar ist.

Die angesprochene Aporie von Descartes' Substanzdefinition hat der seit 1665 in Leiden lehrende Philosoph Arnold Geulincx (1624–1665) durch die *causa occasionalis* zu überwinden versucht (Begründer des Okkasionalismus). Bei Gelegenheit des seelischen Vorgangs trete der leibliche Vorgang ein und bei Gelegenheit des leiblichen Vorgangs der seelische, weil Gott dieses Eintreten veranlasst. Da nicht der Mensch, sondern Gott dies bewirkt, ist der Mensch nur Zuschauer der Weltmaschine. Er ist dennoch in seinen sittlichen Handlungen frei und vor Gott verantwortlich, wobei Demut, Liebe und Vernunft (lat. *ratio*) die maßgebenden Tugenden sind. Die Vernunft sei das Gesetz und Bild Gottes in unserem Geist. Geulincx gilt als bedeutender Ethiklehrer. Sein Okkasionalismus verharrt im Begrifflichen, ohne einen Sachbezug zur Wirklichkeit herzustellen.

Der den heutigen Rezipienten naiv erscheinende Okkasionalismus gründet sich in der seinerzeitigen, auch von Descartes vertretenen Auffassung, dass Gott von Augenblick zu Augenblick die Welt neu erschafft. Der stetige Fluss der Zeit war noch nicht konzipiert.

Ein weiterer Vertreter des Okkasionalismus ist Nicolas Malebranche (1638–1715), Mitglied des von Kardinal Bérulle gegründeten Oratoriums Jesu zu Paris, das die Verinnerlichung des religiösen Lebens im Geiste Augustinus' anstrebte, im Unterschied zur stärker säkularen thomistischen Ausrichtung der Jesuiten. Malebranche versucht, Descartes' Substanzproblematik im Sinne Augustinus' zu lösen. Das Ich schaut in Gott die Ideen der erschaffenen Dinge, nicht die Dinge selbst. Das Erkannte ist demnach unendlicher Geist. Die Körperdinge sind deren endliche Einschränkung, die von den Sinnen getrübt wahrgenommen werden. Die Wechselwirkungslehre von Descartes erübrigt sich, weil der Geist nur Geistiges erkennt. Dennoch ist der Okkasionalismus nicht aufgehoben. Auch wenn das Ich aus und in Gott lebt, ist die göttliche Kausalität auf die Gelegenheiten des Ichs angewiesen.[15]

Zusammenfassend ist festzustellen, dass alle drei angeführten Philosophen eine Verbindung herstellen zwischen dem Ansatz von Descartes und einem verinnerlichten Gottesbild im Geiste des Augustinus. Pascal stellt der rationalen Erkenntnis des Verstandes die gefühlte Erkenntnis des Herzens zur Seite, womit er die Realität der menschlichen Existenz gerecht wird. Geulincx und Malebranche verharren in der Begriffsproblematik von Descartes' Substanzen. Alle drei Philosophen sind der reformatorischen Bewegung augustinischer Prägung innerhalb der jesuitisch bzw. thomistisch bestimmten Gegenreformation zuzurechnen. Sie sind bekennende Theisten.

Kapitel III
Baruch de Spinozas philosophisches System

Wir wenden uns jetzt Spinoza zu, auf dessen Philosophie und Religion sich Einstein beruft. Spinoza hat in kritischer Auseinandersetzung mit Descartes' Substanzmetaphysik und Erkenntnistheorie ein eigenständiges, streng rational begründetes philosophisches System entwickelt. Dieses ist weit mehr als ein theoretisches Begriffssystem. Es ist eine Anleitung zum rechten Lebensvollzug, wie aus dem Titel *Ethica* seines Hauptwerks ersichtlich ist.

Baruch de Spinoza (1632–1677), geboren im Judenviertel von Amsterdam als Abkömmling jüdischer Eltern, die aus Portugal eingewandert waren, besuchte neben einer privaten Lateinschule die jüdische Talmudschule, vom Vater für die Laufbahn eines Rabbiners bestimmt, und arbeitete anschließend im väterlichen Handelsgeschäft mit. Zur selben Zeit schloss er sich einem Gesprächskreis von Mennoniten an, Anhänger einer seinerzeit verbreiteten freikirchlichen christlichen Erneuerungsbewegung. Selbst freisinnig denkend, befreite sich Spinoza aus der Enge der jüdischen Orthodoxie. Seine kritischen Einlassungen zu den Schriften des Alten Testaments führten zum Konflikt mit der jüdischen Gemeinde, die ihn 1656 „wegen schrecklicher Irrlehren" ausschloss, was ihm die Möglichkeit nahm, weiterhin als Kaufmann tätig zu sein. Schließlich wurde er 1660 auf Betreiben der jüdischen Gemeinde aus Amsterdam ausgewiesen. Spinoza ließ sich daraufhin erst in der Nähe von Leiden, dann in der Nähe von Den Haag nieder. Einen geringen Lebensunterhalt verdiente er als Linsenschleifer. Anspruchslos und zurückgezogen lebend verfasste er seine philosophischen Schriften, insbesondere sein Hauptwerk *Ethica*, das er 1675 abschloss. Einen ehrenvollen Ruf auf eine Professur an der Universität Heidelberg (1673) lehnte er ab. Spinoza starb 1677 an Lungentuberkulose. Das philosophische System dieses zu Lebzeiten aufs Übelste beschimpften Philosophen wurde nach seinem Tod zunehmend bewundert und anerkannt (Spinozismus).

Gegenstand, inhaltliche Struktur und argumentative Methode von Spinozas philosophischem System erschließt sich aus seinem Hauptwerk *Ethica ordine geometrico demonstrata* (*Ethik, nach der geometrischen Methode dargestellt*), aus vier kleineren, begleitenden Werken, die in die Religions- und Politiktheorie ausgreifen, sowie aus seinen Briefen. Zur Einführung empfohlen seien die Übersichten zur Philosophiegeschichte[14–16] und zum Inhalt bedeutsamer philosophischer Werke,[17] die verbreitete ältere Übersetzung von Spinozas wichtigsten Schriften,[18] eine moderne Übersetzung der *Ethica* einschließlich lateinischem Original[19] sowie zwei anspruchsvolle vertiefende Darstellungen aus neuerer Zeit.[20, 21]

Gegenstand der *Ethica* ist eine Anleitung zum Wohlergehen des Menschen, die auf der adäquaten Erkenntnis Gottes und der Natur des Menschen beruht. Der Text umfasst fünf Teile, deren Überschriften über die argumentative Vorgehensweise Auskunft geben: I. Über Gott, II. Über die Natur und den Ursprung des Geistes, III. Über den Ursprung und die Natur der Affekte, IV. Über die menschliche Knechtschaft oder die Macht der Affekte, V. Über die Macht des Verstandes und die menschliche Freiheit. Die Teile I und II beinhalten eine streng logisch aufgebaute Substanzmetaphysik, die die Mängel des Ansatzes von Descartes überwindet. Die Teile III und IV bieten eine Theorie der Affekte, die den Ansatz von Hobbes weiterentwickelt. Der Teil V enthält die eigentliche, allein auf Spinoza zurückgehende Ethik.

Die im Titel der *Ethica* genannte „geometrische Methode" (*mos geometricus*) ist der logischen, streng rationalen Beweisführung in Euklids Werk *Elemente* angeglichen. Aus selbstevidenten oder formal gesetzten widerspruchsfreien Axiomen werden über logische Schlüsse die speziellen Lehrsätze abgeleitet. Demnach reihen sich in der *Ethica* folgende Aussagearten aneinander: Definitionen, Axiome, Propositionen (Lehrsätze) und Demonstrationen (Beweise). Außerdem gibt es Collorarien (Zusätze), Appendices (Anhänge), Explikationen (Erläuterungen) und Scholien (Anmerkungen). Nach der geometrischen Methode wird das Wesen eines Dinges aus den bewirkenden Ursachen erschlossen („genetisches Verfahren"). Die kausale Definition der Begriffe verbürgt die Wirklichkeit der bezeichneten Dinge (Begriffsrealismus) und ermöglicht über hypothetisch gesetzte Ursachen und anschließende experimentelle Überprüfung der Wirkungen die Weiterentwicklung des Wissens (*ars inveniendi*). Die Methode war nach Hobbes auf die vom Menschen erzeugten Gegenstände der Geometrie und Politik anwendbar. Spinoza übertrug sie auf die nicht vom Menschen erzeugten Gebilde der Natur und Metaphysik.

Die streng rationale Beweisführung in der *Ethica* ist mit profunden empirischen Kenntnissen der menschlichen Natur verbunden, in der Erkenntnistheorie ebenso wie in der Affektenlehre. Die nachfolgend ebenfalls ausgewertete Schrift *Tractatus theologico-politicus* weist darüber hinaus Spinoza als Pragmatiker aus. Allem voran steht Spinozas intensiver Gottesbezug. Novalis spricht von einem „gottestrunkenen Menschen".

Spinozas philosophisches System wird nachfolgend in Anlehnung an Bartuschat[20] dargestellt, unterteilt in *Ontologie*, *Erkenntnistheorie*, *Affektenlehre* sowie *Vernunft und menschliche Freiheit*. Ausführungen zum *Eigenbereich der herkömmlichen Religion* ergänzen die Ausführungen. Da Spinozas Werke in lateinischer Sprache verfasst sind, werden zu den wichtigsten Begriffen die lateinischen Bezeichnungen in Klammern angegeben. Um dem eiligen Lesen ein Überspringen des anspruchsvolleren Haupttextes zu ermöglichen, wird am Ende des Kapitels eine Kurzfassung von Spinozas philosophischem System gebracht.

Ontologie

Zur Substanz:[20] Spinoza fasst das Seiende über die Begriffe „Substanz", „Attribut" und „Modus". Er geht von dem Axiom aus: „Alles was ist, ist entweder in sich oder in einem anderen". Substanz ist, was in sich ist und durch sich begriffen wird. Es gibt nur eine einzige, unbedingte, unendliche Substanz und nichts außerhalb derselben. Die Modi oder Daseinsformen der Substanz sind ihr immanent zugeordnet, allein aus ihr kausal ableitbar und angemessen begreifbar. Dies begründet einen universellen Determinismus, der den Zweck ebenso wie den Zufall und das nur Mögliche ausschließt. Gott oder die unendliche Substanz ist Ursache seiner selbst (*causa sui*) und zugleich die Ursache aller Dinge (*causa omnium rerum*). Sein Wesen ist hervorbringende Macht (*potentia*), die sich in allen endlichen Dingen als immanente Kausalität manifestiert. Daher die aus der *Ethica* bekannte Formel „*Deus sive natura*" (wobei mit *natura* das beseelte Universum gemeint ist) oder genauer „*Deus sive substantia sive natura*" oder noch präziser „*Deus sive substantia sive natura naturans*" für das wirkmächtige Ursache-ihrer-selbst-Sein der einen Substanz und die Formel „*natura naturata*" für deren Wirkung als Vielheit der Modi. Damit ist eine einheitliche Theorie des Weltganzen gegeben, deren

Teile sich als Modi aus einem einzigen Prinzip herleiten. Dies ist eine Variante des Pantheismus, nach der Gott als unendliche Substanz die der Welt *immanente* Wirkmacht und nicht ihr *transzendenter* Schöpfer ist. Alle Dinge emanieren mit Notwendigkeit aus Gott, aber das All der Dinge ist nicht mit Gott gleichzusetzen (so in einem Brief von Spinoza hervorgehoben[21]). Wohl kann man mit Goethe sagen, dass sich Gott in der lebendigen, schöpferischen Natur ausdrückt. Die Bezeichnung „Panentheismus" (gr. „alles in Gott") ist treffender als Pantheismus.

Zu den Attributen:[20] Unter „Attribut" versteht Spinoza dasjenige, was der Verstand an der Substanz bzw. am Modus der Substanz als deren Wesen (*essentia*) erkennt. Es gibt unendlich viele Attribute der einen Substanz. Sie werden nicht, wie die Modi, hervorgebracht, sondern sind die bereits in der Substanz verankerten Hervorbringungsweisen. Essentiell verschiedene Weltdinge sind so aus der einen Substanz herrührend erklärlich. Von den unendlich vielen Attributen der unendlichen Substanz sind aber nur die Attribute „Geist" und „Körper" der menschlichen Erkenntnis zugängig. Damit kommt Gott neben dem Attribut des Denkens (*cogitatio*) das Attribut der Ausdehnung (*extensio*) zu. In beiden Fällen ist Gott hervorbringende Ursache. Aus dem Parallelismus von Geist bzw. Idee und Körper bzw. Ding in ihrem Ursprung folgt eine Reihe grundsätzlicher Aussagen. Da Idee und Ding im Ursprung übereinstimmen, ist die Idee notwendigerweise wahr, und alles Seiende ist grundsätzlich verstehbar. Die Ordnung und Verknüpfung der Ideen ist dieselbe wie die Ordnung und Verknüpfung der Dinge. Geistige und körperliche Ereignisse sind zwar essentiell verschieden, jedoch nur unterschiedliche Aspekte desselben Vorgangs. Ideen können andere Ideen hervorrufen, Dinge können andere Dinge bewegen, aber Wechselwirkung zwischen Ideen und Dingen ist ausgeschlossen.

Zu den unendlichen Modi:[20] Die unendlichen ewigen Modi werden aus der unendlichen Substanz hervorgebracht. Sie lassen keine Modifikation zu den endlichen vergänglichen Modi zu. Ein endlicher Modus ist nicht aus einem unendlichen Modus kausal ableitbar, kann auch nicht von ihm her begriffen werden. Er ist zwar Teil des Weltganzen, gewinnt seine Bestimmung aber nicht aus diesem, sondern aus der Relation zu den anderen endlichen Modi. Der Mensch als endlicher Modus bedient sich dabei des Verstandes. Und hierbei haben die unendlichen Modi die Funktion, ein Allgemeines, den Einzeldingen Gemeinsames darzustellen, unter dem sich die Einzeldinge der Welt erkennen lassen. Der Parallelismus der Attribute begründet die der körperlichen Welt korrespondierenden Begriffe, die den Einzelmenschen gemeinsam sind. Darüber hinaus leitet sich ein Gemeinsames der Gedanken selbst aus dem Attribut „Denken“ her. Dieses Gemeinsame ist der unendliche Verstand, an dem der endliche Verstand als dessen Teil partizipiert. Das adäquate Erkennen als ein Element der hervorgebrachten Welt ist daher dem Menschen nicht verschlossen. Die Frage ist jedoch, *wie* der Mensch zur adäquaten Erkenntnis gelangen kann.

Zu den endlichen Modi:[20] Die endlichen Modi unterscheiden sich grundlegend von den unendlichen Modi. Den endlichen Modi sind Zeitlichkeit und Veränderlichkeit zuzuordnen, während die unendlichen Modi zeitlos und unvergänglich existieren. Die endlichen Modi sind daher nicht aus den unendlichen Modi herleitbar. Sie besitzen ein eigenständiges Sein.

Den endlichen einzelnen Dingen kommt nach Spinoza reales Existieren zu. Ihr Wesen (*essentia*) ist die im Endlichen wirkende Macht Gottes. Diese folgt aber nicht unmittelbar aus der Natur der unendlichen Substanz, sondern vermittels der Wirkmacht der anderen endlichen Dinge. Ein endlicher Modus unterliegt somit einer doppelten Form von Kausalität. In seiner wirkmächtigen Essenz ist er durch die unendliche Substanz bestimmt (immanente, auf Gott beruhende Kausalität). Gleichzeitig ist er jedoch über die anderen endlichen Modi mit Notwendigkeit äußeren Ereignissen ausgesetzt (innerweltliche Kausalität). Spinozas bekannte Aussage, dass es in der Natur der Dinge nichts Zufälliges gibt, sondern alles mit Notwendigkeit ursächlich bestimmt ist (strenger Determinismus), lässt dennoch dem Menschen als endlicher Modus eigene Gestaltungsmöglichkeit. Er kann der eigenen Natur folgend auch losgelöst von den äußeren Zwängen handeln (*agere*).

Eine Theorie des wirklichen Wesens (*actualis essentia*) des endlichen einzelnen Dinges ist Spinozas Affektenlehre vorangestellt. Das wirkliche Wesen bestimmt sich als das „Streben“ (*conatus*), sein eigenes Sein zu bewahren, also gegen ein bedrohendes Äußeres abzusichern. Die Bedrohung folgt aus der Relation zu den anderen Dingen. Diese Relation gilt es daher adäquat zu erkennen.

Erkenntnistheorie

Zu Geist und Körper:[20] Im Unterschied zu Descartes geht Spinozas Erkenntnistheorie nicht von einer Analyse des erkennenden Subjekts aus, sondern von der Ontologie der Substanz unter dem Attribut „Denken“ (*cogitatio*). Unter diesem Attribut bringt Gott die Ideen hervor, während er zugleich unter dem Attribut

„Ausdehnung“ (*extensio*) die zugehörigen Körper produziert. Dem menschlichen Geist (*mens*) korrespondiert der menschlichen Körper. Der menschliche Geist konstituiert sich durch das Wahrnehmen (*percipere*) des eigenen Körpers. Es gibt keinen körperunabhängigen Geist im Sinne von Descartes.

Der Parallelismus von menschlichem Geist und menschlichem Körper ist jedoch nach Spinoza unvollkommen, denn zunächst dominiert die körperliche vor der geistigen Sphäre. Demzufolge muss zwischen inadäquater und adäquater Erkenntnis unterschieden werden.

Die geistigen Subjekte unterscheiden sich entsprechend den körperlichen Eigenheiten. Da es zu jedem Körper eine Idee gibt, sind alle Einzeldinge, nicht nur der Mensch, beseelt (*animatus*), allerdings in unterschiedlichem Maße, der Komplexität der Körper entsprechend. Da der menschliche Körper aus sehr vielen Elementen zusammengesetzt ist, wird er auf vielfache Weise von äußeren Körpern affiziert und affiziert seinerseits in vielfacher Weise die äußeren Körper. Das Affizieren wird entsprechend dem von Descartes übernommenen mechanischen Weltbild als Übertragung von Bewegung gedeutet. Aus der Komplexität des menschlichen Körpers folgt die Komplexität des menschlichen Geistes. Dieser ist aber nicht mit den Ideen gleichzusetzen, sondern hat oder bildet die Ideen (im Sinne von Begreifen). Der Geist ist Subjekt, das die Ideen der Körper begreift. Die Ideen haben also ein vom Subjekt unabhängiges Sein.

Zur inadäquaten Erkenntnis:[20] Nach Spinozas Ontologie korrespondieren Wissen und Sein bzw. Idee und Gegenstand. Das heißt jedoch nicht, dass der Mensch auf diese Weise das Sein oder den Gegenstand als solche erkennt, denn die Erkenntnis erfolgt über die Ideen seines Körpers, und sein Körper wird von anderen Körpern affiziert. Nicht die anderen Körper selbst werden dem Geist angezeigt, sondern die Reaktion des eigenen Körpers auf die anderen Körper. Diese Reaktion hängt von der je einmaligen Konditionierung des einzelnen Menschen ab. Insbesondere sind es die als Erinnerungen verfestigte Vorstellungsbilder (*imagines*), die einer unvoreingenommenen Interpretation neuer Eindrücke entgegenstehen. Ein solches unzureichendes Erkennen bezeichnet Spinoza als „inadäquat“.

Der Ausgang des Erkennens ist demnach eine undeutliche, perspektivisch verzerrte oder verworrene Wahrnehmung, die über die Affektionen des Körpers Vorstellungsbilder erzeugt. Erst von diesen körperlichen Ereignissen hat der menschliche Geist Ideen. Die Ideen sind also über den menschlichen Körper von dessen Affektionen bestimmt. Auf diese Weise ist dem einzelnen Menschen Weltorientierung möglich, aber die gewonnene Erkenntnis ist dennoch inadäquat. Dies gilt auch für die Selbsterkenntnis, denn der menschliche Geist nimmt über die Vergegenständlichung seines Körpers lediglich dessen Affektionen über die ihnen entsprechenden Ideen wahr.

Der Grund für inadäquate Erkenntnis ist also nicht die Endlichkeit des menschlichen Verstandes als Teil des unendlichen Verstandes, sondern resultiert aus den zufälligen, von außen kommenden Affektionen des einzelnen Menschen. Die Verzerrung durch die zeitlich aufeinanderfolgenden Affektionen kann jedoch durch die auf das zeitlos Gemeinsame der Dinge gerichtete, von innen kommende *ratio* überwunden werden. So wird adäquate Erkenntnis möglich.

Zur adäquaten Erkenntnis:[20] Die Erkenntnis des Gemeinsamen durch die *ratio* ist adäquat, weil sie von der zufälligen Konditionierung des einzelnen Körpers absieht und die Dinge aufgrund ihres Status als Modi der Substanz wahrnimmt. Statt des Einzelnen muss ein Allgemeines erkannt werden. Im Feld der Körper ist das die Gesetzmäßigkeit von Bewegung. Im Feld des Geistes sind es die allen Menschen gemeinsamen Ideen und Begriffe (*notiones*). Adäquat erkannt ist, was aus der göttlichen Substanz unter dem Attribut des Denkens mit Notwendigkeit folgt. Der menschliche Geist hat die Ideen aus ihren wahren Ursachen herzuleiten. Eine adäquate, also wahre Idee ergibt sich nicht aus der Übereinstimmung mit dem jeweiligen Gegenstand, die ja nicht überprüfbar ist, sondern aus der subjektiven Gewissheit der Idee und des von ihr bezeichneten Gegenstandes.

Das Bilden der Idee durch den Menschen verlangt nach einem Kriterium, ob die gebildete Idee wahr oder falsch, also adäquat oder inadäquat ist. Eine Idee ist wahr, wenn sie die Folge des logischen Denkens ist. Sie ist unwahr, wenn sie sich aus einer Abfolge körperlicher Ereignisse herleitet. Daraus gewinnt Spinoza die für die Ethik bedeutsame Folgerung, dass der Mensch in geistiger Perspektive die göttliche Substanz direkt ausdrückt, eben durch das Bilden der wahren Ideen. Wenn der Mensch das ihm mögliche adäquate Erkennen gegenüber dem ihn zunächst bestimmenden inadäquaten Erkennen zur Geltung bringen kann, ist er in der Lage, ein der eigenen Erkenntnis entsprechendes gutes Leben zu führen.

Zur rationalen und intuitiven Erkenntnis: Nach Spinoza gibt es drei Erkenntnisformen: die inadäquate Erkenntnis in Form der *imaginatio* und die adäquate Erkenntnis, unterteilt in *ratio* und *scientia intuitiva*. Die inadäquate Erkenntnis entspricht der natürlichen Verfasstheit des menschlichen Körpers. Adäquate Erkenntnis bedarf besonderer geistiger Anstrengung.

Für das Nebeneinander von rationaler und intuitiver Erkenntnis gibt Spinoza folgende Begründung. Die auf das Allgemeine gerichtete *ratio* kann nicht das Wesen des einzelnen Dinges erfassen. Insbesondere kann sich der einzelne Mensch in seiner Existenz auf dieser Basis nicht adäquat begreifen. Das Allgemeine muss daher im Hinblick auf den einzelnen Menschen konkretisiert werden. Nach Spinoza kann dies durch ein intuitives Fortschreiten vom höchsten Allgemeinen eines unendlichen Modus zum spezifisch Einzelnen des endlichen Modus erfolgen, daher die Bezeichnung „*scientia intuitiva*". Hinter der rational vorbereiteten Intuition steht ursächlich Gott, der gleichermaßen im Allgemeinen wie im Einzelnen wirkmächtig ist. Dies folgt aus der Auffassung, dass Gott allem Sein immanent ist. Die Selbsterkenntnis des menschlichen Geistes ist somit unabhängig von allem, was dem Geist äußerlich ist.

Die intuitive Erkenntnisform des endlichen Menschen verbleibt in unaufhebbarer Differenz zur unendlichen göttlichen Substanz. Sie ist mit der Natur des Menschen verträglich, dessen Wesen ein Handeln (*agere*) und Streben (*conatus*) ist, sich gegenüber den von außen verursachten Erregungen des Körpers, den Affekten, zu erhalten. Die Affekte werden im Rahmen der *imaginatio* als Leiden erfahren, können jedoch über die *ratio* und die *scienta intuitiva* reguliert werden, was Freude erzeugt.

Affektenlehre

Zum fortdauernden Streben (conatus perseverandi):[20] Die Affekte sind nach Spinoza Leidenszustände des Gemüts, die sich aus natürlichen Ursachen erklären lassen. Es sind dies nicht etwa zu vermeidende Fehler der menschlichen Natur, sondern Eigenschaften dieser Natur, die es zu begreifen gilt. Ziel der Untersuchungen ist eine mit der menschlichen Natur verträgliche Theorie der Macht des Verstandes (*potentia intellectus*) über die Affekte. Da der Mensch als endlicher Modus äußeren Ursachen ausgesetzt ist, kann er jedoch keine uneingeschränkte Macht über die Affekte erlangen. Der Mensch leidet an den Affekten, obwohl oder gerade weil er in seinem Streben nach Selbsterhaltung ein handelndes Wesen ist.

Der Affektenlehre ist daher die Theorie des Strebens (*conatus*) nach Selbsterhaltung und Selbststeigerung vorangestellt. Sie besagt, dass jeder einzelne Mensch ebenso wie jedes einzelne Ding als Modus der Substanz etwas in sich selbst ist, das beim Menschen als die eigene Macht des Handelns beschrieben werden kann. Diese muss gegen Äußeres erhalten und, wenn möglich, gesteigert werden, was Freude erzeugt. Wird sie jedoch gemindert, so wird dies vom handelnden Subjekt als Leiden wahrgenommen.

Spinoza gibt die Bedingungen an, unter denen die Handlungsmacht gesteigert werden kann. Zum einen gelingt die Beherrschung der Affekte nur durch ein Handeln innerhalb der Affekte und nicht gegen sie. Zum anderen kann derjenige mit den Affekten am besten umgehen, der ein Wissen von deren Wirkungsweise hat.

Ungeeignet für die Beherrschung der Affekte sind nach Spinoza das Konzept des der Handlung vorausgehenden freien Willens, das Konzept des von der Handlung unabhängigen Zieles und das Konzept des Normativismus, nach dem das Sollen Vorrang vor dem Faktischen hat.

Zur Herleitung der Affekte:[20] Der Ursprung der körperlich aufgefassten Affekte liegt nach Spinoza nicht im Körper selbst, sondern im Streben des sich seiner selbst bewussten Geistes. Der menschliche *conatus* ist primär im Geist und in dessen Vorstellungen verankert (*conatus imaginandi*). Daraus ergeben sich nach Spinoza die drei Basisaffekte: Begierde (*cupiditas*), Freude (*laetitia*) und Trauer (*tristitia*). Die Begierde artikuliert sich als ein bewusstes Streben ohne vernünftig begründbares Ziel („blindes Begehren"), ausgelöst durch eine momentane äußere Erregung. Gelingt dabei eine Mehrung der Macht, dann löst dies den Affekt der Freude aus. Kommt es jedoch zu einer Minderung der Macht, dann entsteht der Affekt der Trauer. Aus den Basisaffekten leitet Spinoza eine Fülle von weiteren speziellen Affekten ab.

Jene Gegenstände, von denen der Mensch sich vorstellt, dass sie Ursache von Freude sind, versucht er zu erlangen. Jene Gegenstände, die er als Ursache von Trauer ansieht, versucht er zu meiden. Dieses gegenläufige Bemühen begründet die Basisaffekte von Liebe und Hass. Da aber die auslösenden Gegenstände auch durch Zufall Ursache von Freude oder Trauer sein können, kann Freude jederzeit in Trauer und Liebe jederzeit in Hass umschlagen. Dies führt zu den Schwankungen des Gemüts, die sich in den zwischenmenschlichen Konflikten fortsetzen.

Über den engen Zusammenhang von Streben und auf Vorstellung beruhendem Meinen, *conatus* und *imaginatio*, verdeutlicht Spinoza, dass der dem Meinen verhaftete Mensch ständig durch seine Mitmenschen gefährdet ist. Die ähnliche Veranlagung der Menschen führt über die Nachahmung der Affekte zu Wetteifer (*aemulatio*) und Ehrgeiz (*ambitio*) als Formen der Begierde, was letztendlich in wechselseitigen Hass mündet. Da der Mensch die Gegenstände nicht erkennt, wie sie in Wirklichkeit sind, kommt es zu einer Überschätzung des eigenen Selbst und zu einer Unterschätzung des Selbst der anderen. Der daraus entspringende Hochmut gleicht einem Wahn.

Zur Beurteilung der Affekte:[20] Spinoza geht von der Überlegung aus, dass die Beurteilung der Affekte, deren theoretische Beschreibung voraussetzt. Die theoretische Beschreibung des Begehrens zeigt auf, dass die *imaginatio* als produktives Vermögen den Menschen nicht nur in Affekte verstrickt, sondern außerdem Zusammenhänge zwischen ihnen herstellt. Der Ursprung der Affekte in der *imaginatio* wird auf diese Weise aufgedeckt. Genau dieses kann aber das Individuum, das den Affekten unterworfen ist, nicht leisten. Die theoretische Beschreibung bleibt äußerlich, solange sie allein vom *conatus* und von der *imaginatio* ausgeht. Tatsächlich geht Spinozas ethische Argumentation über diese beiden Begriffe hinaus.

Spinoza eröffnet seine eigentliche Ethik mit der Aussage: „Unter gut werde ich dasjenige verstehen, von dem wir *sicher* wissen, dass es uns nützlich ist". Das unterscheidet sich von der im Rahmen der Affektenlehre getroffenen Bestimmung des Guten als dem der eigenen Selbsterhaltung *vermeintlich* Nützlichen und daher Angestrebten. Aber nur das Wissen um die tatsächlichen (und nicht nur vorgestellten) Zusammenhänge vermittelt, was für den Menschen wirklich (und nicht nur scheinbar) förderlich bzw. gut und was abträglich ist. So kann Hass niemals gut sein, und Liebe ist gut nur in ihrer stabilen Form. Das richtige Wissen über die Zusammenhänge gewinnt der Mensch aufgrund der adäquaten Erkenntnis. Als uneingeschränkt gut erweisen sich Affekte, die das Selbstvertrauen (*animositas*) mit dem Edelmut (*generositas*) den Mitmenschen gegenüber verbinden. Spinoza spricht in diesem Zusammenhang sogar von einem Gebot der Vernunft (*dictamen rationis*).

Spinoza unterscheidet auch zwischen gelingender und misslingender Realisierung des eigenen Seins, wobei er die aufgrund adäquater Erkenntnis gelingende Lebensform als Tugend (*virtus*) bezeichnet. Eine derartige Tugend setzt voraus, dass der Mensch nicht nur dem *conatus* der (unveränderlichen) eigenen Natur unterworfen ist, sondern auch die Macht (*potentia*) zur Realisierung der Tugend hat.

Zur vernünftigen Gestaltung der Affekte:[20] Spinoza sieht den Menschen in Knechtschaft unter der Macht der Affekte. Er glaubt, ihn daraus teilweise befreien zu können, indem die Macht des Verstandes genutzt wird.

Das Wissen um die internen Zusammenhänge der Affekte erlaubt es dem Menschen, Affekte zu verstärken oder abzuschwächen sowie sie abwägend gegeneinander zu setzen. Die unmittelbare Betroffenheit durch Affekte wird abgemildert, wenn deren zeitliche Gebundenheit, deren häufige Zufälligkeit und deren ursächliche Auslösung vergegenwärtigt werden. So ist es angebracht, sich das „Zugleich" der verursachenden Dinge bewusst zu machen, um das Zufällige der sinnlichen Wahrnehmung zu überwinden.

Dennoch bleibt eine grundsätzliche Schwierigkeit bestehen. Die Vorstellungen des von einem Affekt erfassten Menschen sind zwar falsch, dies jedoch nur aus der theoretischen Außensicht. Aus Sicht des Betroffenen sind sie hingegen durchaus nicht falsch. Daher kann die theoretische Wahrheit des Affekts dessen konkrete Falschheit keineswegs aufheben.

Immerhin kann der Mensch eine relative Freiheit gegenüber den Affekten gewinnen. Er kann die Unwissenheit über die Knechtschaft durch ein entsprechendes Wissen ersetzen. Der Vernünftige weiß, wie gefährlich die Dinge sind, die Trauer, Hass oder Zwietracht hervorrufen. Er weiß auch, dass er über die Vernunft seiner Mitmenschen keine Gewalt hat. Die Divergenzen zwischen den Sichtweisen der verschiedenen Menschen werden nicht durch eine gebietende Instanz überwunden, denn diese steht als Fremdbestimmung dem *conatus perseverandi* des Einzelnen entgegen. Es kann nur versucht werden, ein *vernünftiges* Streben (*conatus intelligendi*) auch bei den Mitmenschen zu erzeugen. Dies kann durch gewaltfreie Zuwendung dem Mitmenschen gegenüber gelingen, die jede Art der Nötigung vermeidet. Spinoza bleibt dennoch skeptisch. Auf vernünftige Einsicht allein sei kein Verlass.

Vernunft und menschliche Freiheit

Zur menschlichen Natur:[20] Spinozas Philosophie kann als ein Programm aufgefasst werden, nach dem sich der Mensch vom Fremdbestimmtsein befreit. Die Befreiung gelingt auf Basis adäquater Erkenntnis der eigenen Natur, die sich als ein Streben zeigt, sich im eigenen Sein zu erhalten. Die Fremdbestimmung des Menschen besteht darin, dass er nicht das begehrt, was dem eigenen Sein tatsächliche nützt. Da Spinoza auf die uneingeschränkte Macht der adäquaten

Erkenntnis vertraut, erscheint diese dem Unwissenden gegenüber als ein Gebot der Vernunft (*dictamen rationis*). Der Mensch soll seine eigene Natur als etwas begreifen (*intellegere*), zu dem wesentlich das Begreifen selbst gehört.

Das Gebot der Vernunft bleibt jedoch darin befangen, wogegen etwas gefordert wird, denn das Gebot wendet sich gegen die Unvernunft des Menschen. Höchstes Gut des begreifenden Geistes ist allein Gott als Ursache der vernünftigen Einsicht. Allein Gott eröffnet auch die Möglichkeit, ein vernunftbasiertes Gemeinsames unter den affektiv konkurrierenden Menschen zu finden. Dieses Gemeinsame ist kein Sein, keine gehaltlose Alleinheit, sondern das allen Menschen mögliche, von der Vernunft geleitete Bemühen um adäquate Erkenntnis. Der Mensch kann in diesem Bemühen dem Menschen von größtem Nutzen sein.

Zur Macht des Verstandes:[20] Aus der Macht des Verstandes (*potentia intellectus*) leitet Spinoza, wie noch gezeigt werden wird, die menschliche Freiheit ab. Die Macht des Verstandes zeigt sich in zwei wesentlich verschiedenen Erscheinungsweisen. Als Basis adäquater Ideen ist die *ratio* auf den Körper bezogen, dessen inadäquate Vorstellungen sie zu überwinden sucht. Sie bleibt dabei von den affektiv besetzten Vorstellungen bestimmt, gegen die sie angeht. Darüber hinaus ist die *ratio* unter den Aspekt der unendlichen Substanz gestellt, an deren Göttlichkeit sie teilhat. In diesem Fall ist sie eine Macht, die dem Verstand alleine, also ohne Bezug auf den Körper, zukommt und ihn übersteigt. Sie mündet in die *scientia intuitiva* als höchster Form der Erkenntnis.

Bei den Ausführungen Spinozas zur Macht des Verstandes geht es um die Regulation der Affekte, die keine rein körperlichen Ereignisse sind, sondern von Vorstellungen begleitet werden. Das Regulieren muss daher bei den Vorstellungen ansetzen. Affekte lassen sich abmildern, wenn die Gedanken sich von deren vermeintlicher Ursache abwenden. Darüber hinaus lassen sich Affekte unter die Macht *allein* des Denkens bringen, wenn sich dieses von Gott her versteht, und sich nicht nur auf die besonderen oder allgemeinen innerweltlichen Gegenstände bezieht. Soweit das Denken Gott zum Gegenstand hat, ist es mit dem Affekt der Freude am Erkennen verbunden.

Die Möglichkeit der Regulation der Affekte ist daran geknüpft, dass der mit adäquater Erkenntnis verbundene Affekt der Freude stärker ist als die aus anderen Quellen gespeisten Affekte. Unter dem Aspekt der *ratio* ist das Stärkersein nicht gesichert, denn diese bezieht sich auf allgemeine Weltstrukturen ohne die Möglichkeit individueller Selbsterkenntnis. Dennoch gründet sich in der *ratio* eine Liebe *zu* Gott (*amor erga Deum*) als der Ursache aller Dinge. Diese Liebe steigert die Erkenntnismacht des Menschen, ist aber noch nicht allumfassend.

Ein weiterer Steigerungsschritt führt zur allumfassenden Gottesliebe (*amor Dei intellectualis*), die nicht mehr auf Ursachen zielt, sondern *allein* in der Macht des Verstandes unter dem Aspekt der Selbsterkenntnis begründet ist. Diesem Schritt ist die *scientia intuitiva* zugeordnet. Im Sprachgebrauch der älteren Philosophie, zu der Spinoza gehört, bezeichnet der Verstand (*intellectus*) gegenüber der Vernunft (*ratio*) das höhere, umfassendere Erkenntnisvermögen.

Zur Ewigkeit des Geistes:[20] In der von Spinoza gegebenen Begründung der Ewigkeit des Geistes verbinden sich seine Ontologie und Erkenntnistheorie. Aufgrund der Ewigkeit (*aeternitas*) Gottes oder der göttlichen Substanz kommt auch den von ihr hervorgebrachten endlichen und vergänglichen Dingen ihrer Essenz nach Ewigkeit zu. Die ewige Essenz kommt als *potentia agendi* zum Ausdruck, die wiederum im *conatus* erscheint, dem Streben der endlichen Dinge nach Selbsterhaltung und Selbststeigerung. Als solche ist sie zeitlich existent und zeitlichen Ereignissen ausgesetzt. Selbsterhaltung und Selbststeigerung gelingen durch adäquates Erkennen, das auf die Dinge an sich gerichtet ist und damit auf das aus der Natur Gottes folgende Ewige in ihnen.

Besondere Wirkkraft erhält der *conatus*, wenn sich das adäquate Erkennen auf das eigene Selbst richtet. Der dabei erkannte menschliche Geist ist im Rahmen seiner Zeitlichkeit ewig, soweit er Ewiges erkennt, weil dieses Erkennen zu seiner Essenz gehört. Es ist also nicht ausreichend, an der göttlichen Substanz teilzuhaben. Der Mensch muss sich außerdem *von sich aus* in die Beziehung zur göttlichen Substanz bringen.

Aus der Bindung der Ewigkeit des menschlichen Geistes an dessen Akte des adäquaten Erkennens folgt, dass der Geist nur soweit an der Ewigkeit teilhat als er denkt. Da das Denken an den vergänglichen Körper gebunden ist, kann sich der Geist als ewig nur in diesem Leben erfahren. Die Erwartung eines zukünftigen ewigen Lebens nach dem Ende des irdischen Lebens ist den inadäquaten Vorstellungen, der *imaginatio*, zuzurechnen. Aber auf Basis der *scientia intuitiva* gelingt es dem Menschen, kraft der Macht seines Geistes zeitlich begrenzt vom endlichen Modus zum unendlichen Modus aufzusteigen.

Die intuitive Erkenntnis des Ewigen ist mit dem Affekt unumkehrbarer Freude verbunden, die zu einer in sich ruhenden Selbstzufriedenheit (*acquiescentia in se ipso*) führt. Diese entsteht aus dem Wissen um die eigene Handlungsfähigkeit, die nicht gegen das innerweltlich unvermeidbare Affiziertwerden angehen muss. Das veränderte Selbstverständnis erlaubt es dem Menschen, die Dinge *sub specie aeternitatis* zu betrachten.

Das intuitive Erkennen beruht also nicht darauf, dass der endliche menschliche Geist in der Ewigkeit Gottes aufgeht, sondern auf dem Erkennen des Ewigen vom Standpunkt der Endlichkeit aus. Damit verbunden ist der freudige Affekt der geistigen Liebe zu Gott (*amor Dei intellectualis*), die nicht in ihr Gegenteil umschlagen kann. Ursache der Freude ist allein unser Denken in Form der Idee Gottes. Gegenstand der Liebe ist aber nicht ein nur gedachter Gott, sondern Gott selbst, der intuitiv wahrhaft erkannt wird. Spinoza wendet sich gegen die Vorstellung des ewigen Lebens nach dem Tod. Gott erfülle sich seiner Natur nach *allein* im menschlichen Erkennen. Der menschliche *conatus* wiederum erfülle sich im intuitiven Erkennen, das zur „Zufriedenheit des Gemüts" (*animi acquiescentia*) führt.

Im Erkennen Gottes als immanente Ursache sowohl aller Dinge als auch des einzelnen Menschen erfährt sich der menschliche Geist als ewig. Die damit sich ausdrückende Liebe zu Gott ist identisch mit der Liebe Gottes zum Menschen. Die in der Erkenntnis ruhende Liebe des Menschen zu Gott ist Teil der unendlichen Liebe, mit der Gott sich selbst liebt.

Zur menschlichen Freiheit:[20] Die Freiheit des Menschen sieht Spinoza in der geistigen Liebe zu Gott begründet. Als frei bezeichnet er dasjenige Ding, das allein aus Notwendigkeit seiner Natur existiert und durch sich selbst zum Handeln bestimmt wird. Während allein aus sich selbst nur Gott existiert, ist selbstbestimmtes Handeln, das sich im adäquaten Erkennen bezeugt, auch dem Menschen möglich. So ist die geistige Liebe des Menschen zu Gott als freie Handlung zu verstehen. Die Vorstellung eines strafenden und belohnenden Gottes, der auf diese Weise einen äußeren Zwang auf den Menschen ausübt, weist Spinoza zurück, weil sie die Freiheit des Menschen zu adäquater Erkenntnis nicht ausschöpft.

Mit der Freiheit des Menschen ist bei Spinoza nicht die Willensfreiheit gemeint. Da alles mit Notwendigkeit geschieht, kann es keine Wahl zwischen unterschiedlichen Möglichkeiten geben und auch keinen dem tatsächlichen Geschehen vorausgehenden Willensentscheid. Der Wille ist ein Modus des Denkens, ebenso wie der Verstand. Er ist keine freie Ursache, sondern eine notwendige, aufgezwungene Ursache.

Die Freiheit des Menschen ist bei Spinoza Handlungsfreiheit. Handlungsfreiheit hat der Mensch, sofern er seine eigene Natur unter dem Aspekt, Geist zu sein, versteht, und dieses wieder unter dem Aspekt, adäquat zu erkennen. Beides ist ursprünglich nicht gegeben. Der Mensch ist nicht nur Geist, sondern auch Körper. Das inadäquate Erkennen herrscht zunächst vor. Aber der Mensch kann sich aus den durch inadäquates Denken verursachten äußeren Zwängen befreien. Dieses Können entspringt nicht dem Wissen um das Bestimmtsein durch äußere Ursachen, sondern der adäquaten Erkenntnis des Ewigen, das allen Sachverhalten notwendig zugrunde liegt. Damit verbunden ist der Affekt der rein geistigen Liebe zu Gott, der stärker ist als alle anderen Affekte. Der Mensch freut sich an der eigenen Tätigkeit des Erkennens, was zur wahren Zufriedenheit des Gemüts führt.

Die Befreiung des Menschen von den sinnlichen Antrieben, die Leiden verursachen, beruht nicht auf Überwindung derselben, sondern auf deren Hemmung durch Freude an der Erkenntnis der Ewigkeit des göttlichen Geistes. Der Mensch erfährt sich selbst teils unter dem Aspekt der Ewigkeit (*sub specie aeternitatis*), teils unter dem Aspekt der Zeitlichkeit (*sub specie temporis*). Spinoza spricht auch von zwei Seelenteilen des Menschen, einem ewigen und einem vergänglichen, wobei es darauf ankommt, den vergänglichen Teil zugunsten des ewigen Teils zu verkleinern. Es geht also durchaus nicht um eine Selbstaufhebung des Endlichen im Unendlichen, sondern um einen Prozess der Ausdehnung der Erkenntnis *sub specie aeternitatis*. Die Ausdehnung gelingt durch die den Ereignisabläufen zugewandte *ratio* und über die das Selbstverständnis betreffende *scientia intuitiva*.

Spinoza glaubt, dass der von ihm aufgezeigte Weg der Befreiung durch Erkenntnis dem Lebensvollzug des einzelnen Menschen förderlich ist, wobei es gleichgültig ist, in welchem Maße das Ziel erreicht wird. Unzureichende Zielerreichung ist weder ein Umweg noch ein Irrweg. Der Mensch kann aus seiner zeitlich konditionierten Position unter dem Aspekt der Ewigkeit erkennen. Grundlage dafür sind Vernunft (*ratio*) und intuitive Erkenntnis (*scientia intuitiva*). Die *Ethica* schließt mit dem Hinweis, der aufgezeigte Erkenntnisweg müsse wohl schwierig sein, weil er so selten beschritten wird. Aber schwierig sei alles, was vortrefflich ist.

Eigenbereich der herkömmlichen Religion

Zum Glaubensweg der Religion:[20] Wenn es nur relativ wenigen Menschen gelingt, unter Leitung des Verstandes (*intellectus*) eine tugendhafte Haltung als Heilsziel zu erreichen, wäre der größte Teil der Menschheit vom Heil ausgeschlossen. Daher hat nach Spinoza der leichter gangbare Glaubensweg, der sich an den Heiligen Schriften des Judentums und Christentums orientiert, neben dem Erkenntnisweg des Verstandes seine Berechtigung. Damit stellt sich aber die Frage, wie die beiden Wege in der Praxis so abzugrenzen sind, dass es nicht zu unüberbrückbaren Differenzen zwischen den beiden unterschiedlichen Auffassungen und Vorgehensweisen kommt. Derartige Differenzen stellen sich besonders bei der Betrachtung der Wunder ein, von denen die Bibel berichtet.

Die Antwort wird von Spinoza in der 1670, fünf Jahre vor Abschluss der *Ethica* anonym publizierten Schrift *Tractatus theologico-politicus* gegeben, deren Inhalt bereits im Titel wie folgt angezeigt wird: „Theologisch-politischer Traktat enthaltend einige Abhandlungen, in denen gezeigt wird, dass die Freiheit zu philosophieren nicht nur unbeschadet der Frömmigkeit und des Friedens im Staat zugestanden werden kann, sondern dass sie nur zugleich mit dem Frieden im Staat und mit der Frömmigkeit selbst aufgehoben werden kann". Die Schrift tritt für die Freiheit des Philosophierens ein und wendet sich gegen die Bevormundung durch die Theologen.

Spinoza will zeigen, dass die Religion und deren auslegende Theologie von der Philosophie gänzlich verschieden und daher zu trennen ist. Die jedermann zugängige Religion enthalte nur ganz Einfaches und könne nicht den Anspruch auf Wahrheitserkenntnis erheben, Wahrheit aufgefasst als Einsicht in das Wesen Gottes und in die wahre Glückseligkeit des Menschen. Allein die Vernunft (*ratio*), das „natürliche Licht", eröffne den Zugang zu dieser Wahrheit. Um zu verstehen, was Gott vom Einzelnen verlangt, bedürfe es daher keiner zusätzlichen Autorität, wie sie die Theologen für sich beanspruchen. Die Angaben der Bibel seien dagegen der beschränkten Auffassungsgabe ungebildeter Menschen angepasst. Sie seien vielfach metaphorisch zu verstehen. Mit den biblischen Gestalten wiederum würden Menschen hoher moralischer Qualität vorgestellt, darunter die Propheten als Vermittler des von Gott Offenbarten und die Apostel als von Gott beauftragte Heilsverkünder. Diese verleihen dem geforderten Gehorsam Nachdruck. Der Gehorsam äußert sich im Praktizieren der Moralität, insbesondere der Nächstenliebe, die dem Hass und dem Streit unter den Menschen entgegenwirkt. Der Einzelne wird aufgerufen, ein der Gerechtigkeit verpflichtetes Leben zu führen.

Hinsichtlich des Lebensvollzugs stimmen also die Gebote der Bibel und die Forderungen der Vernunft weithin überein. Was der Vernünftige aus eigener Einsicht vollzieht, zu dem wird der Gläubige durch äußere Gebote veranlasst. Da dies ohne Führung durch Glaubenslehrer geschehen sollte (gegen die seinerzeitige Macht der Theologen gerichtet), muss ein Minimum an Dogmen gesetzt werden, um subjektive Beliebigkeit der Glaubensinhalte auszuschließen. Das für den Gläubigen verbindliche dogmatische Minimum hat Spinoza in sieben Glaubensartikeln zusammengefasst: Gott existiert, Gott ist einzig, Gott ist allgegenwärtig, Gott wird durch nichts gezwungen, Gottes Verhalten entspricht der Liebe, in der Liebe besteht das Heil der Menschen und Gott vergibt dem Reuigen die Sünden. Während die ersten sechs Artikel mit den Angaben der *Ethica* verträglich sind, wird mit dem siebten Artikel eine der *Ethica* widersprechende Aussage gemacht. Spinoza sieht offenbar in Reue und Sündenvergebung eine für die Praxis der Unvernünftigen nützliche, wenn auch falsche Vorstellung.

Zu der von der Philosophie zu trennenden Auslegung der Bibel hat Spinoza wesentliche Grundlagen angegeben. Er gilt als Wegbereiter der kritischen Bibelexegese. Das Verständnis der Schrift sei allein aus ihr abzuleiten. Die Schrift sei als ein von Menschen verfasstes Buch zu interpretieren, wobei neben den sprachlichen Eigenheiten die Umstände zu klären sind, unter denen die Verfasser schrieben bzw. die Adressaten angesprochen wurden. Ebenso wie bei den natürlichen Ereignissen sei bei der Auslegung der Schrift nach den hervorbringenden Ursachen zu fragen (genetische Methode). Die Vernunft sei nicht unbedingt maßgebend, sondern eher die der Schrift immanente Kohärenz, etwa hinsichtlich Offenbarung und Prophetie. Dennoch sei der Wunderglaube der Menschen abzulehnen.

Spinoza weist der Philosophie und der Theologie je eigene Bereiche zu. Die Philosophie ist ihm das „Reich der Wahrheit und Weisheit“, die Theologie das „Reich der Frömmigkeit und des Gehorsams“. Beide lehrten auf verschiedene Weise das Gleiche. Die Philosophie sei nicht „Magd der Theologie“ und die Theologie sei nicht der Vernunft verpflichtet. Würden die beiden Bereiche nicht strikt getrennt, führe das zu einer Verfälschung der Philosophie ebenso wie der Theologie. Aber auch soziale Konflikte würden geschürt, denn indem die Philosophie allein skeptische Vernunft walten lässt, stellt sie sich gegen die Theologie, die die Autorität von Schrift und Dogmen ohne Skepsis anerkennt.

Zu den Abweichungen des Tractatus: Der Glaubensweg zum Heil gemäß der Frömmigkeit im *Tractatus* und der Erkenntnisweg zum Heil gemäß der Macht des Verstandes in der *Ethica* stimmen in einigen wesentlichen Punkten nicht überein. Unverträglich mit der *Ethica* ist der Glaubensweg insgesamt, weil er auf der für falsch befundenen Vorstellung beruht, es gebe einen transzendenten, als Person wirkenden Gott, der dem Reuigen die Sünden vergibt.

Die Unverträglichkeit zwischen dem *Tractatus* und der *Ethica* ist darin begründet, dass es sich beim *Tractatus* um eine theologisch-politische Kampfschrift handelt, während die *Ethica* ein philosophisches Grundlagenwerk darstellt. Nach der *Ethica* gelingt der Weg zum Heil über vernunftgeleitete Erkenntnis des Menschseins in dieser Welt, ohne Rücksicht darauf, wie schwer diese Erkenntnis in der Praxis umzusetzen ist. Am Ende der *Ethica* wird diese Schwierigkeit hervorgehoben. Wegen der hohen geistigen Anforderungen sei dieser Weg nur relativ wenigen Menschen offen.

Der *Tractatus* als theologisch-politische Kampfschrift tritt für die Freiheit des Philosophierens ein und wendet sich gegen die Bevormundung durch die Theologen. Die Freiheit des Philosophierens musste seinerzeit gegen die Vorurteile der Kirchen und der Religionsgemeinschaften durchgesetzt werden. Der Vorwurf von Häresie und Atheismus war allgegenwärtig. Verdächtige Schriften kamen auf den Index verbotener Bücher der katholischen Kirche. Galilei war in einem Inquisitionsprozess zum Widerruf und zum Hausarrest verurteilt worden. Philosophische Werke mussten anonym publiziert werden, so auch der *Tractatus*.

Wenn die Freiheit des Philosophierens staatlicherseits garantiert wird, so die Argumentation Spinozas, dann können auch konfessionell eingebundene Menschen den Erkenntnisweg beschreiten, ohne dass der Friede im Staat gefährdet wird. Zum Frieden gehöre aber auch, dass die eigenverantwortlich vertretenen herkömmlichen Religionen geachtet werden.

Spinoza beurteilt also die seinerzeitige theologisch-politische Situation durchaus pragmatisch und realistisch. Sein Grundlagenwerk *Ethica* sagt zwar, *was* zu verwirklichen ist, aber nicht, *wie* das in der Praxis zu bewerkstelligen ist. Genau darauf versucht der *Tractatus* eine Antwort zu geben. Er konfrontiert nicht die beiden unterschiedlichen Wege, sondern versucht, den Erkenntnisweg aus dem Glaubensweg zu entwickeln. Jedoch sollte nicht übersehen werden, dass Spinozas kritische Bibelexegese ein Projekt auf Basis der Vernunft ist. Andererseits verstößt der *Tractatus* gegen die in der *Ethica* begründete Aussage, dass sich falsche Vorstellungen des Einzelnen nicht dadurch überwinden lassen, dass allgemeine Sätze religiösen Inhalts vorgebracht werden, die dem Verständnis des ungebildeten Menschen angepasst sind.

Die Zurückführung der Unverträglichkeiten zwischen *Tractatus* und *Ethica* allein auf theologisch-politischen Pragmatismus greift dennoch zu kurz. Wie aus dem Schlusssatz der *Ethica* hervorgeht, war sich Spinoza bewusst, dass die argumentativ aufwendige und logisch anspruchsvolle Beweisführung in der *Ethica* im konkreten Lebensvollzug mit nicht gleichgesinnten Mitmenschen kaum umsetzbar ist. Er hat die existentielle Bedeutung der einfachen Glaubenssätze im Leben des einzelnen Menschen und die funktionelle Bedeutung derselben im Zusammenleben der Menschen durchaus erkannt. Spinoza war kein Gegner der Religion, wohl aber ein Gegner der Machtansprüche von Kirchen und Religionsgemeinschaften.

Kurzfassung von Spinozas philosophischem System

Die vorstehenden Ausführungen zum philosophischen System von Spinoza werden abschließend zusammengefasst, um dem eiligen Leser ein Überspringen des anspruchsvolleren Haupttextes zu ermöglichen.

Ontologie: Es gibt nur eine einzige, unbedingte, unendliche Substanz, die aus Gott emanierend die Vielheit der Modi hervorruft. Gott ist eine der Welt immanente Wirkmacht, also nicht transzendenter Schöpfer. Gott oder die unendliche Substanz wird über die beiden grundlegenden Attribute des Denkens einerseits und der Ausdehnung andererseits erkannt. Geistiges und körperliches Sein sind zwar essentiell verschieden, jedoch nur unterschiedliche Attribute derselben Substanz.

Endliche und unendliche Modi der einen Substanz unterscheiden sich grundlegend. Den endlichen Modi sind Zeitlichkeit und Vergänglichkeit zugeordnet, während die unendlichen Modi zeitlos und unvergänglich existieren. Die endlichen Modi gewinnen ihre Bestimmung zugleich aus der unendlichen göttlichen Substanz (immanente, auf Gott beruhende Kausalität) und aus der Relation zu den anderen endlichen Modi (innerweltliche Kausalität). Die unendlichen Modi haben dagegen die Funktion, ein Allgemeines, den Einzeldingen Gemeinsames darzustellen. Alle Dinge sind mit Notwendigkeit ursächlich bestimmt (strenger Determinismus).

Erkenntnistheorie: Geist und Körper des Menschen korrespondieren als Attribute der einen Substanz. Die Korrespondenz ist jedoch unvollkommen. Da zunächst die körperliche vor der geistigen Sphäre dominiert, werden die aus undeutlichen Wahrnehmungen resultierenden geistigen Vorstellungen durch die Affektionen des Körpers verfälscht, was zu inadäquater Erkenntnis führt. Über die *ratio* ist jedoch adäquate Erkenntnis möglich, die von den Affektionen des Körpers unabhängig ist. Als dritte, ebenfalls adäquate Erkenntnisweise tritt schließlich die in Gott gründende *scientia intuitiva* auf. Sie führt vom Allgemeinen der *ratio* zum Besonderen des Einzelmenschen, zu dessen Selbsterkenntnis.

Affektenlehre: Die Affekte sind Leidenszustände des Gemüts, die ihren Ursprung im Streben des Menschen nach Selbsterhaltung und Selbststeigerung haben. Da die Affekte von außen an den Menschen herangetragen werden, kann der einzelne Mensch sie nicht unterbinden, sondern nur dem wohlverstandenen Eigeninteresse entsprechend vermindern oder verstärken. Der Mensch hat Handlungsmacht im Rahmen der Affekte, aber nicht gegen sie. Da er in seinem Streben nach Selbsterhaltung und Selbststeigerung ein bewusst handelndes Wesen ist, leidet er an den Affekten.

Es gibt drei Basisaffekte: Begierde, Freude und Trauer. Aus Freude leitet sich Liebe ab, aus Trauer Hass. Die Affekte führen zu Schwankungen des Gemüts, die sich in den zwischenmenschlichen Konflikten fortsetzen. Aus der Überschätzung des eigenen Selbst und der Unterschätzung des Selbst der anderen folgt Hochmut, der einem Wahn gleicht.

Als gut für den Menschen wird verstanden, was ihm wirklich, also nicht nur scheinbar nützlich ist und dabei klar erkannt wird. So erweisen sich jene Affekte als uneingeschränkt gut, in denen sich Selbstvertrauen mit Edelmut den Mitmenschen gegenüber verbindet. Die Realisierung des eigenen Seins beruht auf Tugend, zu der der Mensch über das naturhafte Streben hinaus die Macht hat.

Die relative Freiheit von Affekten wird aus dem theoretischen Wissen um deren zufällige Auslösung und multikausale Bedingtheit gewonnen. Die befreiende Sichtweise kann nicht durch Gebote vermittelt werden. Am Streben des Einzelnen ist anzuknüpfen. Auch bleibt die grundsätzliche Schwierigkeit bestehen, dass die mit den Affekten verbundenen falschen Vorstellungen, die der Betroffene keineswegs als falsch ansieht, durch die theoretische Außensicht nicht überwunden werden.

Vernunft und menschliche Freiheit: Der einzelne Mensch, der nach Selbsterhaltung und Selbststeigerung strebt, kann sich durch adäquate Erkenntnis der eigenen Natur aus der Fremdbestimmung befreien. Die Fremdbestimmung äußert sich darin, dass er nicht das begehrt, was ihm tatsächlich nützt.

Der gegenläufige Anspruch der Vernunft (*ratio*) bleibt zunächst darin befangen, wogegen er sich wendet, nämlich gegen die Unvernunft der Mitmenschen. Erst der Bezug auf Gott als Ursache vernünftiger Einsicht eröffnet die Möglichkeit, ein Gemeinsames unter den affektiv konkurrierenden Individuen zu finden. Somit führt die Macht des Verstandes (*intellectus*) auf zweierlei Weise zur menschlichen Freiheit. Adäquate Erkenntnis gemäß der Vernunft ist auf die Körper bezogen. Intuitive Erkenntnis gemäß dem Verstand wirkt allein im Rahmen der göttlichen Substanz.

Die Macht des Verstandes kann der Regulation der Affekte dienen. Diese lassen sich abmindern, indem sich die Gedanken von den vermeintlichen Ursachen der Affekte abwenden. Sie lassen sich unter die Macht des Verstandes bringen, indem sich das Denken auf Ewiges bezieht. Die Vernunft (*ratio*) begründet eine Liebe zu Gott, weil er Ursache aller Dinge ist. Die intuitive Erkenntnis (*scientia intuitiva*) ermöglicht darüber hinaus die allumfassende, rein geistige Liebe zu Gott, die allein in der Macht des Verstandes unter dem Aspekt der Selbsterkenntnis begründet ist.

Den endlichen und vergänglichen Dingen kommt ihrer Essenz nach Ewigkeit zu, weil sie von der göttlichen Substanz hervorgebracht werden. Adäquates Erkennen ist auf dieses Ewige gerichtet. Im Erfassen des eigenen Selbst erfährt sich der menschliche Geist als ewig, weil er Ewiges erkennt. Es genügt daher nicht, an der göttlichen Substanz teilzuhaben, der Mensch muss sich außerdem selbst in die Beziehung zur göttlichen Substanz bringen.

Mit dem Erkennen des Ewigen vom Standpunkt des Endlichen aus ist der freudige Affekt der geistigen Liebe zu Gott verbunden. In ihr liegen das Glück und die Freiheit des Menschen.

Als frei gilt, was durch sich selbst zum Handeln bestimmt wird. Selbstbestimmtes Handeln des Menschen bezeugt sich im adäquaten Erkennen und in der geistigen Liebe zu Gott. Die Freiheit des Menschen ist Handlungsfreiheit, nicht Willensfreiheit. Die dem Menschen gegebene Handlungsfreiheit besteht darin, dass er sich durch adäquates Denken und durch Bewusstwerden der Ewigkeit des göttlichen Geistes aus den äußeren Zwängen inadäquater Erkenntnis und den damit verbundenen leidvollen Affekten befreien kann.

Eigenbereich der herkömmlichen Religion: Da der Heilsweg tugendhafter Haltung unter Leitung des Verstandes schwierig ist, steht er nur wenigen Menschen offen. Demgegenüber hat nach Spinoza die herkömmliche Religion des Juden- und Christentums für die weniger gebildeten Menschen ihre volle Berechtigung. Die Ausdrucksweise der Bibel ist metaphorisch zu verstehen. Die biblischen Glaubenslehrer und Propheten sind Vorbilder für moralisches Verhalten. Die Bibel als ein von Menschen verfasstes und gegebenenfalls übersetztes Buch ist kritisch auszulegen, wobei nicht die Vernunft, sondern die Kohärenz der Prophezeiungen und Offenbarungen Richtschnur sein sollte. In Spinozas Verständnis ist der Philosophie Wahrheit und Weisheit zugehörig, der Theologie dagegen Frömmigkeit und Gehorsam.

Kapitel IV
Ursprung und Wirkung von Spinozas philosophischem System

Die von Spinoza in der *Ethica* entwickelte Philosophie (Ontologie, Erkenntnistheorie, Affektenlehre und Ethik) lässt sich der *philosophia perennis*, dem immerwährenden philosophischen Denken der Grundwahrheiten zuordnen. Es lassen sich zahlreiche Verbindungen zur abendländischen Philosophie der Antike und ihrer Fortführung in der Scholastik aufzeigen. Dabei bleibt offen, inwieweit Spinoza diese Verbindungen durch Fremdlektüre oder unabhängig davon durch eigenes Denken hergestellt hat. Andererseits sind Spinozas Verbindungen zur seinerzeit neueren Philosophie recht gut bekannt, sowohl durch Rückschluss von seinen philosophischen Kontaktpersonen, als auch in Kenntnis seines privaten Bücherbestands, der aus einer Auflistung des Nachlassverwalters hervorgeht. Neben Descartes und Hobbes waren die neuplatonisch eingestellten Naturphilosophen der Renaissance für ihn besonders wichtig.

Spinoza hat die ihm nachfolgende Philosophie und Geistesgeschichte stark beeinflusst. Kein späterer Philosoph konnte Spinozas Denken übergehen. Der Spinozismus drang in die deutsche Aufklärung und Klassik ein. Auf Spinoza berufen sich die späteren Philosophen sowohl der materialistischen als auch der idealistischen Denktradition. Schließlich ist Spinoza im Marxismus, im naturalistischen Monismus und in der Psychoanalyse präsent.

Verbindungen zur vorangegangenen Philosophie

Die Philosophie Spinozas unternimmt es, dem Menschen einen Weg zu erfülltem Lebensvollzug aufzuzeigen. Dazu wird in der *Ethica* ein umfassender, in sich widerspruchsfreier Aufbau der Argumentation gewählt. Vorangestellt wird eine logisch abgesicherte, von Gott ausgehende Ontologie. Es folgt eine vernunftbasierte Erkenntnistheorie. Im Zentrum steht die Lehre von der Herrschaft der Affekte, der Macht des Verstandes und den daraus resultierenden Handlungsmöglichkeiten. Daraus wird schließlich die Ethik des richtigen Lebens abgeleitet.

Verbindungen zur Philosophie von Descartes und Hobbes: Ontologie und Erkenntnistheorie werden in kritischer Auseinandersetzung mit der rationalistischen Philosophie von Descartes entwickelt, die Affektenlehre wiederum mit Anleihen bei der empiristischen Philosophie von Hobbes. Wenn man Spinoza, wie in der Philosophiegeschichte üblich, dem „kontinentalen Rationalismus" zuordnet (zusammen mit Descartes und Leibniz), so ist das nur mit Einschränkung richtig. Spinoza ist zwar methodisch Rationalist, wie aus der in der *Ethica* angewandten „geometrischen Methode" hervorgeht, gemäß der die kausale Definition der Begriffe die Wirklichkeit der bezeichneten Gegenstände verbürgt (daher auch „genetische Methode"). In der Erkenntnistheorie und Affektenlehre erweist er sich jedoch als aufmerksamer Empiriker. Andererseits hat Spinoza die rationale genetische Methode von Hobbes übernommen, der dem englischen Empirismus zugeordnet wird. Der Empirismus lässt bekanntlich nur die Sinneserfahrung zu.

Die Relation von Spinozas Ontologie und Erkenntnistheorie zu den entsprechenden Lehren von Descartes wurde bereits dargestellt. Wesentliche Denkanstöße zur Affektenlehre hat Spinoza von der Philosophie von Thomas Hobbes erhalten, die vor allem Staatslehre sein wollte, am bekanntesten das Werk *Leviathan or the matter, form and power of a commenwealth, ecclesiastical and civil* (1651). Sein Inhalt lässt sich wie folgt zusammenfassen. Da alles Sein ursächlich bestimmt ist, ist es auch der Wille. Nur das Handeln, soweit es mit der Natur des Menschen im Einklang steht, ist frei. Das Streben des Menschen (*conatus*) richtet sich allein auf Selbsterhalt und Lustgewinn, was im Naturzustand zum Krieg aller gegen alle führt. Auch Ruhmsucht und Eitelkeit sind auslösende Affekte. Um diesen permanenten Kriegszustand zu überwinden, wird der Staat als Herrschafts- und Unterwerfungsvertrag begründet. Die Individuen übertragen aus wohlverstandenem Eigeninteresse den größten Teil ihrer natürlichen Rechte auf den Staat, der die Einhaltung des Vertrages über Furcht und Strafe erzwingt (daher *Leviathan* als Synonym für ein Ungeheuer). Werturteile sind nach Hobbes subjektiv. Was dem Individuum als gut oder böse erscheint, ist nicht objektivierbar. Spinoza kommt in der Staats- und Wertelehre trotz der Anleihen bei Hobbes zu erheblich abweichenden Aussagen.

Verbindungen zur Naturphilosophie der Renaissance: Wichtige Anregungen hat Spinoza in jungen Jahren von dem Renaissance-Platoniker Leone Ebreo erhalten, dessen *Dialoghi d'amore* (1535) vor Galileis Begründung des mechanistischen Weltbildes als Grundlagenwerk der Naturphilosophie verbreitet war. Nach dieser Naturphilosophie ist die bewegende Kraft im Kosmos die Liebe (gr. *eros*). Sie schafft zum Stoff die Form, bewirkt den Kreislauf der Gestirne, ordnet das pflanzliche und animalische Leben. Die Allbeseelung erreicht ihren höchsten Grad im Menschen. Er verbindet in Akten der Liebe, also in Gott, Erkennendes und Erkanntes.

Ebenso hatte die Naturphilosophie von Giordano Bruno auf Spinoza anregenden Einfluss, besonders dessen Werk *De la causa, principio et uno* (1584). Danach bilden Gott und das Universum eine unauflösliche Einheit. Gott ist zugleich Wesensprinzip und erste Ursache alles Seienden. Er erzeugt die Einheit aller Gegensätze, das Größte, aus dem alles hervorgeht, ebenso wie das Kleinste, das in allem enthalten ist. Das Universum ist als Ebenbild Gottes geschaffen. Als gewordene Natur ist es aus der wirkenden Natur Gottes hervorgegangen, ist erfüllt von der göttlichen Weltseele. Das Universum ist unendliches Sein und Leben. Die endlichen Dinge haben daran entsprechend ihrer Organisationshöhe teil. Die kleinsten Wirklichkeitselemente, die nicht entstehen und nicht vergehen, sondern sich nur vielfältig verbinden und trennen, sind die Monaden. Sie sind sowohl physisch als auch psychisch wirksam. Alles ist demnach beseelt. Gott kann nicht würdiger verehrt werden als durch die Erkenntnis der Naturgesetze.

Erheblichen Einfluss auf Spinozas Denken dürfte auch die von Galilei initiierte neuzeitliche Physik gehabt haben, publiziert in Galileis Werk *Dialogo supra i due massimi sistemi del mondo* (1632), zugehörig die strenge Kausalität gemäß Naturgesetzen, die mechanistischen Modelle, die mathematische Lösung, der Ausschluss jeglicher Zweckgerichtetheit. Die Erklärungs- und Anwendungserfolge der neuen Physik, angefangen beim heliozentrischen Weltsystem des Kopernikus, legten es nahe, die Erklärung allein aus vorangehenden Ursachen auch in den Bereichen der Individualethik (Spinoza) und der Staatslehre (Hobbes) zu verwenden.

Spinoza hat aber auch Begriffe und Gedanken der Neuscholastik des spanischen Theologen Franciscus Suárez (1548–1617) aufgegriffen, die in einem Handbuch des Philosophen Heerebord in Leiden zu finden waren.

Verbindungen zur Philosophie der Antike: Die dargestellten zeitnahen philosophischen Einflüsse (Descartes, Hobbes, Leone, Bruno, Galilei, Suárez) auf Spinozas *Ethica* werden durch wesentlich ältere philosophische Entwicklungen ergänzt. Es überrascht, dass die Lehre der hellenistischen Philosophieschule der Stoa (etwa 300 v.Chr. bis 200 n.Chr.) der Lehre der *Ethica* in vieler Hinsicht ähnelt, so, als hätten die anschließenden eineinhalb Jahrtausende Philosophiegeschichte (Patristik und Scholastik) nichts wesentlich Neues gebracht. Es trifft nicht zu, dass die hinsichtlich des anzustrebenden Gleichmuts ähnliche Lehre der Epikureer Spinozas Leitbild war.

Die Philosophieschule der Stoa setzt Gott und die Natur gleich. Sie betrachtet den Menschen als Teil der göttlichen Natur. Der Grund der Welt liegt in ihr selbst, Gott ist der Welt immanent (Pantheismus). Alles Wirkende und Wirkliche ist körperlich, auch die göttliche Kraft, die als Weltseele und Weltvernunft (*logos*) auftritt (Materialismus). Alles geschieht aus absoluter innerer Notwendigkeit, die das absolut Zweckmäßige einschließt (Determinismus). Auch der Mensch ist dem unabwendbaren Weltgesetz (*lex naturalis*), der Vorsehung (*providentia*) bzw. dem Schicksal (*fatum*) unterworfen (Fatalismus). Er begegnet dem auf sittliche Weise durch das Freisein von Affekten und Leidenschaften (Apathie).

Die Freiheit und der sittliche Auftrag des Menschen bestehen gemäß der Stoa darin, unter Anleitung der Vernunft in Übereinstimmung mit der eigenen Natur zu leben, in rechter Weise Selbsterhaltung und Selbstbehauptung zu betreiben (Spinozas *conatus*), was die Beachtung des Allgemeinwohls ausdrücklich einschließt. Die Vernunftseele soll vor der Sinnenseele herrschen, soll die edlen vor den unedlen Affekten zur Geltung bringen, soll die falschen Vorstellungen überwinden, die den Leidenschaften der Seele zugrunde liegen. Dem unabwendbaren äußeren Geschick ist mit Unerschütterlichkeit (Ataraxie) zu begegnen. Erstmals kommen Elemente einer Pflichtethik zum Ausdruck. Ebenso wird erstmals ein Naturrecht konzipiert.

Die grundsätzliche ontologische und erkenntnistheoretische Problemstellung der Stoa reicht geschichtlich noch weiter zurück. Am Anfang der abendländischen Philosophie steht das Diktum des Parmenides (um 500 v.Chr.): „Dasselbe ist Denken und Sein". Das ähnelt Spinozas *einer* Substanz mit den Attributen „Denken und Ausdehnung". Während Parmenides ohne Subjekt-Objekt-Unterscheidung streng monistisch denkt, ist Spinozas Monismus der einen Substanz durch den Dualismus der Attribute teilweise aufgehoben.

Eine weitere Unterscheidung innerhalb des Seins wurde bereits in der antiken Philosophie getroffen: unbeständiges weltliches Sein einerseits und ewiges göttliches Sein andererseits. Platon (um 400 v.Chr.) erhob das Reich der Ideen zum eigentlichen Sein, während er den weltlichen Dingen nur „Teilhabe an den Ideen" zusprach. Aristoteles (um 350 v.Chr.) wiederum sah im „unbewegten Bewegenden" das ewige Göttliche, während alles Weltliche bewegt wird. An die Stelle der platonischen „Teilhabe an den Ideen" setzte er die „Analogie des Seins". Der Neuplatoniker Plotin (um 250 n.Chr.) unterschied radikaler als Platon das Eine, Erste oder Gott vom Vielen oder Weltlichen. Spinoza hat versucht, die genannten Dualismen mit seinem Ansatz einer einzigen Substanz zu überwinden.

Bezugnahmen der nachfolgenden Philosophie

Die Wirkungsgeschichte von Spinozas philosophischem System, wie es in der *Ethica* als Basis guten Lebensvollzuges und im *Tractatus* als theologisch-politische Streitschrift niedergelegt ist, stellt sich in vier Phasen dar, einer Phase der Ablehnung, einer Phase der Annahme, einer Phase der philosophischen Integration und einer Phase neuzeitlicher Bezüge.

Der Phase der Ablehnung wird auch Leibniz zugerechnet, der Spinozas Philosophie viel verdankt, ohne dies gewürdigt zu haben. Bei der Phase der Annahme wird Goethe hervorgehoben, dessen Weltbild auf Elemente von Spinozas Philosophie zurückgreift. Beide einflussreichen Denker, Leibniz und Goethe, sind im Hinblick auf die von ihnen vertretenen Gottesbilder bedeutsam. Diese werden der Thematik des Buches entsprechend ausführlicher dargestellt, als einer kurz gefassten Wirkungsgeschichte Spinozas zukommt.

Bei der Phase der philosophischen Integration werden zwei gegensätzliche, von Spinoza inspirierte Denktraditionen behandelt, ein materialistischer und ein idealistischer Zweig. Die Phase neuzeitlicher Bezugnahmen lässt marxistische und monistische Interpretationen von Spinozas Denkansatz zu Wort kommen. Außerdem werden die Verbindungen zur Psychoanalyse und die Spinoza-Forschung angesprochen.

Der einflussreichste moderne Apologet Spinozas ist Albert Einstein, auf dessen Welt- und Gottesbild in Kapitel V eingegangen wird.

Phase der Ablehnung: Thomasius, Bayle, Leibniz, Wolff

In der ersten Phase der Wirkungsgeschichte schlug Spinoza eine polemische Ablehnung entgegen, die in der Philosophiegeschichte ihresgleichen sucht. Spinoza wurde auf die übelste Weise beschimpft und geschmäht – als Atheist, Erzjude, Fatalist, Gegner der Offenbarung, Spötter der Religion, Feind des Menschengeschlechts, kurz als Ausgeburt der Hölle.[14] In dieser polemischen Ablehnung verbanden sich die Reflexe einer von geistigen, religiösen und politischen Umbrüchen heimgesuchten Zeit. Auslöser der Polemik war die gegen den *Tractatus* gerichtete Streitschrift des Leipziger Rhetorik-Professors Jacob Thomasius, die einen größeren Kreis von Lesern in Deutschland erreichte. Ebenso trug die Kritik von Pierre Bayle in seiner Schrift *Dictionnaire historique et critique* (1697) zur Ablehnung Spinozas bei. Dessen Philosophie wird als absonderlich und monströs dargestellt, allerdings mit dem Hinweis, Spinoza sei „das Muster eines tugendhaften Atheisten".

Nicht alle Ablehnung war polemischer Art. Fundierte Kritik übten die namhaften Philosophen Leibniz und Wolff.

Gottfried Wilhelm Leibniz (1646–1716), Universalgelehrter in kurfürstlichen Diensten, entwickelte seine Philosophie, insbesondere die Monadenlehre, in kritischer Auseinandersetzung mit Spinoza. An dessen Philosophie kritisiert er, dass sie das Individuelle zu flüchtigen Momenten eines Absoluten macht. Es bemängelt außerdem, dass Spinoza die Konstanz der Dinge in physikalischer Hinsicht nicht erklären kann, dass eine Theorie des menschlichen Geistes als eines Ideen bildenden Subjekts fehlt und dass durch den Ausschluss der menschlichen Willensfreiheit die Moralphilosophie unzureichend begründet ist.[20] In Kapitel VII wird auf den Systementwurf von Leibniz genauer eingegangen.

Christian Wolff (1670–1754), Universitätsprofessor und philosophisches Haupt der deutschen Aufklärung (Schule der Wolffianer) machte die Leibnizsche Philosophie in abgewandelter Form zur vorherrschenden philosophischen Lehre an den deutschen Universitäten. Die bis dahin dominante aristotelische Schulphilosophie wurde dadurch überwunden, Begründungen allein gemäß der Vernunft wurden hervorgehoben. Die Pietisten und Lutheraner erhoben gegen Wolff den Vorwurf, eine mit dem Glauben unverträgliche „rationale Metaphysik" zu lehren, also Atheist zu sein. Wolff verlor seine Professur und wurde aus Halle verbannt, konnte allerdings nach einigen Jahren unter Friedrich II. zurückkehren.

Immanuel Kant (1724-1804), der Spinozas Philosophie wohl nur über Jacobis Spinoza-Buch kannte, sah im Spinozismus ein verfehltes System.[20] Von den Epigonen Kants wird dessen Subjektivismus kritisiert und demgegenüber Spinozas Anspruch auf Letztbegründung im Absoluten hervorgehoben. Das der Welt gegenüberstehende Subjekt sei zu überwinden.

Phase der Annahme: Lessing, Jacobi, Herder, Goethe

Zu einer radikalen Umkehr in der Bewertung von Spinoza kam es Ende des 18. Jahrhunderts. An die Stelle von Verachtung trat Bewunderung. Auslöser war ein Gespräch über die Bedeutsamkeit Spinozas, das der Literat der Aufklärung, Gotthold Ephraim Lessing, und der seinerzeitige Schriftsteller Friedrich Heinrich Jacobi 1780 in Wolfenbüttel geführt hatten. Lessing gab sich als Anhänger Spinozas zu erkennen und kritisierte die Leute, die von Spinoza „wie von einem toten Hund" reden. Das Gegenteil sei der Fall: „Es gibt keine andere Philosophie, als die Philosophie des Spinoza". Darüber kam es zum Streit zwischen Jacobi und dem Philosophen Moses Mendelsohn in Berlin, der sich mit seinem inzwischen verstorbenen Freund Lessing in der Ablehnung von Spinoza verbunden glaubte. Dies wiederum veranlasste Jacobi, seinen Briefwechsel mit Mendelsohn 1789 zu publizieren. Die als „Pantheismusstreit" bekannte Auseinandersetzung führte zum Umschlag der Rezeption Spinozas und zum Beginn des offenen oder verdeckten, philosophisch einflussreichen Spinozismus.

Jacobi, später Präsident der Bayerischen Akademie der Wissenschaften, stellt zunächst Spinozas Substanzmetaphysik als streng rationales System dar, als monistische Metaphysik der Immanenz, ohne vorgegebene Zwecke, mit handelnden Subjekten, die als Modifikationen der göttlichen Substanz begriffen werden. Zu diesem konsequenten „Spinoza" wird als Widerlegung ein ebenso konsequenter „Anti-Spinoza" gefordert, der ein „System der Freiheit" zu begründen hätte.[22] Da aber der Anti-Spinoza nicht gelingt, bleibe es beim originären, unwiderlegten, deterministischen Weltsystem Spinozas.

Jacobi selbst vertrat die philosophische Strömung der „Glaubensphilosophie", die davon ausgeht, dass die durch Offenbarung gegebenen Glaubensinhalte nicht über die denkende Vernunft vermittelt werden können. Die Glaubensphilosophie weist statt der Vernunft dem Gefühl die Führerrolle im Denken und Handeln zu.

Zwei wirkmächtige Gestalten der deutschen Literatur und der Geschichts- bzw. Naturphilosophie, nämlich Johann Gottfried Herder (1744-1803) und Johann Wolfgang Goethe (1749-1832), galten als Spinozisten. Aber ihr Pantheismus war eher intuitiv als rationalistisch begründet. Aus Spinozas allumfassender Substanz wurde bei ihnen ein „organisches Ganzes", ein „All lebendiger Kräfte". Pantheistische Gedanken von Giordano Bruno flossen zusätzlich ein. Plotins Lehre von der Alleinheit trat hinzu.

Herder begreift die Ordnung der Natur als Stufenbau, veranschaulicht durch einen stufenweise vervollkommneten Organismus, ausgehend von der anorganischen Materie, fortgeführt über die Pflanzen- und Tierwelt und gipfelnd im Menschen als vernunftbegabtes Wesen. In der Ordnung der Natur manifestieren sich Geist und Wesen Gottes. Im Geschichtsprozess kommt ein Zuwachs an Humanität zum Ausdruck, womit Sittlichkeit, Persönlichkeitsentfaltung und Glücksgewinn des Individuums gemeint sind, weniger die Verfasstheit von Gemeinschaft und Staat. Jede Epoche und jedes Volk entwickelt sich nach eigenem Gesetz. Die Sprache wird als Bedingung für Vernunft hervorgehoben.

Goethes Naturphilosophie vertritt einen Monismus von Natur und Geist. Natur ist das in jedem Seienden von seinem Entstehen her Wesenhafte im Unterschied zum Künstlichen im Menschenwerk. Sie ist der Inbegriff aller unmittelbaren Wirklichkeit, aller Dinge und Geschehnisse in ihrem ganzheitlichen Zusammenhang, formal das Sein überhaupt. Gegenbereich der Natur ist der Geist mit allen seinen Erscheinungsformen in Kultur und Geschichte. Im Menschen greifen Natur und Geist ineinander. Jeder einzelne Mensch ist ein „Organ" der Bewusstwerdung der Natur. Die Einzelorgane zusammen bilden die Gottheit.[23]

Goethe hat sich bei dieser pantheistischen Weltsicht auf Spinozas *Ethica* berufen, deren Affektenlehre er besonders schätzte.[24] Neben dem Monismus von Natur und Geist, der auf Spinoza verweist, hat ihn die monistische Emanations- und Wiedervereinigungslehre der Neuplatoniker in der von Plotin gegebenen Fassung stark beeinflusst. Nach dieser Lehre entlässt das Alleine erst den Weltgeist, dann die Weltseele und schließlich die trügerische Sinnenwelt. Dabei spaltet sich die Weltseele in die Einzelseelen und bringt die Materie als Negation des Alleinen hervor. Den Einzelseelen ist aufgetragen, wiederum zum Alleinen aufzusteigen.

Schließlich ist Goethe von Giordano Bruno beeinflusst. Dieser setzte das All als das einzig Seiende und Lebendige mit Gott gleich. Es ist aus physischen und zugleich psychischen Wirklichkeitselementen, den Monaden, zusammengesetzt, sodass alles in der Welt beseelt ist.

Die Welt wird von Goethe als lichtdurchstrahlter, gottdurchwirkter Stufenbau gesehen. In aufstrebender Folge ordnen sich: Gesteine, Pflanzen, Tiere, Menschen, das Dämonische und das Göttliche. Zur Weltentstehung vertritt Goethe einen neuplatonisch-gnostisch geprägten Mythos: eine dreieinige Urgottheit mit Luzifer als retardierende Macht in der irdischen Welt.[25]

Der Mensch im kosmischen Spiel von Entstehen und Vergehen ist der Erlösung bedürftig. Nach Goethes Auffassung kann er nur dem Göttlichen entgegenstreben, bedarf jedoch zur Erlösung der entgegenkommenden Gnade und Liebe. Dies wird mit der das Faust-Drama abschließenden Himmelfahrt Fausts zur Anschauung gebracht.[25-27]

Gott selbst bleibt bei Goethe der nur Geahnte, in frommer Scheu Verehrte. Im Leiden offenbare sich Gott, aber herrlicher sei Gottes heilende Offenbarung in der Liebe („das Kreuz mit Rosen umwunden").[25] Die christliche Grundüberzeugung Goethes ist damit zum Ausdruck gebracht. Gott ist ihm im Sonnenlicht und in der Sinnenwelt allgegenwärtig.

Zusammenfassend ist festzustellen, dass Goethe Naturphilosophie in hohem Maße von den Lehren Plotins, Brunos und Spinozas mitbestimmt ist. Den existentiellen Rahmen bilden jedoch christliche Grundüberzeugungen. Weitere Angaben zu Goethes Naturphilosophie sind im Anhang 1 des Buches zu finden.

Phase der Integration: zwei gegensätzliche Denktraditionen

Die Einheit von Spinozas philosophischem System war eine Herausforderung für die spätere Philosophie. Es beeindruckte die logische Stringenz der Ableitungen und die Zusammenführung von Elementen, die aus Sicht einer subjektbezogenen Philosophie als unvereinbar erscheinen, etwa Naturalismus und Religiosität, Determinismus und Freiheit oder Egoismus und Tugend (Einführung zu *Die Ethik*[18] von D. Schmicking). Nachfolgende Philosophen versuchten, mit Elementen von Spinozas Philosophie, gelegentlich auch durch deren Modifikation, eine andersartige eigene Position zu untermauern. Zu dem von Jacobi geforderten „Anti-Spinoza" kam es nicht, aber es wurden Impulse für neue Entwicklungen gewonnen. Der Einheit von Spinozas System steht daher eine Vielheit von Interpretationen gegenüber.

Auf Spinoza fußend entwickelten sich zwei gegensätzliche Denktraditionen, eine materialistische und eine idealistische.

Die *materialistische Denktradition* lag dadurch nahe, dass der dem System von Spinoza eigentümliche strenge Determinismus sich nur in der Körperwelt nachweisen lässt, die damalige mechanistische Naturauffassung begründend. Die materialistische Interpretation haben die französischen Aufklärer einseitig hervorgehoben und damit Spinoza zu einem materialistischen Monisten gemacht.

Denis Diderot (1713–1784), Mitherausgeber der französischen Enzyklopädie, führt Bewusstsein, Denken und Empfinden auf Bewegung der Atome zurück. Die Bewegungsgesetze erklärt er zum Inbegriff der Gottheit.

Julien de La Mettrie (1709–1751) vertritt demgegenüber einen atheistischen Materialismus. Da die Materie das Prinzip ihrer Bewegung in sich selbst trägt, bedarf es weder der Annahme eines Gottes, noch der Annahme einer denkenden Substanz, sei es Geist oder Seele. Denken ist lediglich eine natürliche Funktion des Körpers. Der Mensch ist demnach eine Maschine, wie in seinem Werk *L'homme machine* dargelegt. Anstelle des Dualismus zweier endlicher Substanzen (Descartes) oder zweier grundlegender Attribute der einen Substanz (Spinoza) wird ein atheistisch geprägter Monismus der Materie vertreten.

Paul-Henri d'Holbach (1723–1789) systematisiert den beschriebenen monistischen Materialismus in seinem Werk *Système de la nature ou des lois du monde physique et du monde moral.* Den Atheismus erklärt er zur Vorbedingung wahrer Moral.

Ludwig Feuerbach (1804-1872) hat in Gegnerschaft zum spekulativen Idealismus Hegels die materialistische Interpretation Spinozas durch die französischen Enzyklopädisten erneut aufgegriffen. Ausgangspunkt der Philosophie Feuerbachs ist der konkrete Mensch. Gott wird als Geistprojektion aufgefasst. Diese anthropologische, atheistische und materialistische, gegen jegliche Metaphysik gerichtete Denkweise setzt sich im Marxismus fort.

Die *idealistische Denktradition* fußt auf Spinozas Kerngedanken der einen absoluten Substanz. Ihr wird jegliche Form von Wissen abgesprochen, um dem menschlichen Wissen die Unbedingtheit zusprechen zu können. Das menschliche Wissen als subjektive Leistung wird im Rückgriff auf einen durch Erkennen ausgezeichneten endlichen Modus entwickelt.[20]

Das Individuelle erscheint daher bei Spinoza als flüchtiger Moment des Absoluten. Diesen offensichtlichen Mangel versucht die idealistische Denktradition dadurch zu beheben, dass die unendliche Substanz durch das Subjektbewusstsein ersetzt wird. Diesem werden die Ideenbildung und die Freiheit zu moralischem Handeln zugesprochen. Dadurch wird abweichend von Spinoza eine transzendente Bedingtheit eingeführt.

Die Hervorhebung des Absoluten und die Betonung des Subjektbewusstseins führen zur spekulativen Philosophie des deutschen Idealismus (Fichte, Schelling, Hegel). Dieser fußt auf der Subjektivitätsphilosophie Kants, die er zunehmend überwindet. Es ist bemerkenswert, dass sich Kant selbst erst spät mit Spinozas Philosophie auseinandergesetzt hat, sie jedoch als verfehlt ansah.

Johann Gottlieb Fichte (1762-1814) wagt den über Kant hinausgehenden Schritt, dem subjektiven Geist nicht nur das Setzen der Kategorien zuzuordnen, sondern die gesamte dingliche Außenwelt; subjektiver Geist ist jetzt alles (subjektiver Idealismus).

Friedrich Wilhelm Schelling (1775-1854) sieht den Geist auch unabhängig vom Subjekt als objektives Sein und als Grund des Werdens (objektiver Idealismus). Fußend auf Bruno und Spinoza entwickelt er eine Identitätsphilosophie, gemäß der Außen- und Innenwelt des Menschen nur unterschiedliche Aspekte ein und desselben geistigen Ganzen sind. Außenwelt ist die Natur, die Welt des Objektiven. Innenwelt ist das Bewusstsein, die Welt des Subjektiven. Weltschöpfung und Weltgeschehen folgen göttlicher Notwendigkeit. Erst der späte Schelling hebt den freien Willen Gottes hervor. Ihm steht ein blinder Wille im Ungrund des Seins gegenüber, der das Böse verursacht. Beim späten Schelling ist somit der Wille ein Bestandteil des Absoluten.

Georg Wilhelm Friedrich Hegel (1770–1831), der Philosoph des Absoluten, stellt in Anlehnung an Lessings frühe Hervorhebung der Philosophie Spinozas fest: „Spinoza ist Hauptpunkt der modernen Philosophie – entweder Spinozismus oder keine Philosophie". Für Hegel ist alles Sein Geist bzw. Geistschöpfung. Der Weltgeist entfaltet sich dialektisch zur Weltwirklichkeit (absoluter Idealismus). Alles Werden lässt sich auf eine dialektische Bewegung der Begriffe zurückführen: Thesis, Antithesis, Synthesis. Wie bei Spinoza erscheint bei Hegel das Individuelle als flüchtiger Moment des Absoluten, des Weltprozesses.

Friedrich Ernst Daniel Schleiermacher (1768–1834), maßgebender protestantischer Religionsphilosoph, dem deutschen Idealismus und Spinozas Denken nahe stehend, erklärt die Religion aus dem Gefühl völliger Abhängigkeit des Endlichen vom Unendlichen, des Menschen von Gott. Die Zuneigung zu Gott ist identisch mit der Einsicht, dass alles in der Einheit der Natur determiniert ist. Das Weltall ruht in Gott, die Welt ist eine Erscheinungsweise Gottes (Panentheismus).

Arthur Schopenhauer (1788–1860), dem deutschen Idealismus widersprechend, erklärt die Welt als Wille und Vorstellung (zugleich der Titel seines Hauptwerkes). Die ganze Welt ist als Objekt auf ein Subjekt bezogen, ist Anschauung des Anschauenden, also Vorstellung. Aber die Welt ist nicht allein Vorstellung, denn der Angelpunkt dieser Erkenntnis ist die Erfahrung des eigenen Leibes. Dieser zeigt sich nicht nur als Objekt unter Objekten, sondern ebenso als Wille. Alle Gegenstände und Erscheinungen in der Welt sind ihrem Wesen nach Wille. Das gilt für die Kräfte in der unbelebten und belebten Natur ebenso wie für das Tun der Menschen. Diese grundlegende These ist in eine zutiefst pessimistische und misanthrope Gestimmtheit eingebunden. Aller Wille schafft nur Leiden. Willensfreiheit ist eine Illusion. So wird schließlich die Verneinung des Willens zugunsten der Alleinheit gefordert, indischen religiösen Lehren folgend.

Friedrich Nietzsche (1844–1900) hat in seinen dem Kunstschaffen zugewandten Frühschriften Schopenhauers Position gegenüber der Kunst übernommen. Ausgehend von der griechischen Tragödie unterscheidet er das dionysische vom apollinischen Element. Dionysus vertritt die rauschartige, ungezügelte Lebensbejahung, die Welt als Wille. Apollon steht für Form und Maß der Individuation, die Welt als Vorstellung. Nietzsches Präferenz gehört Dionysus, den er im Konflikt mit Richard Wagner an die Stelle des gekreuzigten Jesus setzt.

Neuzeitliche Bezugnahmen: Marxismus, Monismus, Psychoanalyse

Die weiteren philosophischen Bezugnahmen auf Spinoza ab Mitte des 19. Jahrhunderts lassen sich bei nachlassendem Interesse an Letztbegründungen dem Marxismus, dem naturalistischen Monismus und der Psychoanalyse zuordnen. Schließlich setzt im 20. Jahrhundert eine intensive Spinoza-Forschung ein. Diese vier neuzeitlichen Bezugnahmen werden nachfolgend näher beschrieben.

In der Geschichte des *Marxismus* spielt die Auseinandersetzung mit den Denkansätzen von Spinoza eine erhebliche Rolle.[28] Zum einen wird kontrovers beurteilt, inwieweit die materialistische Basis der marxistischen Philosophie aus dem spinozistischen Substanzbegriff abgeleitet werden kann. Zum anderen ist strittig, wie in einer streng determinierten Welt sinnvolles und freies Handeln möglich ist.

Karl Marx (1818–1883) und Friedrich Engels (1820–1895) interessieren sich mehr für die politischen als für die philosophischen Aussagen von Spinoza. Sie treten den Junghegelianern und der spekulativen Grundstruktur Hegelscher Philosophie entgegen. An letzterer kritisieren sie die spinozistische Substanz, das Fichtesche Selbstbewusstsein und die Hegelsche Einheit von beiden im absoluten Geist: Substanz ist die „metaphysisch travestierte Natur in der Trennung vom Menschen", Selbstbewusstsein ist der „metaphysisch travestierte Geist in der Trennung von der Natur". Also handle es sich bei Hegel um „inhaltslose Phrasen". An die Stelle des theoretischen Substanzbegriffs habe die praktische Tätigkeit des Menschen zu treten.

Georgij W. Plechanov (1857–1918), bedeutender Theoretiker des Marxismus, vertritt eine philosophische Entwicklungslinie zum „dialektischen Materialismus", die von Spinoza über die französischen Materialisten und Feuerbach zu Karl Marx führt. Spinoza steht am Anfang, weil sein monistischer Ansatz das geschichtlich vorangegangene dualistische Denken überwindet. Die eine Substanz wird erneut einseitig materialistisch interpretiert.

Von Marx und Engels wird als wesentliches Element der Begriffsgeschichte zum Materialismus die Abwendung von jeglicher Metaphysik hervorgehoben. Damit kann Spinoza nicht als Vordenker des Materialismus aufgefasst werden. Die Metaphysik des 17. Jahrhunderts, darunter die von Spinoza, wird zum Widersacher des Materialismus des 18. Jahrhunderts erklärt. Die Philosophie Hegels wird als idealistische Restauration eingestuft. Gegen die Junghegelianer wird polemisiert. Der Anfang des Materialismus wird bei den Enzyklopädisten der französischen Aufklärung gesehen. Der von Feuerbach anthropologisch begründete neuere Materialismus wird als menschenfreundlichere Variante betrachtet.

Ein weiterer Berührungspunkt zwischen marxistischer und spinozistischer Philosophie ist die Frage, wie in einer von strenger Notwendigkeit beherrschten Welt freies Handeln und somit sittliche Verantwortung möglich ist. Spinoza begründet die Freiheit des Handelns (nicht die des Willens) in der *Ethica*. Engels formuliert durchaus spinozistisch, Freiheit sei Einsicht in die Notwendigkeit. Während aber bei Spinoza die intellektuelle Liebe zu Gott als Bestimmung des Menschen hervorgehoben wird, ist es bei Marx die praktische Tätigkeit des Menschen.

Den ethischen und politischen Diskurs zu Spinozas Philosophie im Rahmen des Marxismus hat der DDR-Philosoph Helmut Seidel vorangetrieben.[28] Er ist wohl nur für bekennende Marxisten von Interesse.

Der *naturalistische Monismus* ist die aus dem Darwinismus hervorgegangene Weltanschauung des Biologen Ernst Haeckel (1834–1919), niedergelegt in dessen weitverbreiteten Werk *Die Welträtsel* (1899). Der Titel des Werkes nimmt auf die 1872 von du Bois-Reymond als nicht oder nur schwer wissenschaftlich lösbar erklärten sieben Welträtsel Bezug. Als Einheitsprinzip der Welt wird die universale Substanz gesehen, die als Materie und Geist in Erscheinung tritt: „Wir halten fest an dem reinen und unzweideutigen Monismus von Spinoza: Die Materie, als die unendliche ausgedehnte Substanz, und der Geist (oder die Energie), als die empfindende und denkende Substanz, sind die beiden fundamentalen Attribute oder Grundeigenschaften des allumfassenden göttlichen Weltwesens, der universalen Substanz". Wie aus den weiteren Ausführungen von Haeckel hervorgeht, werden Empfindungen, Bewusstsein und Denken als Leistungen von Gehirn und Nervensystem gedeutet, also Geist mit Materie gleichgesetzt (materialistischer Monismus). Ebenso wird die Dualität von Gott und Welt verneint: „Der Monismus erkennt im Universum nur eine einzige Substanz, die Gott und Natur zugleich ist; Körper und Geist oder Materie und Energie sind für sie [die Substanz] untrennbar verbunden. Der extramundane oder persönliche Gott des Dualismus führt notwendig zum Theismus; hingegen der intramundane Gott des Monismus zum Pantheismus". Die Zitate sind dem ersten Kapitel des genannten Werkes entnommen.

Der naturalistische Monismus macht die physische Substanz zum Inbegriff des Ganzen. Er leugnet die Selbständigkeit und Eigengesetzlichkeit jedes nichtphysischen Seins. Das Geistige erscheint als Funktion der Materie. In leichter Abwandlung dieses Befundes erklärt Wilhelm Ostwald (1853–1932), Begründer der physikalischen Chemie, das Geistesleben als Transformation physikalischer Energie (energetischer Monismus).

Gegen den naturalistischen Monismus lassen sich dieselben Argumente anführen, die als Mängel von Spinozas philosophischem System in Kapitel VI des vorliegenden Buches benannt werden. Weitere Einwände ergeben sich im Hinblick auf Haeckels verallgemeinerten Darwinismus, der nichtphysische Konditionierungen im Evolutionsgeschehen ausdrücklich ausschließt.

Der „neutrale Monismus" von Denkern, die dem Pragmatismus nahestehen, darunter Bertrand Russell, geht zwar von der Untrennbarkeit von Geist und Materie aus, bestreitet aber die Gültigkeit der spinozistischen Annahme, es gebe nur eine einzige einheitliche Substanz. Damit geht allerdings die mathematische Strenge des Ansatzes von Spinoza („*ordine geomtrico demonstrata*") verloren.

Die *Psychoanalyse* ist ein weiterer Bereich neuzeitlicher Bezugnahmen auf Spinoza. Die von Sigmund Freud (1856–1939) begründete Psychoanalyse bzw. Psychotherapie, die ein unbewusstes Seelenleben postuliert, das das bewusste Erleben erheblich beeinflusst und zu krankhaften Störungen führen kann, ist vom „spinozistischen Geist" geprägt. Freud hat sich in seinen Schriften zwar nicht direkt auf Spinoza bezogen, aber die Verwandtschaft seines Denkens mit dem Denken Spinozas war ihm bewusst, wie aus einem Brief Freuds hervorgeht.

Die Verwandtschaft der Denkansätze von Freud und Spinoza kommt vor allem in der Überwindung von Descartes' dualistischem Konzept zum Ausdruck. Descartes unterscheidet Leib und Seele, Körper und Geist, *res extensa* und *res cogitans*, kann aber die Interaktion der beiden Bereiche nicht erklären. Freud und Spinoza vertreten dagegen die Korrespondenz der körperlichen und geistigen Phänomene. Für Spinoza ist der Geist bzw. die Seele eine *idea corporis*. Denken und Fühlen werden über den Körper vermittelt. Es gibt weder den reinen Geist noch den autonomen Körper. Ähnlich beschreibt Freud die Affekte der Lust und Unlust als Manifestationen quasiphysiologischer Prozesse. Der Trieb wiederum ist ein Grenzbegriff zwischen Soma und Psyche. Er wird durch Reize ausgelöst, die im Körper ihren Ursprung haben.

Auf zwei weitere Parallelen der Denkansätze von Freud und Spinoza hat Jerome Neu hingewiesen.[29] Der dynamischen Auffassung vom *conatus* bei Spinoza entsprechen die analytischen Modelle von Instinkt, Trieb und Libido bei Freud. Die Affektregulation durch kognitive Einsichten bei Spinoza hat ihr Gegenstück im Grundgedanken der Psychoanalyse, durch Selbstreflexion heilsame Einblicke in die unbewussten Ursachen des bewussten Seelenlebens zu erhalten.

Bei der Feststellung ähnlicher Denkansätze bei Freud und Spinoza ist zu beachten, dass Freud als Mediziner die Psychologie naturwissenschaftlich zu fundieren suchte, während Spinoza als Philosoph eine Lehre zum guten Leben und Handeln des Menschen entwickelt hat.

Die *Spinoza-Forschung*, die mit großer Intensität im 20. Jahrhundert einsetzte, lässt sich in ihren wichtigsten Aspekten wie folgt zusammenfassen. Auslöser war das Interesse an Judaistik und Haskala (jüdische Aufklärung), denen der jüdisch gebürtige Philosoph Spinoza zugerechnet wird. Weitere Impulse gingen vom französischen Strukturalismus aus und vom Bemühen um eine naturalistische Ethik. Philosophische Betrachtungen im Umfeld der Hirnforschung wirkten ebenfalls anregend. Wesentliche Beiträge zur Spinoza-Forschung stammen von deutschen Wissenschaftlern, ausgenommen die Zeit des Nationalsozialismus. Die kritische Werksausgabe durch Carl Gebhardt (1924–1926) gilt als Standard. Neuübersetzungen der Schriften Spinozas ins Deutsche hat Wolfgang Bartuschat vorgelegt (1991–2005). Die Zeitschrift *Studia Spinozana* wurde 1985 von Manfred Walther begründet. Eine Spinoza-Gesellschaft existiert seit 1988. Die beschriebenen Aktivitäten zur Spinoza-Forschung zeugen von der Aktualität der Schriften Spinozas für das moderne Denken.

Kapitel V
Albert Einsteins Berufung auf Spionza

Die Philosophie Spinozas ist Mitte des 20. Jahrhunderts erneut ins Bewusstsein einer breiten Öffentlichkeit getreten, weil sich der sehr populäre Physiker Albert Einstein (1879–1955) auf Spinoza berief, wenn er nach seiner religiösen Überzeugung gefragt wurde, und dies geschah recht häufig. Zu Einsteins Religion liegt eine sorgfältige Untersuchung von Max Jammer vor, auf die sich die nachfolgenden Ausführungen stützen.[11] Daneben werden die von Alice Calaprice herausgegebene Zitatensammlung und eine von Carl Seelig besorgte Aufsatzsammlung verwendet.[12, 13]

Albert Einstein gilt als bedeutendster Physiker der Neuzeit. Er ist außerdem in jungen Jahren als Pazifist und später als Kosmopolit hervorgetreten. Seine besonderen kommunikativen Fähigkeiten machten ihn weltbekannt.

Einsteins wissenschaftliche Publikationen zur theoretischen Physik, mit denen er seinen Weltruhm begründete, erstrecken sich über den Zeitraum 1905–1918. Sie umfassen Arbeiten zur Elektrodynamik bewegter Körper, zur Molekularkinetik und Brownschen Bewegung, zur Korpuskulartheorie des Lichts, zur speziellen Relativitätstheorie (1905) und zur allgemeinen Relativitätstheorie, einer Feldtheorie der Gravitation (1916). Nach diesem Feuerwerk hochkarätiger Beiträge zur theoretischen Physik (in nur 13 Jahren) ist es um Einstein wissenschaftlich ruhig geworden. Gegen den Indeterminismus der Quantenmechanik sperrte er sich. Die mit der bekannten ERP-Publikation (1935, Einstein-Podolski-Rosen) geforderte Separierbarkeit räumlich getrennter quantenmechanischer Phänomene („lokaler Realismus“) wurde theoretisch und experimentell widerlegt. Ab 1945 bis zu seinem Tod bemühte sich Einstein um eine einheitliche Feldtheorie, die neben der Gravitation das elektromagnetische Feld umfasst. Sie wurde in der Physik der Elementarteilchen widerlegt.

Die wichtigsten Daten zu Einsteins öffentlichem Wirken sind nachfolgend zusammengefasst: Aus jüdischer Familie stammend, 1879 in Ulm geboren, in München aufgewachsen, 1896-1900 Studium der Mathematik und Physik am Eidgenössischen Polytechnikum Zürich, 1902 Anstellung am Schweizer Patentamt in Bern, 1906 Promotion, 1908 Privatdozent, 1909 außerordentlicher Professor für theoretische Physik an der Universität Zürich, 1911 Ordinarius in Prag, 1912 Ordinarius in Zürich, 1914 Forschungsprofessor an der Universität Berlin, 1916 Präsident der Deutschen Physikalischen Gesellschaft, 1917 Leiter des Kaiser Wilhelm Instituts für Physik, 1922 Nobelpreis für die Entdeckung des photoelektrischen Effekts (nicht für die seinerzeit umstrittene Relativitätstheorie), 1932 Annahme eines Rufs an das Institute for Advanced Study in Princeton (New Jersey), 1933 Verlassen von Deutschland wegen nationalsozialistischer Machtergreifung, 1939 Warnung vor möglicher deutscher Atombombe, gerichtet an Präsident Roosevelt, 1940 Einbürgerung in die USA, 1943 Berater der US Navy für hochexplosive Sprengstoffe, 1946 Eintreten für eine Weltregierung, 1955 Eintreten für atomare Abrüstung, 1955 gestorben in Princeton.

Einsteins frühe unreflektierte Religiosität

Die durch Herkommen, Kindheit und Jugend gelegte religiöse Ausgangsbasis von Albert Einstein stellt sich wie folgt dar. Er entstammt einer jüdischen Familie, die wohl gläubig, aber nicht strenggläubig war. In der Volksschule besuchte er den katholischen Religionsunterricht. Gleichzeitig wird er durch einen Privatlehrer in der jüdischen Religion unterwiesen. Auf dem Gymnasium bestreiten externe Talmudlehrer den obligatorischen Religionsunterricht.

In einem späteren Interview (1929) bestätigt Einstein die Unterweisung sowohl in der Bibel als auch im Talmud. Er äußert darüber hinaus, dass ihn die strahlende Figur Jesus tief beeindruckt und dass ihm beim Lesen der Bibel Jesus gegenwärtig ist. Er bedauert, die Bibel nicht „in der Sprache des Väter“ lesen zu können. Einsteins tiefe Religiosität äußert sich bereits in jungen Jahren in der Ausübung von Musik (Violine) und in der Freude an der Natur (der Stadtgarten).

Durchaus alterstypisch stellt sich mit etwa 12 Jahren ein areligiöser Schub ein, ausgelöst durch einen 10 Jahre älteren Gaststudenten, der ihn außer mit populärwissenschaftlicher Literatur mit Büchern zur Physik und Mathematik sowie mit Kants *Kritik der reinen Vernunft* bekannt macht. Einstein glaubt sich daraufhin von den religiösen Schriften fehlgeleitet, misstraut jeglicher Autorität und wird skeptisch gegenüber den Überzeugungen seiner Umgebung. Er begreift sich in dieser Zeit als Freidenker. Die unmittelbare Folge ist, dass er die *bar mitzvah*, die jüdische Konfirmation, zurückweist (1891).

Einstein hat zeitlebens so gut wie nie eine Kirche oder Synagoge betreten. Er hat aber der religiösen Erziehung seiner zwei Kinder aus erster Ehe zugestimmt und auch der Taufe der Kinder nach griechisch-orthodoxem Ritus (1913). Im Kern seines Wesens tief religiös, hat er zwar jegliche Indoktrination abgelehnt, jedoch die religiöse Entscheidung nach eigenem Gewissen geradezu gefordert. Sein Freidenkertum in der Jugend hat er später (1952) als Trotzhaltung gegenüber einem naiven Gottesglauben interpretiert.

Einsteins spätere reflektierte Religiosität

Einsteins spätere, philosophisch reflektierte Religiosität lässt sich den zahlreichen Stellungnahmen, mündlichen und schriftlichen Botschaften, sowie unzähligen Briefen entnehmen, zu denen er von religiösen und weltanschaulichen Gruppierungen ebenso wie von Privatpersonen oder Journalisten veranlasst wurde. Einsteins Stellungnahmen zur Religion häufen sich in den Jahren 1930–1941. Die letzte derartige öffentliche Botschaft erging 1951.

Einstein hatte seit 1933 seinen Wohnsitz in den USA (Princeton, New Jersey) und war seit 1940 amerikanischer Staatsbürger. In dieser Zeit und später formte sich das der Allgemeinheit vertraute Bild von Einstein als eines unkonventionellen und eigenwilligen Menschen, der sich bei politischen Grundsatzfragen zu Wort meldet und bereitwillig über seinen Gottesglauben Auskunft gibt. Sein politisches Engagement in dieser Zeit umfasst das Eintreten erst für, dann gegen Atomrüstung, die Förderung jüdischer Flüchtlinge und des Staates Israel, aber auch vor Kriegsbeginn Verständnis für die stalinistischen Schauprozesse und nach Kriegsende die pauschale Verurteilung der Deutschen. Auf Einsteins Eintreten für den Pazifismus in der Zeit vor seinem USA-Aufenthalt sei ergänzend hingewiesen.

Die Darstellung von Einsteins Religiosität gliedert sich in folgende Teile: Einsteins Weltbild und die damit verbundenen Grundlagen seiner Religiosität; Einsteins „kosmische Religiosität“; Einsteins Leugnung des personalen Gottes;

eine Entgegnung zu Einsteins kosmischer Religiosität durch den Theologen Paul Tillich; eine Kritik an Einsteins naturwissenschaftlichem Weltbild.

Einsteins Weltbild

Einsteins Weltbild und die damit verbundenen Grundlagen seiner Religiosität werden nachfolgend ausgehend von einem 1930 entstandenen Aufsatz von Einstein unter Hinzunahme späterer Äußerungen bestimmt.[13]

Der Mensch ist nicht frei in seinen Entscheidungen, sondern handelt unter äußerem Zwang und innerer Notwendigkeit. Dies ist ein Trost angesichts der Härten des Lebens, aber auch eine Quelle der Toleranz. Der Ursprung von Religion, Wissenschaft und Kunst ist die Erfahrung des Geheimnisvollen. Wahre Religiosität gründet sich im Wissen um das unergründliche Geheimnis, das sich in tiefer Vernunft und leuchtender Schönheit zeigt. In diesem Sinn, in der Verbindung von Begreifen und Fühlen, bezeichnet sich Einstein selbst als tief religiös. Da das Begreifen dennoch sehr unvollkommen ist, überwiegt das Gefühl der Demut (*humility*). Einstein weist einen Gott zurück, der seine Kreaturen belohnt und bestraft, der überhaupt einen Willen hat, der dem Willen des Menschen ähnelt.

Einsteins Weltbild ist demnach von einem strengen kausalen Determinismus hinsichtlich Denken, Fühlen und Handeln bestimmt. Dies entspricht in etwa der Philosophie Spinozas in der *Ethica*, auf die sich Einstein wiederholt berufen hat (darunter ein längeres Huldigungsgedicht von 1920). Im angesprochenen Aufsatz von 1930 wird allerdings nicht Spinoza, sondern Schopenhauer in der Nachfolge von Spinoza zitiert: „Ein Mensch kann zwar tun, was er will, aber nicht wollen, was er will".

Bei der Zurückweisung menschlicher Attribute Gottes kann auf das zweite Gebot des Dekalogs verwiesen werden: Du sollst Dir kein Bildnis noch irgendein Gleichnis (im Sinne von Abbild) von Gott bzw. dem Göttlichen machen. Einstein erwähnt den bedeutenden arabisch-jüdischen Philosophen Moses Maimonides (1135–1204), der Gott Körperlichkeit und körperliche Kraft abgesprochen hat. Gott könne nur indirekt über seine „Wege", seine Handlungen und Manifestationen (etwa in der Natur) erkannt werden. Einstein äußerte einem Freund gegenüber, dass er zwar von Gott eine klare Idee habe, aber eben keine bildhafte Vorstellung. Der über die Rationalität und Begreifbarkeit der Welt erfassbare Gott liege jeder anspruchsvollen wissenschaftlichen Tätigkeit zugrunde. Demgegenüber sei das Gottesbild der konfessionellen Traditionen allein historisch und psychologisch bedingt.

Einsteins kosmische Religiosität

Zunächst wird Einsteins Vorstellung von der Entwicklung der Religionen betrachtet.[13] Sie schreitet von der „Furchtreligion" über die „Moralreligion" zur „kosmischen Religiosität" fort. Religiöses Denken und Erleben hat nach Einstein seine Basis im Gefühl.

Die erste Entwicklungsstufe ist die Furchtreligion der Primitiven. Die religiösen Vorstellungen entspringen der Furcht vor Hunger, Tieren, Krankheit und Tod. Höhere Wesen sind durch rituelle Handlungen und Opfer günstig zu stimmen. Priester und Herrscher treten als Mittler auf.

Die zweite Entwicklungsstufe ist die Moralreligion der sozial höher entwickelten Gemeinschaften des Stammes, des Volkes oder der gesamten Menschheit. Soziale Gefühle begründen die Moral. Zugeordnet ist ein Gott der Vorsehung, der beschützt, bestimmt, belohnt und bestraft. Er ist Tröster im Unglück und Bewahrer der Seelen der Verstorbenen. Er ist nach Art des Menschen (anthropomorph) konzipiert.

Die dritte Entwicklungsstufe ist die kosmische Religiosität, letztere verstanden als Vertrauen in die rationale Natur der Realität. Sie ist getragen vom Gefühl der Nichtigkeit menschlicher Wünsche gegenüber der Erhabenheit der Natur und der ihr zugeordneten Gedankenwelt, die nach Spinoza wesenhaft identisch sind. Sie drückt sich in der Bewunderung der Harmonie aus, die in den Gesetzen des Kosmos zum Ausdruck kommt. Das individuelle Dasein wird als eine Art Gefängnis angesehen gegenüber der Einheit und Vernünftigkeit der Gesamtheit des Seienden. Kosmische Religiosität kennt keine Dogmen, keine Theologie und keinen anthropomorph (Gestalt und Verhalten) oder anthropopathisch (Gefühl und Absichten) veranschaulichten Gott.

Wie kann kosmische Religiosität ohne den herkömmlichen, anthropomorph und anthropopathisch konzipierten Gottesbegriff kommuniziert und lebendig gehalten werden? Einstein weist diese Aufgabe der Kunst und Wissenschaft zu. Da er allem Geschehen strenge kausale Gesetzmäßigkeit unterstellt, ist für ihn ein in den Gang der Welt eingreifender Gott, wie ihn die Moralreligion lehrt, ausgeschlossen. Andererseits ist die kosmische Religiosität, der Glaube an die Vernunft des Weltenbaus und die Sehnsucht nach Begreifen desselben die stärkste Triebfeder wissenschaftlicher Forschung, wie es bedeutende Wissenschaftler, darunter Einstein selbst, vorgelebt haben. Aus dieser Sicht wird Einsteins umstrittenes Diktum zum Verhältnis von Wissenschaft und Religion (1941) verständlich: „Wissenschaft ohne Religion ist lahm, Religion ohne Wissenschaft blind". Dass derartige Hinweise auf fremdes Erleben ausreichen, um Religiosität zu begründen, muss bezweifelt werden. Die fragwürdigen theologischen und naturwissenschaftlichen Prämissen von Einsteins Weltbild werden in den nachfolgenden Unterkapiteln dargestellt.

Die kosmische Religiosität begründet keine Ethik. Nach Einsteins Auffassung ist der Mensch für sein Handeln nicht verantwortlich, weil alles Geschehen äußerer und innerer Notwendigkeit folgt. Das ethische Verhalten des Menschen wird allein auf Mitgefühl, Erziehung und soziale Bindung zurückgeführt. Ethik ist ein rein menschliches Unterfangen, über dem keine übermenschliche Autorität steht (1953). Wissenschaft befasst sich mit dem was ist, Ethik mit dem, was sein soll. Ethische Werte lassen sich nicht wissenschaftlich begründen (1950).

Einsteins kosmische Religiosität, die demütige Verehrung eines unendlichen geistigen Wesens höherer Natur, das sich in den Gesetzen des Kosmos und der Natur manifestiert, entspricht der von Spinoza hervorgehobenen geistigen Liebe zu Gott, die in der Macht des Verstandes gründet (*amor Dei intellectualis*).

Einsteins Leugnung des personalen Gottes

Die öffentliche und halböffentliche Auseinandersetzung um Einsteins Religiosität (überwiegend zwischen 1930 und 1941) konzentrierte sich auf den für Juden und Christen wesentlichen, in der amerikanischen Verfassung verankerten Glauben an den personalen Gott, dessen Existenz Einstein ausdrücklich leugnete. Einstein wurde daher des Atheismus und der Blasphemie bezichtigt. In gemäßigteren Stellungnahmen kamen folgende Gesichtspunkte zum Ausdruck.[11]

Einstein sieht im Subjekt, also im Ich, einen beengenden, weil egoistischen Faktor. Gegenüber dem objektiv Seienden ist das Ich bedeutungslos, es versinkt in tiefer Demut. Dieser Auffassung widerspricht die jüdische und christliche Überzeugung von der Bedeutsamkeit des bewussten Ichs, das von Gott angesprochen wird. Dieser Gott ist mit Notwendigkeit ein personaler Gott. Als solcher ist er Urheber der Moralgesetze.

Einstein vertritt einen allumfassenden strengen Determinismus. Damit wird die Willensfreiheit geleugnet, die den Menschen für sein Handeln verantwortlich macht. Dies steht den im Juden- und Christentum zentralen Begriffen der Sünde und der Schuld entgegen. Einstein wird entgegengehalten, dass die von ihm wiederholt beschworene soziale Verantwortung die Freiheit der Wahl voraussetzt.

Einstein hat den Aufruf der Bergpredigt „Liebe Deine Feinde“ als Handlungsmaxime nicht verworfen, bestand aber auf einem hintergründigen Determinismus: „Ich kann ihn nicht hassen, weil er tun *muss*, was er tut“.

Einstein hat es ausdrücklich abgelehnt, im Hinblick auf die Wahrscheinlichkeitsgesetze der Quantenmechanik eine Einschränkung des Determinismus anzuerkennen. Er zeigte sich überzeugt, dass die Wahrscheinlichkeitsaussagen der Quantenmechanik zukünftig durch eine deterministische Theorie ersetzt werden, was nicht eingetreten ist. Befragt, ob nicht auch die Wunder, von denen die Religionen berichten, aufgrund der Unbestimmtheitsrelation der Quantenmechanik möglich sein könnten, stellte Einstein fest, dass der Begriff des Wunders eine strenge Gesetzmäßigkeit voraussetzt, also die Unbestimmtheitsrelation ausschließt.

Einsteins Leugnung des personalen Gottes korreliert mit einer recht apersonal erscheinenden Konditionierung in seinen familiären Beziehungen.

Entgegnung zu Einsteins kosmischer Religiosität

Eine fundierte theologische Entgegnung auf Einsteins Leugnung des personalen Gottes im Rahmen seiner kosmischen Religiosität stammt von Paul Tillich (1886–1965), protestantischer Theologe und Philosoph, seinerzeit an der Harvard University lehrend. Tillich sieht vier Argumentationsstränge bei Einsteins Zurückweisung des personalen Gottes: Die Idee des personalen Gottes ist für Religiosität nicht wesentlich; sie entspringt einem primitiven Aberglauben; sie ist in sich widersprüchlich; sie widerspricht dem wissenschaftlichen Weltbild. Tillichs Entgegnung lässt sich in Anlehnung an die Ausführungen von Jammer[11] wie folgt zusammenfassen.

Da Einstein Religion als Hingabe an überpersonale Werte definiert, muss geklärt werden, inwieweit der Idee des personalen Gottes objektive Bedeutung zukommt. Die Klärung erfolgt anlässlich des zweiten Einwandes. Einsteins zweiter Einwand, die personale Gottesidee entspringe primitivem Aberglauben, wird durch das Argument widerlegt, dass sich diese Idee nicht aus dem Götterglauben des Mythos ableiten lässt, denn in den Mythen drückt sich lediglich die alltägliche Lebenserfahrung aus. Damit ist zugleich geklärt, dass der Idee des personalen Gottes objektive Bedeutung zukommt. Einsteins dritter Einwand besagt, dass ein personaler, allmächtiger und gerechter Gott mit den physischen und moralischen Übeln in der Welt nicht vereinbar ist (das Problem der Theodizee). Außerdem stelle Allmacht die behauptete Willensfreiheit des Menschen infrage. Tillich löst den Widerspruch dadurch auf, dass er Allmacht nicht als „kausale Alltätigkeit", sondern als „Wirksamkeit in allen Wesen gemäß ihrer jeweiligen Natur" interpretiert.

Einsteins Einwand, ein persönlich wirksamer und ansprechbarer Gott würde dem wissenschaftlichen Weltbild widersprechen, pariert Tillich mit der Feststellung, die Struktur des Seins (die physische Welt) und die Struktur des Sinns (das Gute, Wahre und Schöne) hätten einen gemeinsamen, tief verborgenen Grund. In der Erfahrung dieses Grundes manifestiere sich das Numinosum. Bei Einstein wird diese Erfahrung durch die den physikalischen Strukturen innewohnenden Gesetze ausgelöst bzw. durch die Erhabenheit der überpersonalen Gegebenheiten, die keiner rationalen Begründung bedürfen. In anderen Fällen mag sie durch den Eindruck, den bestimmte Personen, Ereignisse oder Kunstwerke in der menschlichen Seele hervorrufen, ausgelöst werden.

In derartigen numinosen Erfahrungen kommt nach Tillich die göttliche Tiefe unserer Existenz zum Ausdruck. Da diese der Objektivierung nicht zugängig ist, muss sie durch Symbole ausgedrückt werden. Eines dieser Symbole ist der „personale Gott". Er ist nur symbolisch oder in gleichnishafter Form ausdrückbar, sofern nicht die Kombination von Affirmation und Negation gewählt wird.

Hinsichtlich des von Einstein gebrauchten Begriffs „superpersonal" (oder auch „suprapersonal") stellt Tillich fest, dass die Tiefe des Seins nicht durch Objekte aus dem Bereich des Subpersonalen symbolisiert werden kann. Das Superpersonale ist kein Es, sondern ein Er, das in der Verbindung von Es und Er über beiden steht. Wenn das Er wegfällt, verkommt das Superpersonale zum Subpersonalen, wie es beim Monismus oder Pantheismus der Fall ist. Das neutrale Subpersonale kann nicht den Kern der Personalität des Menschen ausdrücken, es befriedigt lediglich ästhetische oder intellektuelle Bedürfnisse. Es kann nicht des Menschen Einsamkeit, Angst und Verzweiflung überwinden. Dies kann nur die auf den personalen Gott gerichtete lebendige Religiosität. Aber der personale Gott ist nicht Objekt, sondern Symbol.

Grenzen von Einsteins naturwissenschaftlichem Weltbild

Einsteins naturwissenschaftliches Weltbild gründet sich auf Spinozas philosophischem System. Die Grenzen von Einsteins naturwissenschaftlichem Weltbild werden nachfolgend erörtert, wobei auch naturphilosophische Fragen berührt werden. Auf die Mängel des philosophischen Systems von Spinoza wird erst später, nämlich in Kapitel VI, eingegangen.

Zweifellos war Einstein ein genialer Physiker, der durch seine Beiträge erst zur Quantentheorie des Lichts, dann zur Invarianz der Naturgesetze bei relativer Konstanz der Lichtgeschwindigkeit (spezielle Relativitätstheorie) und schließlich zur Gravitationstheorie (allgemeine Relativitätstheorie) die moderne Physik entscheidend geprägt hat. Dabei war er der theoretischen, mathematisch ausdrückbaren Seite der Physik zugewandt, während ihn die Empirie nur zur Bestätigung seiner theoretischen Erkenntnisse interessierte. Einstein war von einer bestimmten Grundstruktur der physikalischen Welt überzeugt, die sich aus der klassischen Physik ableitet, gedeckt durch das philosophische Weltbild Spinozas. Die physikalische Welt galt ihm als real existent (auch ohne ein beobachtendes Subjekt), als streng determiniert („Gott würfelt nicht"), als reversibel in ihren Abläufen und als reduktionistisch beschreibbar. Durch gegenteilige empirische Befunde, insbesondere der Quantenmechanik, die er selbst mitbegründet hatte, ließ er sich nur widerwillig überzeugen. Er galt daher in seinen späteren Jahren als wissenschaftlich isoliert.

Die heute als überholt geltenden naturwissenschaftlichen Grundüberzeugungen Einsteins werden nachfolgend in der bereits angesprochenen Reihenfolge von subjektunabhängigem Realismus, strengem Determinismus, reversibler Zeitlichkeit und reduktionistischem Ansatz vorgetragen.

Einsteins subjektunabhängiger Realismus

Der subjektunabhängige Realismus ist die Erkenntnisbasis der klassischen Physik. Die physikalischen Abläufe lassen sich nach dieser Auffassung unabhängig vom Beobachter in einem absolut gesetzten Rahmen von Raum und Zeit mathematisch beschreiben. Die Grundelemente dieser Beschreibung – neben Raum und Zeit sind das Masse und Kraft – gelten als objektive Merkmale der realen Welt. In der Quantenmechanik ist die Subjektunabhängigkeit der Prozesse infrage gestellt. Einstein hat zwar den Bezugsrahmen von Raum und Zeit relativiert (spezielle Relativitätstheorie), versuchte aber dennoch, den subjektunabhängigen Ordnungsrahmen der klassischen Physik auf die Quantenmechanik zu übertragen. Er wird wie folgt zitiert:[30, S.533] „Die Physik ist eine Bemühung, das Seiende als etwas begrifflich zu erfassen, was unabhängig vom Wahrgenommen-Werden gedacht wird. In diesem Sinne spricht man vom Physikalisch-Realen". Dabei lehnt Einstein Begriffsbildungen *a priori* (im Sinne von Kant), also unabhängig von der sinnlichen Wahrnehmung, ausdrücklich ab (*Physik und Realität*, Journal of the Franklin Institute, 221, 1936).

Einsteins subjektunabhängiger Realismus ist eingebettet in eine philosophische Grundüberzeugung, die sich auf Spinozas monistischer Ontologie gründet. Deren Urbild ist bereits bei Parmenides zu finden: „Dasselbe ist Denken und Sein". Subjektives Denken und objektives Sein sind identisch gesetzt. Gegenüber dem objektiven Sein erscheint Einstein die Zeitlichkeit in der Abfolge von Vergangenheit, Gegenwart und Zukunft als nur subjektiv gegeben. Das Fehlen des „Jetzt" in den physikalischen Bezugssystemen hat Einstein im Alter „beunruhigt".[31, S.81]

Die Quantenmechanik, die sich als eine umfassende Theorie der physikalischen Wirklichkeit ausnahmslos bewährt hat, hat eine nur subjektive Zeitlichkeit als nicht haltbar erwiesen. So hat Carl F. von Weizsäcker gezeigt, dass die Quantenmechanik auf Basis einer objektiven Zeitstruktur entwickelt werden kann.[30] Die Fehleinstellung des subjektunabhängigen Realismus lässt sich aber vor allem am Welle-Teilchen-Dualismus der Quantenmechanik aufzeigen, der nachfolgend erörtert wird.

Welle-Teilchen-Dualismus: Die klassische Physik baute auf Teilchenmodellen auf („Billardkugel-Dynamik"). Später traten Kontinuumsmodelle für Lichtwellen bzw. elektromagnetische Wellen hinzu. Anfang des 20. Jahrhunderts wurden jedoch am Licht Phänomene entdeckt, die sich nicht durch das Wellenmodell, sondern nur durch das Teilchenmodell realitätsnah beschreiben ließen (der lichtelektrische Effekt). Umgekehrt konnten Elektronen, die man immer als Teilchen aufgefasst hatte, Interferenzmuster erzeugen. Also jeweils zwei unvereinbare Modelle für dasselbe physikalische Objekt (Licht bzw. Elektronen). Das Wellenmodell beschreibt die Ausbreitung des Lichts im Raum. Das Teilchenmodell erfasst dagegen die Entstehung des Lichts und seine Wechselwirkung mit Atomen und Molekülen.

Der beschriebene Welle-Teilchen-Dualismus bedingt, dass der Experimentator durch die Wahl der Versuchsanordnung darüber entscheidet, ob Wellen oder Teilchen beobachtet werden. Der bekannte Physiker Richard Feynman hat das wie folgt veranschaulicht.[32] Ein Elektronenstrahl ist auf zwei benachbarte Löcher (oder Spalte) in einer Platte gerichtet und wird auf einer dahinterliegenden Detektorplatte registriert. Bleiben die Elektronen an den Löchern unbeobachtet und damit ungestört, so zeigt sich auf der Detektorplatte die für Welleninterferenz typische „zappelige" Intensitätsverteilung. Werden jedoch die Elektronen an den Löchern beobachtet, etwa über eine Lichtquelle, dann stellt sich die nach der Teilchenphysik zu erwartende zweigipfelige Wahrscheinlichkeitsverteilung der eintreffenden Teilchen ein. Beobachtete Elektronen verhalten sich also wie Teilchen, unbeobachtete Elektronen wie Wellen.

Einstein hat versucht, diese scheinbare Widersprüchlichkeit der Quantenmechanik durch einen „lokalen Realismus" zu überwinden (die ERP-Publikation von 1935). Dieser Ansatz gilt jedoch als theoretisch und empirisch widerlegt.

Kopenhagener Deutung: Der bedeutende dänische Physiker Niels Bohr (1885-1962) war Einsteins Kontrahent hinsichtlich der Deutung der Quantenmechanik. Seine Auffassung, die „Kopenhagener Deutung", hat sich gegenüber anderen Deutungsversuchen weitgehend durchgesetzt, obwohl neben Einstein auch andere namhafte Physiker Einwände hatten. Schlüsselbegriffe dieser Deutung sind „Korrespondenz zur klassischen Theorie", „Individualität der Prozesse" und „Komplementarität der Phänomenstrukturen".[30]

Der Begriff „Korrespondenz zur klassischen Theorie" bezeichnet die Forderung an die neue Theorie, hier die Quantenmechanik, die alte klassische Theorie als Grenzfall zuzulassen. Das betrifft insbesondere die Heisenbergsche Unschärferelation. Der Begriff „Individualität der Prozesse" besagt, dass trotz der nur *statistischen* Geltung der Erhaltungssätze für Energie und Impuls in der Quantenmechanik, diese Sätze im individuellen Prozess *strenge* Gültigkeit haben. Der Begriff „Komplementarität der Phänomenstrukturen" drückt sich in der quantenmechanischen Verwendung darin aus, dass Teilchen und Welle zwei Beschreibungsweisen von quantenmechanischen Phänomenen sind, die beide der physikalischen Erfahrung entsprechen, sich jedoch aus Sicht der klassischen Physik gegenseitig ausschließen. Komplementarität besagt allgemein, dass je nach physikalischer Fragestellung am selben Objekt, etwa am Licht, gegensätzliche Strukturen beobachtet und gemessen werden.

Aus dem Komplementaritätsprinzip leitet Bohr ab, dass Aussagen über ein atomares System immer nur bezogen auf eine bestimmte experimentelle Anordnung gemacht werden können. Bei jedem derartigen Experiment ist die Wechselwirkung zwischen Subjekt und Objekt zu beachten. Es kann keine scharfe Grenze zwischen dem Prozess der Beobachtung und dem beobachteten Objekt gezogen werden. Die Wechselwirkung wird von Bohr aber auf physikalische Einflussgrößen beschränkt.[33]

Bei Bohrs Deutung der Quantenmechanik spielen die Begriffe „Phänomen", „Sprache" und „klassische Beschreibung" eine zentrale Rolle. Dem Phänomen in Bohrs Verständnis ist immer das verständliche Ganze einer experimentellen Situation zugeordnet. Um Gesetzmäßigkeiten in den quantenmechanischen Phänomenen aufzudecken, muss die Physik reale Instrumente und überprüfbare Kausalketten vorgeben. Was entdeckt wird, muss durch Sprache ausgedrückt werden, um als Wissen zu gelten. Die komplementären Begriffe überwinden die Begrenztheit der sprachlichen Ausdrucksmittel. Jeder reale Messvorgang muss mit Begriffen der klassischen Physik beschrieben werden. Vom direkt wahrgenommenen Verhalten des Messapparates ist auf das nicht direkt wahrnehmbare Verhalten des Messobjektes streng kausal zu schließen.[30]

Dem subjektunabhängigen Realismus Einsteins steht somit der das Subjekt einschließende Realismus Bohrs gegenüber. Beide Physiker lassen nur physikalische Einflussgrößen zu. Während Einstein die strenge Ordnung der klassischen Physik auch für den Bereich der Quantenmechanik fordert, aber nicht nachweisen kann, begnügt sich Bohr mit den Wahrscheinlichkeitsaussagen der Quantenmechanik, die sich als allgemein anwendbar erweisen.

Einsteins strenger Determinismus

Einstein vertritt den strengen Determinismus der klassischen Mechanik für alle Naturvorgänge, wobei Spinozas deterministische Philosophie den umfassenderen Rahmen bildet. Die Naturgesetze sollen demnach streng und allgemein gelten. Jeglicher Zufall soll ausgeschlossen sein. Diese Position ist überraschend, denn Einstein hat maßgeblich zur Etablierung der statistischen Gesetze und Zufallsprozesse in der modernen Physik beigetragen (Entropie als Wahrscheinlichkeitsmaß, Theorie der Fluktuation, Brownsche Bewegung). Einsteins Position ist aufzufassen als Ablehnung des Zufalls als reale Gegebenheit der Natur („Gott würfelt nicht") bei Akzeptanz der für formal erklärten, objektiv zutreffenden statistischen Beschreibung physikalischer Vorgänge. Einstein war sich bewusst, dass jüngere Kollegen diese Haltung als „Verkalkung" auslegen würden (Brief an Max Born). Tatsächlich bekennt sich die heutige Naturwissenschaft zur Realität des Zufalls und kann die Richtigkeit statistischer Beschreibungen, etwa in der Quantenmechanik, zuverlässig nachweisen. Dies wird nachfolgend erläutert.

Eingeschränkter Determinismus physikalischer Prozesse: Der in der Massenpunktdynamik der klassischen Physik gültige strenge Determinismus führt in der Anwendung auf Mehrkörpersysteme und Molekülensembles zu einem nur noch im statistischen Mittel gültigen Determinismus. Das gilt für die kinetische Gastheorie ebenso wie für Fluktuationen bzw. Turbulenzen in Flüssigkeiten und Gasen einschließlich der kosmischen Nebel, aus denen sich die Galaxien bilden.

In der Quantenmechanik oder Wellenmechanik gelten wesenhaft statistische Gesetze. Allgemein bekannt ist der Zerfall radioaktiver Substanzen, der spontan, also ohne Ursache und damit indeterminiert erfolgt. Die mittlere Lebensdauer der Atome der radioaktiven Substanz wird als Halbwertszeit angegeben. Für das einzelne Atom gilt die der Halbwertszeit entsprechende Zerfallswahrscheinlichkeit. Auch die im Zentrum der mathematischen Formulierung der Wellenmechanik stehende Wellenfunktion drückt Auftretenswahrscheinlichkeiten aus. Die „Wahrscheinlichkeitswelle" lässt nur noch eine statistische Determination zu.

Die eingeschränkte Determiniertheit quantenmechanischer Prozesse kommt auch in der Heisenbergschen Unschärferelation zum Ausdruck. Sie besagt, dass es unmöglich ist, zwei komplementäre Größen der Quantenmechanik gleichzeitig mit beliebiger Genauigkeit zu messen. Als komplementär gelten Größen, die, miteinander multipliziert, eine Wirkung bezeichnen, beispielsweise Ort und Impuls eines Elementarteilchens. Mit Unschärfe (oder Unbestimmtheit) ist die Abweichung vom genauen Wert gemeint. Das Produkt der Abweichungen muss größer als das Plancksche Wirkungsquantum bleiben. Jede Steigerung der Genauigkeit der einen Größe beeinträchtigt somit die Genauigkeit der anderen Größe.

In seinen späteren Publikationen vertritt Heisenberg die Auffassung, dass die in der Unschärferelation zum Ausdruck kommende Unbestimmtheit in der Natur real vorliegt, also nicht nur eine Grenze der Messmöglichkeit ist. Die Beobachtung eines quantenmechanischen Vorgangs bestehe darin, aus der gegebenen Wahrscheinlichkeitsverteilung eine der darin enthaltenen Möglichkeiten zu realisieren. Das Mögliche, die „Potentialität", ist demnach nicht nur eine Kategorie des Denkens, sondern ebenso eine Kategorie der Realität.[34]

Indeterminiertheit biologischer Prozesse: Den Gesetzen der unbelebten Natur (Physik, einschließlich anorganischer Chemie) stehen die Gesetze der belebten Natur (Biologie, einschließlich organischer Chemie) gegenüber. Letztere werden nunmehr im Hinblick auf die Determiniertheit der Prozesse betrachtet.

Die Gesetze der klassischen Physik beanspruchen, wie dargestellt, strenge und allgemeine Gültigkeit. Sie sind mathematisch gefasst, können falsifiziert und (gelegentlich) zu übergeordneten Grundgesetzen integriert werden. Das Merkmal der strengen Gültigkeit ist in der modernen Physik durch nur noch statistische Gültigkeit ersetzt. Wahrscheinlichkeitsfunktionen ersetzen die strenge Determiniertheit. Damit tritt ein Element der physikalischen Unbestimmtheit in Erscheinung.

Demgegenüber beanspruchen die Gesetze der Biologie keine strenge und allgemeine Gültigkeit. Sie sind überwiegend als Regeln gefasst, lassen also Ausnahmen ausdrücklich zu. Die wichtigste Methode der Biologie ist die Klassifikation, bei der vergleichende Betrachtungen den Ausschlag geben. Zentrale Bedeutung hat der Begriff der Population, welcher die Gesamtheit der Individuen einer Art in einem begrenzten Areal bezeichnet. Jedes Individuum ist einzigartig. Das gilt nicht nur für die höheren Lebewesen, sondern ist bereits bei den organischen Makromolekülen beobachtbar. Es zeigt sich, dass im biologischen Geschehen in jedem

Augenblick unermesslich viele Möglichkeiten der Fortentwicklung bestehen und dass das einmal Realisierte unumkehrbar ist.

In der Biologie kann das evolutionäre Gewordensein des Untersuchungsgegenstandes nicht übergangen werden. Es ist bei der Erklärung von biologischen Phänomenen eine unerlässliche Komponente. Demgegenüber betrachtet die Physik mit Ausnahme der Kosmologie ihren Untersuchungsgegenstand als „geschichtslos".

Die biologische Evolution wird von einem einzigen allgemeingültigen Gesetz beherrscht, dem Darwinschen Prinzip der natürlichen Auslese. Es überlebt der durch Anpassung an die Umgebung reproduktiv Tauglichste. Die Höherentwicklung der Arten wird aus dem Zusammenwirken von zufälligen Änderungen der Molekularstruktur der Gene mit den Selektionsgesetzen der makrobiologischen Evolution erklärt. Die Naturgesetze steuern den Zufall. Determiniertheit und Indeterminiertheit wirken zusammen. In einem streng determinierten System wäre Höherentwicklung unmöglich. Das gilt für die biologische Evolution der Natur ebenso wie für die physikalische Evolution des Kosmos.

All diese Belege für partielle Indeterminiertheit haben Einstein nicht von seiner spinozistischen Überzeugung, von seinem Glauben abgebracht, dass die Naturprozesse letztendlich streng determiniert verlaufen. Die Determiniertheit des Indeterminierten sei nur noch nicht entschlüsselt. Der wesenhafte Zufall ist ausgeschlossen. Das steht im Einklang mit Spinozas Auffassung, dass das „Zufällige" lediglich einem Mangel an Erkenntnis der tatsächlichen Ursachen entspringt.

Einsteins reversible Zeitlichkeit

In der klassischen Dynamik wird die Zeitlichkeit als reversibel aufgefasst. Auch in Einsteins spezieller Relativitätstheorie ist die Zeit reversibel. Im Raum-Zeit-Kontinuum ist die Zeit gleichsam verräumlicht. Das steht im Einklang mit Einsteins Überzeugung, dass es im Bereich des Elementaren zu jedem Vorgang den inversen Vorgang gibt. Die Scheidung von Vergangenheit und Zukunft durch das „Jetzt" habe keine objektive Bedeutung (Brief an M. Besso, 1955).

Die naturwissenschaftlichen Befunde in Physik und Biologie belegen jedoch die Irreversibilität der Zeit. Lediglich für die elementare (klassische) Dynamik und für die spezielle Relativitätstheorie ist die Reversibilität der Zeit konstitutiv. Nach Einsteins Auffassung ist makroskopische Irreversibilität mit mikroskopischer Reversibilität vereinbar, was nicht generell zutrifft. Wie stark Einstein auf Reversibilität aller Vorgänge fixiert war, lässt sich an seinem Fehlgriff bei der Lösung der Feldgleichungen der allgemeinen Relativitätstheorie ablesen. Da er sich nur ein zeitlich unveränderliches Universum vorstellen konnte, verwarf er die eine Expansion anzeigende Lösung der Gleichungen und führte eine „kosmologische Konstante" zur Unterdrückung der Expansionsbewegung ein. Dies bezeichnete er später als seine „größte Eselei", nachdem die Expansion des Universums aufgrund der beobachteten Fluchtbewegung der Galaxien nachgewiesen war.

Die angesprochenen naturwissenschaftlichen Befunde werden nachfolgend zusammengefasst, zunächst die der Physik, wobei der „Physik des Seins" mit reversibler Zeit die „Physik des Werdens" mit irreversibler Zeit gegenübersteht.[35] Es folgt der Nachweis der Irreversibilität der Zeit in der Biologie.

Irreversibilität physikalischer Prozesse: Zur Physik des Seins: Nach der klassischen Dynamik lässt sich die Bewegung eines einzelnen Körpers im Raum als „Trajektorie" eindeutig angeben, wenn der Anfangszustand und die im Raum wirkenden Kräfte bekannt sind. Die Trajektorie ist streng determiniert, die Körperbewegung auf der Trajektorie zu jedem Zeitpunkt reversibel. Zukunft und Vergangenheit sind durch den Anfangszustand festgelegt. Der „Laplacesche Dämon", der den gegenwärtigen Bewegungszustand aller Atome im Kosmos kennt, wäre in der Lage, Zukunft und Vergangenheit des Weltgeschehens exakt anzugeben.

Bei den komplexeren Mehrkörpersystemen ist jedoch der Anfangszustand nur mit begrenzter Genauigkeit angebbar, und die Messung dieses Zustands ist ein irreversibler Vorgang. Es sind Ensembles von Trajektorien zu betrachten, deren strenge Determiniertheit zugunsten von statistischen Verteilungsfunktionen aufgehoben ist. Dieser Sachverhalt trifft besonders ausgeprägt auf die Quantenmechanik zu, die dennoch an der Reversibilität der Trajektorien festhält.

Zur Physik des Werdens: Thermodynamische und chemische Prozesse lassen sich nicht auf die Bewegungsgesetze der klassischen Dynamik zurückführen. Bei diesen Prozessen spielen irreversible Vorgänge und die damit gegebene Vorzugsrichtung der Zeit eine wesentliche Rolle. Das Maß an Nichtumkehrbarkeit dieser Prozesse wird durch die thermodynamische Zustandsgröße „Entropie" gekennzeichnet. Sie wird für energetisch und materiell abgeschlossene Systeme ermittelt, die einem thermodynamischen Gleichgewichtszustand entgegenstreben. Derartige Systeme stellen allerdings einen Sonderfall dar, der in der Natur nicht auftritt. Zu seiner Realisierung im Experiment bedarf es besonderer äußerer Maßnahmen.

Alle realen Natursysteme sind jedoch offene Systeme. Es findet Energie- und Materieaustausch mit der Umgebung statt. Es ist dies das Gebiet der Nichtgleichgewichtsthermodynamik. Während im gleichgewichtsnahen Bereich das Entropiemaß anwendbar bleibt und das Fließgleichgewicht die zeitliche Vorzugsrichtung bestimmt, tritt ein gänzlich andersartiges Verhalten in großer Entfernung vom Gleichgewicht auf. Aus fluktuierenden Nichtgleichgewichtszuständen entstehen in „Selbstorganisation" neue strukturelle Gebilde und funktionelle Ordnungen. In den Lösungen der zugrundeliegenden nichtlinearen Differentialgleichungen treten Instabilitäts- oder Verzweigungspunkte auf, in denen zufällige Fluktuationen darüber entscheiden, welcher Funktionsast (bis zum nächsten Verzweigungspunkt) weiterverfolgt wird. Die auf diese Weise beschriebenen thermodynamischen (oder chemischen) Prozesse erhalten so ihre zeitliche Vorzugsrichtung, sind irreversibel, einzigartig und nicht wiederholbar. Zu den neu entstehenden Ordnungsformen gehören Musterbildungen unterschiedlicher Art oder auch periodische Veränderungen chemischer Konzentrationen, die als „chemische Uhren" wirken.

Irreversibilität biologischer Prozesse: Zum biologischen Werden: Die Entstehung und Evolution des Lebens beruht auf irreversiblen Prozessen der Selbstorganisation, die eine Vorzugsrichtung der Zeit begründen. Diese ist nach Manfred Eigen auf allen Organisationsstufen der Lebenserscheinungen anzutreffen:[36] in der selektiven Selbstorganisation des molekularen Reproduktionsapparats (genetischer Code und Proteine), im baumartigen Auffächern der Arten (Phylogenese), in den Mechanismen der Ausdifferenzierung der Zellen (Ontogenese), in den Organfunktionen (darunter der Stoffwechsel) und in der selektiven Informationsverarbeitung des Zentralnervensystems (zur Stabilisierung des jeweils bestangepassten Typs). Für alle genannten Organisationsstufen der Lebenserscheinungen ist Evolution kennzeichnend. Mit ihr verbunden ist die Irreversibilität der Zeit.

Alle diese Belege für die Irreversibilität der Naturvorgänge haben Einstein nicht von seiner Überzeugung, seinem Glauben abgebracht, dass die Naturvorgänge letztendlich reversibel sind. Die Reversibilität des Irreversiblen sei wohl nur noch nicht entschlüsselt.

Einsteins Reduktionismus

Der Reduktionismus ist ein Merkmal der klassischen Physik. Er geht von der Annahme aus, dass sich das Verhalten komplexer Strukturen oder Prozesse aus dem Verhalten elementarer Teilchen und deren Prozesse *vollständig* bestimmen lässt. Auch die in der neueren Physik entwickelte kinetische Gastheorie, die aufgrund von Wahrscheinlichkeitsberechnungen einen statistisch-gesetzlichen Zusammenhang zwischen mikroskopischem Molekülverhalten und makroskopischem Gasverhalten herstellt, setzt streng deterministisches Molekülverhalten voraus. Die Statistik kommt nur dadurch zur Anwendung, weil die extrem große Zahl von Elementarvorgängen nicht im Einzelnen verfolgt werden kann. Das gilt auch für Einsteins bedeutsamen Beitrag zur Brownschen Bewegung kolloidal gelöster Teilchen. In der Quantenmechanik beziehen sich die Wahrscheinlichkeitsansätze jedoch auf ein wesenhaft nur statistisch erfassbares Geschehen, womit der Reduktionismus an seine Grenze stößt.

Einem eher spekulativen Reduktionismus zuschreibbar ist Einsteins Auffassung, dass selbst in der Quantenmechanik indeterminiert erscheinende Vorgänge auf vorerst unentdecktes determiniertes Verhalten zurückführbar sei, oder auch Einsteins Bestehen auf der Reversibilität der Zeitlichkeit im Bereich des Elementaren.

Der physikalische Reduktionismus leugnet die Realität des Zufälligen bzw. Unbestimmten in den Elementarprozessen. Er übersieht, dass in komplexen Systemen Eigenschaften ausgebildet werden, die über das Verhalten des einzelnen Elementarteilchens hinausgehen. Ein Beispiel aus dem anorganischen Bereich ist die auf Selbstorganisation beruhende Musterbildung. Zutreffend ist auch das Beispiel des englischen Philosophen Thomas H. Huxley (1868), aus der Kenntnis der Eigenschaften von Wasserstoff und Sauerstoff, ließe sich keineswegs die besondere Eigenschaft des Wassers, seine „Wässerigkeit“, ableiten.

Noch ausgeprägter zeigt sich die Unhaltbarkeit des Reduktionismus bei Betrachtung der organischen Lebenssysteme in der Biologie. Die biologischen Systeme setzen zwar nicht die physikalischen Gesetze außer Kraft, aber die Phänomene und Gesetze der biologischen (höheren) Ebene sind ein Novum gegenüber der physikalischen (tieferen) Ebene. Die biologische Ebene ist nicht vollständig auf die physikalische Ebene reduzierbar. Dennoch war die Annahme besonderer Lebenskräfte (Vitalismus) ein Fehlgriff. Die besonderen Lebenskräfte konnten nicht nachgewiesen werden.

Einsteins Neigung zum Reduktionismus kommt in seiner Präferenz der theoretischen vor der angewandten Physik zum Ausdruck. Sein Interesse ist hauptsächlich auf das Prinzipielle gerichtet (Brief an M. Solovine, 1924). Dabei wird die physikalische Struktur mathematisch ausgedrückt. Bei der Entwicklung der Feldtheorie der Gravitation, also der allgemeinen Relativitätstheorie, stellte dies erhebliche Anforderungen an das abstrakte, mathematische Denken. Das wird u.a. daraus ersichtlich, dass die Feldgleichung der Gravitation von Einstein im Wettstreit mit axiomatischen Ableitungen des bedeutenden Mathematikers David Hilbert (1862–1943) entwickelt wurde. Die Tensorgleichung drückt die Massenverteilung im Raum durch eine Änderung der nichteuklidischen Metrik des Raums aus („gekrümmter Raum"). Es war die Schönheit der mathematisch ausformulierten Theorien, die Einstein zu seiner kosmischen Religiosität inspirierte, nicht die kosmischen Phänomene im Einzelnen. Dennoch ist die abstrakte mathematische Theorie auch für Einstein das Abbild einer konkreten physikalischen Wirklichkeit. Aber nicht nur die Wirklichkeit selbst, sondern auch deren Begreifbarkeit begründen seine kosmische Religiosität.

Einstein suchte das eine, allumfassende Prinzip der Naturwissenschaft allein in der Physik. Hier ist ihm eine Vereinheitlichung in wesentlichen Teilbereichen gelungen. Auffälligerweise hat er sich zu den wegweisenden Erkenntnissen der neueren Biologie (Abstammungslehre und Molekulargenetik) nie geäußert. Die Evolution von Kosmos und Natur war nicht ohne weiteres mit seinem Weltbild verträglich. Das für Evolution konstitutive Zusammenwirken von Zufall und Notwendigkeit wollte er nicht anerkennen.

Die Grenzen von Einsteins naturwissenschaftlichem Weltbild ebenso wie seine kosmische Religiosität mit Leugnung des personalen Gottes sind durch Spinozas Philosophie vorgegeben, zu der sich Einstein vorbehaltslos bekannte. Damit stellt sich jetzt die Aufgabe, die Mängel der Philosophie Spinozas zu benennen und Wege zur Überwindung der Mängel aufzuzeigen.

Kapitel VI
Mängel des philosophischen Systems von Spinoza

Spinozas philosophisches System beeindruckt durch seine Stärke, weist aber auch erhebliche Mängel auf. Die Stärke des philosophischen Systems von Spinoza ist die axiomatische, streng rationale Vorgehensweise, die über die kausale Definition der Begriffe deren Übereinstimmung mit den bezeichneten Gegenständen herstellt (genetisches Verfahren, Begriffsrealismus). Diese Sprachlogik erschwert zwar die Lektüre, sichert aber die logische Richtigkeit der Aussagen. Die rationale Argumentation wird in der Affektenlehre mit profunden empirischen Kenntnissen der menschlichen Natur verbunden. Aus der adäquaten Erkenntnis Gottes und der menschlichen Natur wird schließlich eine Anleitung zum Wohlergehen des Menschen gewonnen. Ontologie, Erkenntnistheorie und Affektenlehre reihen sich zur Begründung der Ethik konsistent aneinander.

Als Mängel des philosophischen Systems von Spinoza erscheinen die Einseitigkeit des Monismus der Substanz, der Rückgriff allein auf rationale Erkenntnis, die Verneinung der Wirksamkeit der Werte, die Verneinung der Realität der Zeitlichkeit, der Ausschluss von kosmischer, natürlicher und geistiger Evolution. Diese Mängel werden nachfolgend im Einzelnen dargestellt.

Spinozas Monismus der Substanz

Als fundamentaler Mangel des philosophischen Systems von Spinoza wird die axiomatische Beschränkung auf die eine apersonale Substanz angesehen. Der Ausschluss des personalen Elements am Ausgangspunkt einer Ethik als Lehre zum rechten Handeln ist schwerwiegend. Da bei streng logischer Argumentationsfolge im Ergebnis nur das erscheinen kann, was zuvor an konditionierenden Annahmen hineingesteckt wurde, kann Spinozas Ethik ohne personale ethische Werte nur zu einem Eudämonismus führen, der im Wohlergehen des Handelnden Genüge findet.

In der Ontologie wird über den Monismus der Substanz jede weitere Differenzierung des Seins ausgeschlossen, darunter die auf Platon zurückgehende Vorstellung einer hierarchischen Schichtung des Seins. Das dem heutigen Kenntnisstand entsprechende Schichtenmodell der Wirklichkeit nach Nicolai Hartmann ist damit ebenfalls ausgeschlossen. Mit der Keule der Vereinheitlichung wird die tatsächliche Differenzierung der Seinsbereiche bestritten. Das Personsein und die Werte kommen nicht in den Blick.

Tatsächlich begründet erst das Personsein die besondere Würde des Menschen und macht ihn zum Träger von werthaltigen Akten. Als Person ist er in der Ich-Du-Beziehung ansprechbar, von seinen Mitmenschen und in überhöhender Weise von Gott. Die Ich-Du-Beziehung zu den Personen tritt nach Martin Buber an die Stelle der Ich-Es-Beziehung zu den Gegenständen der Umwelt. Abweichend davon setzt Spinoza Gott mit Substanz und Natur gleich (*Deus sive substantia sive natura*), fasst ihn also apersoanal auf, dies in offenkundigem Widerspruch zum jüdisch-christlichen Gottesbegriff. Der Gott des Alten und Neuen Testaments richtet das Wort an den Menschen als eigenverantwortliche Person und gibt sich selbst als göttliche Person zu erkennen (*Deus sive persona*).

Das Wesen der einen Substanz erkennt der Verstand in den Attributen des Geistigen und des Körperlichen. Die beiden Attribute stehen aufgrund der einen Substanz streng parallel, wobei Wechselwirkung ausgeschlossen ist. Die Parallelität ersetzt die Wechselwirkung. Der Monismus der Substanz ist also mit einem Dualismus der Attribute verbunden. Weder ist in der einen göttlichen Substanz ein personales Element enthalten, noch ist im Attribut des Geistigen das Ich-Bewusstsein personal. Die tatsächlich beobachtete Wechselwirkung zwischen Geistigem und Körperlichem bleibt unerklärt.

Es ist lehrreich, die entsprechenden Gegebenheiten in Descartes' Ontologie zu betrachten. Hier ist das personale Element sowohl Bestandteil der Gott zugesprochenen unendlichen Substanz, als auch ihres Derivats, der dem Geistigen zugesprochenen endlicher Substanz. Zwischen den endlichen Substanzen des Geistigen und des Körperlichen wird direkte Wechselwirkung theoretisch ausgeschlossen, jedoch eine „substantielle Verbindung" empirisch festgestellt. Um die am eigenen Körper tatsächlich beobachtete Wechselwirkung zu erklären, führt Descartes obskure „Lebensgeister" im Blutkreislauf ein. Diese werden von den Okkasionalisten in der

Nachfolge Descartes' durch fallweise Vermittlung Gottes ersetzt. Da Gott als unendliche Substanz das Bindeglied der beiden endlichen Substanzen ist, läuft das auf eine Parallelität der geistigen und körperlichen Vorgänge hinaus, die der Korrespondenz der Attribute bei Spinoza entspricht. Dennoch bleibt bei Descartes das personale Element im Aufbau des Seins gemäß dem herkömmlichen Gottesbild zentral. Seele und Körper sind über Gott verbunden. Der Mensch besitzt Willensfreiheit.

Spinozas apersonales Subjektsein

An Spinozas philosophischem System wird von Kritikern bemängelt, der Mensch werde auf einen momentanen Modus im Naturgeschehen reduziert. Dieser Eindruck rührt wohl daher, dass Spinozas Erkenntnistheorie von der Ontologie der Substanz ausgeht, im Unterschied zu Descartes, dessen Analyse vom erkennenden Subjekt ausging. Das Subjektbewusstsein des Menschen ist aber bei Spinoza keineswegs reduziert. Ganz im Gegenteil, es ist zentraler Bestandteil der Erkenntnistheorie und Affektenlehre, wie gleich noch darzustellen sein wird. Was jedoch bei Spinoza tatsächlich fehlt, sind die auf dem Subjektbewusstsein aufbauenden personalen Werte, darunter die Willensfreiheit. Also ist nicht das Subjektbewusstsein reduziert, sondern das darauf aufbauende Personsein negiert.

Unter „Subjekt" wird der Träger von Zuständen und Wirkungen verstanden. Das Subjektsein reicht von den Einzeldingen der unbelebten Natur über die Individuen der belebten Natur bis hin zum psychologisch-erkenntnistheoretischen „Ich" des Descartes.

In Spinozas Affektenlehre wird den unbelebten Einzeldingen und den belebten Individuen, besonders den Menschen, das Streben (*conatus*) nach Selbsterhaltung und Selbststeigerung als wesentliches Merkmal zugeordnet. Jedes Einzelding oder Individuum als Modus der Substanz hat die Macht, das Eigensein gegen Äußeres zu bewahren. Beim Menschen ist dies Handlungsmacht innerhalb der durch die Affekte gesetzten Grenzen. Auf diese Weise wird ein aktives Subjektsein der Einzeldinge und Individuen ausgesagt.

In Spinozas Erkenntnistheorie wird die Macht des Verstandes hervorgehoben, die sich in den zwei Erscheinungsweisen, nämlich der *ratio* und der *scientia intuitiva*, zeigt. Die *ratio* als Basis adäquater Erkenntnis ist auf den Körper bezogen, dessen inadäquate Vorstellungen zu überwinden sind. Die *scientia intuitiva* ist als ebenfalls rationale Erkenntnisweise nicht mehr auf den Körper, sondern allein auf die göttliche Substanz bezogen. In beiden Fällen ist das erkennende Subjekt konstitutiv, und das Erkenntnisprogramm dient der Befreiung des Subjekts von der körperbedingten Fremdbestimmung. Da Spinoza den endlichen Modi eigenständiges Sein zuspricht, trifft dies auch auf das Erkenntnissubjekt zu. Spinozas Subjekt ist daher im Unterschied zu Descartes' Auffassung ontologisch begründet. Von einer Reduktion des Subjektseins kann keine Rede sein.

Dagegen fehlen bei Spinoza die auf dem Subjektbewusstsein aufbauenden personalen Werte. Spinoza beginnt seine eigentliche Ethik mit der Gleichsetzung des Guten mit dem Nützlichen, wobei das nur scheinbar Nützliche, das der Selbsterhaltung und Selbststeigerung dient, vom wirklich Nützlichen zu unterscheiden ist. Hass und Liebe werden von Spinoza allein den Affekten zugeordnet. Als Tugend gilt lediglich die aufgrund adäquater Erkenntnis gelingende Lebensform.

Spinozas apersonaler Gott

Der Gott Spinozas ist auf ein unendliches Sein beschränkt, das rational erkannt werden kann. Daher sind allein Ontologie und Erkenntnislehre für das Gottesbild Spinozas maßgebend.

Es gibt nach Spinoza nur eine einzige, unbedingte, unendliche Substanz, nämlich Gott. Gottes Wesen ist hervorbringende Macht, die sich in allen Dingen als immanente Kausalität manifestiert. Der unendlichen Substanz sind als Daseinsformen die Modi zugeordnet, einerseits die zeitlos unvergänglichen unendlichen Modi und andererseits die zeitlichen vergänglichen endlichen Modi. Die endlichen Modi sind nicht von den unendlichen Modi kausal ableitbar, sondern unterliegen der innerweltlichen Kausalität. Die Glieder dieser Kausalität sind aber zugleich immanent-kausal an die unendliche Substanz gebunden.

Die Wirkmacht Gottes wird auch durch die Formel „*Deus sive substantia sive natura naturans*" ausgedrückt. Sie manifestiert sich in der Vielheit der Modi gemäß der Formel „*natura naturata*". Gott und Natur sind dennoch nicht gleichgesetzt. Obwohl alle Dinge mit Notwendigkeit aus Gott hervorgehen, haben sie dennoch auch ein eigenes Sein.

Gott oder die unendliche Substanz hat unendlich viele Attribute, letztere verstanden als Wesensbestimmungen. Nur zwei dieser Attribute sind der endlichen Erkenntnis zugängig. Es sind dies die Attribute des Geistigen und des Körperlichen. Geistiges und Körperliches korrespondieren, verbunden über Gott oder die unendliche Substanz als hervorbringende Ursache.

Der Mensch kann Gott über die adäquate Erkenntnis erreichen. Daher muss er zuerst das inadäquate Erkennen überwinden. Dieses ist ein verworrenes Wahrnehmen (*imaginatio*), bedingt durch die äußeren Affektionen der Körper. Die Überwindung gelingt durch die von innen kommende *ratio*, die unabhängig von den Affektionen die wahren Ideen bildet. Dabei wird Gott als die Ursache aller Dinge erkannt, woraus eine entsprechende Liebe zu Gott entsteht (*amor erga Deum*). In einem weiteren Schritt, der die Selbsterkenntnis einschließt, wird die allumfassende Gottesliebe gewonnen (*amor Dei intellectualis*). Die in der Erkenntnis ruhende Liebe des Menschen zu Gott ist Teil der unendlichen Liebe, mit der Gott sich selbst liebt.

Die Frucht adäquater Erkenntnis und seiner Steigerung zur Erkenntnis des Ewigen ist der Affekt unumkehrbarer Freude. Diese führt zu einer „Zufriedenheit des Gemüts". Ein ewiges Leben nach dem Ende des irdischen Lebens ist den verworrenen Vorstellungen inadäquater Erkenntnis zuzurechnen. Die personal aufgefasste Seele wird zerstört, wenn der Körper zerstört wird. Dennoch vertritt Spinoza die Unvergänglichkeit des göttlich inspirierten Teils des menschlichen Geistes.

Spinozas philosophisches System mit apersonalem Gott ist in sich konsistent, erfasst aber nur das naturhafte Sein unter dem Aspekt des Denkens und der Affekte. Der Bereich der sittlichen und ästhetischen Werte und damit das Personsein als Träger dieser Werte bleiben unerfasst. Es gibt nicht die Unterscheidung von Gut und Böse. Es gibt keine ethischen Gebote. Es gibt keine Willensfreiheit.

Zunächst ist Spinoza das Diktum des seinerzeitigen Philosophen und genialen Mathematikers Blaise Pascal (1623–1662) entgegenzuhalten, das sich gegen Descartes' einseitigen Rationalismus richtete: Die Logik des Verstandes (fr. *raison*) bedürfe der Ergänzung durch die Logik des Herzens (fr. *cœur*). Neben dem mathematischen Geist (fr. *esprit de géometrie*) stehe der Geist des Scharfsinns und der Feinheit (fr. *esprit de la finesse*). Gott ist nach Pascal Person, die in je einmaliger Weise das ebenfalls einmalige Individuum anruft.

Spinozas allumfassender strenger Determinismus

Ein weiterer wesentlicher Mangel von Spinozas philosophischem System ist der methodisch zugrundeliegende allumfassende strenge Determinismus. Nach Spinozas „genetischem Verfahren“ wird von den bewirkenden Ursachen auf das Wesen eines Dinges geschlossen. Folgende ontologische Grundstruktur ist damit abgeleitet. Die eine unendliche Substanz ist Ursache ihrer selbst. Die Daseinsformen oder Modi der einen Substanz, unterschieden nach unendlichen und endlichen Modi, sind in ihren wechselseitigen Relationen immanent-kausal der einen Substanz zugehörig und nur aus dieser begreifbar.

In der Natur der Dinge gibt es also nichts Zufälliges. Gleichwohl nimmt Spinoza wiederholt auf Zufälliges Bezug. Er versteht aber unter „zufällig“ lediglich einen Mangel der Erkenntnis der tatsächlichen Ursachen. In der Affektenlehre stellt er dar, dass jedes Ding durch Zufall die Ursache von Freude, Trauer oder Begierde sein kann. Auch führt er die inadäquaten Ideen, auf die zufälligen Affektionen des Körpers zurück, wohingegen der Geist aufgrund der *ratio* klare Begriffe bilden kann, die keine äußere Ursache haben.

Körper und Geist, Ding und Begriff korrespondieren über die gemeinsame Substanz. Der in der körperlichen Welt gemäß der seinerzeitigen klassischen Physik angenommene strenge Determinismus wird so auf die geistige Welt übertragen. Da in der Körperwelt alles mit Notwendigkeit geschieht, ist dies auch in der Geisteswelt der Fall. Willensfreiheit ist somit ausgeschlossen. Handlungsfreiheit ist dagegen vorausgesetzt, da die Regulation der Affekte gemäß adäquater Erkenntnis gefordert wird.

Der allumfassende strenge Determinismus Spinozas ist mit dem modernen naturwissenschaftlichen Weltbild nicht vereinbar. Dies wurde bereits im Zusammenhang mit Einsteins Weltbild dargestellt. Nachfolgend werden diese Ausführungen zusammengefasst.

Die in der klassischen Physik vorausgesetzte strenge Determiniertheit der Naturvorgänge, ausgedrückt durch mathematisch formulierte Naturgesetze, ließ sich in der weiteren Entwicklung der Physik nicht aufrechterhalten. Bei der Rückführung der makroskopischen physikalischen Größen von Gasen und Fluiden auf Molekülbewegungen (kinetische Gastheorie, Thermodynamik der Gase) erwies sich der makroskopisch beobachtete Determinismus als nur im statistischen Mittel gerechtfertigt. Damit fanden Wahrscheinlichkeitsbetrachtungen Eingang in die bis dahin streng deterministische Physik.

Während in den genannten Fällen die Streuung auf determinierte Molekularbewegungen zurückgeführt wird, die in ihrer Vielfalt nur statistisch erfassbar sind, ist eine derartige Rückführung bei quantenmechanischen Vorgängen nicht möglich. Die beobachteten Gesetzmäßigkeiten sind wesenhaft statistischer Art. Als Beispiel sei der radioaktive Zerfall genannt.

Die eingeschränkte Determiniertheit quantenmechanischer Prozesse kommt auch in Heisenbergs Unschärferelation zum Ausdruck. Diese sagt aus, dass es unmöglich ist, zwei komplementäre Größen der Quantenmechanik gleichzeitig mit beliebiger Genauigkeit zu messen. Damit tritt ein Element der physikalischen Unbestimmtheit in Erscheinung.

Während in der Physik mit Ausnahme der Kosmologie das evolutionäre Gewordensein des Untersuchungsgegenstands ausgeblendet wird, ist in der Biologie das evolutionäre Gewordensein die Basis für die Erklärung der Phänomene. Die Höherentwicklung des Lebendigen zu immer komplexeren Formen und Prozessen beruht auf dem Zusammenwirken von Zufall und Gesetz („Zufall und Notwendigkeit"). Beispielsweise wird die Höherentwicklung der Arten aus dem Zusammenwirken von zufälligen lokalen Abänderungen der Molekularstruktur der Gene mit den Selektionsgesetzen der makrobiologischen Evolution erklärt.

Aus den vorstehenden Ausführungen ist ersichtlich, dass Spinozas allumfassender strenger Determinismus nach heutigem naturwissenschaftlichem Wissensstand nicht haltbar ist. Mit dem Ausschluss des Zufalls aus seinem philosophischen System hat Spinoza ein wesentliches Element der Wirklichkeit unberücksichtigt gelassen. In der Folge wird die Willensfreiheit verneint, wodurch sich Spinozas Ethik auf Eudämonismus beschränkt.

Spinozas irreale Zeitlichkeit

Nach Spinozas philosophischem System kommt der unendlichen Substanz, also Gott mit allen seinen Attributen, Ewigkeit zu. Die endlichen Modi der Substanz, die endlichen Dinge, weisen demgegenüber Zeitlichkeit in Form von endlicher Dauer auf. Auch der menschliche Geist dauert nur so lange wie der Körper existiert.

Spinoza rechnet die Zeitlichkeit der Dinge zu den verworrenen Vorstellungen der inadäquaten Erkenntnis. Andererseits ist die Vernunft im Rahmen adäquater Erkenntnis in der Lage, die Dinge unter dem Aspekt der Ewigkeit zu erfassen.

Im Einklang mit dieser ontologisch und erkenntnistheoretisch begründeten Auffassung zur Zeitlichkeit stehen Spinozas Angaben im Rahmen der Affektenlehre. Aus Erfahrung wisse der Mensch, dass ein gegenwärtiger Affekt stärker ist als ein vergangener oder zukünftiger Affekt. Es widerspreche der Vernunft, sich mit vergangenen oder zukünftigen Ereignissen zu beschäftigen, etwa im Sinne von Reue oder Hoffnung, denn Vergangenheit und Zukunft seien streng determiniert, also nicht abänderbar.

Zusammenfassend ist festzustellen, dass sich Spinozas unendliche Substanz oder Gott in der anfangs- und endlosen Entfaltung von realen Notwendigkeiten erfüllt, in der die Zeitlichkeit als irreal erscheint. Das Sein dominiert vor dem Werden. Weder Körper noch Geist haben Gelegenheit zu universeller Evolution. Lediglich der Einzelmensch ist aufgerufen, durch adäquate Erkenntnis und Lenkung seiner Affekte den Aufstieg zur intellektuellen Gottesliebe in seiner Lebenszeit zu vollenden.

Da in Spinozas Ontologie Gott oder die unendliche Substanz als einzige Realität auftritt, hat Hegel darin einen Akosmismus gesehen. Die festgestellte Irrealität der Zeit weist in dieselbe Richtung. Dennoch kann angenommen werden, dass Spinoza den Kosmos insgesamt als unendlich und ewig angesehen hat, wie die aristotelische Philosophie dies vorgab.

Die moderne Naturwissenschaft hat Spinozas statischen Kosmos widerlegt. Nach heutiger Auffassung hat sich der Kosmos ausgehend vom „Urknall" entwickelt. In kosmischen Zeiträumen entstanden die Galaxien und die Sterne, die Sonne und die Erde. Auf der Erde entwickelte sich die lebendige Natur – Pflanzen, Tiere und schließlich der Mensch. Der Mensch wiederum begründete nach der Erweckung zum Selbstbewusstsein kulturelles und geistiges Leben, religiöse und moralische Verantwortung. All diese Prozesse verliefen in der Zeit. Zeitlichkeit bzw. Geschichtlichkeit ist das wesentliche Merkmal der natürlichen und geistigen Evolution. Die Welt und mit der Welt die Zeit haben nach vorherrschender Auffassung heutiger Physiker Anfang und Ende. Nur der Geist mag Ewigkeit für sich beanspruchen.

Die Realität der Zeit kommt auch in der überwiegenden Irreversibilität der Naturprozesse zum Ausdruck. Anlässlich der Darstellung von Einsteins Weltbild wurden zur Reversibilität bzw. Irreversibilität der Zeit folgende Aussagen gemacht.

In der klassischen Physik sind die Bahnkurven („Trajektorien") von Einzelkörpern reversibel. Durch den Anfangszustand sind alle zukünftigen und vergangenen Zustände eindeutig bestimmt. Bei Mehrkörpersystemen kann der Anfangszustand nur mit begrenzter Genauigkeit angegeben werden. Die Scharen der Trajektorien bleiben reversibel, sind aber nur noch statistisch erfassbar. Das gilt auch für die Quantenmechanik.

Thermodynamische und chemische Prozesse lassen sich nicht auf die Bewegungsgesetze der klassischen Physik zurückführen. Irreversible Prozesse spielen eine maßgebende Rolle. In der Gleichgewichtsthermodynamik abgeschlossener Systeme gibt die Entropievermehrung die Richtung der Zeit vor. In der Nichtgleichgewichtsthermodynamik offener Systeme entstehen ausgehend von nicht determinierten Fluktuationen in „Selbstorganisation" neue strukturelle Gebilde und funktionale Ordnungen. Derartige irreversible Prozesse begründen die Vorzugsrichtung der Zeit. Sie sind einzigartig und nicht wiederholbar.

Die biologischen Prozesse, die zur Entstehung und Evolution des organischen Lebens führten, sind auf allen Organisationsstufen durch Selbstorganisation gekennzeichnet. Die Irreversibilität der Zeit ist hier das beherrschende Faktum.

Die Evolution von Kosmos und Natur macht die Zeit zum entscheidenden Parameter. Sie kommt in der Irreversibilität der Vorgänge zum Ausdruck. Demgegenüber ist die Zeit bei reversiblen Vorgängen lediglich ein formaler Parameter. Einstein hat die Reversibilität der Zeit in der speziellen Relativitätstheorie und in der Quantenmechanik übernommen. Er konnte sich dabei auf Spinoza berufen, dessen deterministisches Weltbild nur die ewige Wiederkunft des Gleichen kennt. Dieses Weltbild ist unzutreffend.

Kapitel VII
Philosophische Systeme in der Zeit nach Spinoza

Im Hinblick auf die vorstehend erläuterten Mängel des philosophischen Systems von Spinoza scheint dieses in einigen wichtigen Punkten überholt zu sein. Insbesondere Spinozas Ausschluss der Evolution und sein streng deterministisches Weltbild sind mit den neueren Erkenntnissen der Naturwissenschaft nicht verträglich. Damit stellt sich die Frage nach möglichen Alternativen. In der Geschichte der deutschen Philosophie folgen auf Spinoza weitere vergleichbare Systementwürfe, die nachfolgend dargestellt werden; zunächst die Monadenlehre von Leibniz und der kritische Idealismus von Kant, dann der subjektive, objektive und absolute Idealismus, vertreten durch Fichte, Schelling und Hegel. Dabei steht die Relation zu Spinozas philosophischem System unter den Aspekten Ontologie, Erkenntnistheorie und Metaphysik, letztere im Hinblick auf die Atheismusfrage, im Vordergrund. Auch diese Systementwürfe werden einer Mängelkritik unterzogen.

Das gemeinsame Merkmal der ausgewählten Philosophien ist deren Systemcharakter. Darunter wird verstanden, dass sich die Teilbereiche unter einer gemeinsamen Idee einem geschlossenen Ganzen zuordnen lassen. Die Teilbereiche sollten die wesentlichen Bereiche des Lebens abdecken, also Mensch, Welt und Gott, Natur und Geist, ausgedrückt in Ontologie, Erkenntnistheorie, Ethik und Theologie.

Die vorstehend genannten Philosophien werden dem Anspruch gerecht, diesen umfassenden Systemcharakter zu besitzen. Das gemeinsame Anliegen der idealistischen Systeme von Leibniz bis Hegel ist es, die in der Neuzeit sich auftuende Kluft zwischen Naturwissenschaft und Theologie, also zwischen Wissen und Glauben, zu überbrücken. Der Brückenschlag gelingt dem Panentheismus (gr. „All-in-Gott-Lehre“): Die Welt ruht in Gott bzw. die Welt ist eine Erscheinungsform Gottes. Soweit dabei Gott apersonal aufgefasst wird, also nicht mehr dem offenbarten Gott der Bibel entspricht, liegt der Atheismusvorwurf nahe und wurde tatsächlich erhoben. Andererseits wird gerade die Verbindung von personalen und apersonalen Elementen in Gott als philosophische Herausforderung empfunden und angenommen, also doch kein Atheismus. Tatsächlich haben sich die genannten Philosophen mit den christlichen Glaubensinhalten in reformatorischer Absicht fundiert auseinandergesetzt.

Die genannten idealistischen Systementwürfe werden anschließend untereinander und mit dem System von Spinoza verglichen mit dem Ziel, vermeintliche Fortschritte bzw. Rückschritte aufzuzeigen.

Es folgt die Darstellung des materialistischen Systems von Karl Marx, das die Hegelsche Philosophie in verfälschter Form für gesellschaftspolitische Agitation einsetzt. Schließlich wird der kritische Realismus von Nicolai Hartmann als ein zeitgemäßes, Geistes- und Naturwissenschaft umfassendes philosophisches System dargestellt. Die zahlreichen weiteren Ansätze der neuzeitlichen Philosophie erheben nicht den Anspruch, eine alle Lebensbereiche umfassende Systematik zu bieten.

Monadenlehre von Leibniz

Gottfried Wilhelm Leibniz (1646–1716) war Universalgelehrter, Mathematiker, Historiker und Diplomat. Nach einem Studium der Jurisprudenz mit anschließender Promotion trat er in den Dienst des Mainzer Kurfürsten. Er wurde in diplomatischer Mission nach Paris und London geschickt, lernte dabei eine Reihe bedeutender Naturforscher und Philosophen kennen, darunter Huygens und Newton, Malebranche und Spinoza, konzipierte eine Rechenmaschine für die vier Grundrechnungsarten, begründete die Infinitesimalrechnung, wurde in der Royal Society aufgenommen, bemühte sich um ein friedliches Zusammenleben der europäischen Staaten und um eine Wiedervereinigung der christlichen Kirchen.

Ab 1677 stand Leibniz als Hofbibliothekar und Hofrat im Dienst des Hofes von Hannover, war beauftragt, eine Geschichte des Welfenhauses zu verfassen, erstellte Pläne zur Entwässerung der Bergwerke im Harz mittels Windkraft, konzipierte eine binäre Rechenmaschine, betrieb die Errichtung wissenschaftlicher Akademien in Berlin, Dresden, Wien und Petersburg. Er führte einen weitläufigen Briefwechsel mit Gelehrten, Königen und Adeligen (fünfzehntausend Briefe sind erhalten). Zugleich verfasste er seine weithin unvollendeten philosophischen Schriften, darunter die gegen John Locke gerichteten *Neuen Abhandlungen über den menschlichen Verstand* und die gegen den französischen Skeptiker Pierre Bayle gerichtete *Theodizee*, die zugleich der Königin Sophie Charlotte von Preussen gewidmet war. Während eines zweijährigen Aufenthalts in Wien schrieb er sein Hauptwerk *Monadologie*.

Gott und die Monaden: Im Denken von Leibniz ist der christliche Gottesbegriff, ebenso wie bei Descartes, ein wesentliches Element seines systematischen Weltentwurfs. Vier Gottesbeweise werden von Leibniz vorgetragen, überwiegend in Anlehnung an ältere Vorbilder.

Der erste Beweis geht vom Begriff Gott als vollkommenes Wesen aus, dessen Vollkommenheit die Existenz einschließt (ontologisches Argument). Der zweite Beweis postuliert Gott als notwendiges Wesen, notwendig, um den ewigen Wahrheiten, Wesenheiten oder Ideen über den Verstand Gottes die Realität zuzuordnen (ideales Argument). Der dritte Beweis fordert für die Kontingenz (Zufälligkeit im Sinne von fehlender Notwendigkeit) des Wirklichen einen zureichenden Grund, der in einer notwendigen Substanz außerhalb der Folge der Zufälligkeiten, also in Gott, gefunden wird (kosmologisches Argument). An die Stelle der ersten Ursache ist der zureichende Grund getreten. Zu allen drei Gottesbeweisen können gewichtige Gegenargumente angeführt werden. Der vierte, originär Leibnizsche Gottesbeweis ist Bestandteil seines philosophischen Gesamtkonzepts, der Monadenlehre.

Leibniz setzt anstelle der Korrespondenz der Substanzen bzw. Attribute „Denken“ und „Ausdehnung“ eine Theorie des Enthaltenseins des Weltganzen in jedem Einzelnen. Gegenüber Descartes bzw. Spinoza befindet er, dass Ausdehnung kein Merkmal von Substanz sein kann, weil Ausdehnung Vielheit beinhaltet, Vielheit jedoch aus Einfachem zusammengesetzt ist, Einfaches aber nicht ausgedehnt sein kann, weil Ausgedehntes teilbar ist. Statt der ausgedehnten Substanz gibt es nach Leibniz unendlich viele unausgedehnte und damit unteilbare Substanzen, die „Monaden“ (auch „metaphysische Punkte“ oder „Kraftpunkte“ genannt). Jede Monade ist eine Seele, die in unterschiedlichem Grade die Elemente des Vorstellens und Strebens enthält. Das folgt aus der Zurückweisung der Ausdehnung als ein erstes Attribut der Substanz und aus dem als zweites Attribut verbleibenden Denken (auf Spinoza Bezug nehmend). Die materielle Welt ist demnach irreal. Sie existiert nur in der menschlichen Vorstellung. Real existiert allein die unendliche Zahl von Monaden.

Bertrand Russell hat die zur Monadenlehre führende Argumentation von Leibniz wie folgt zusammengefasst:[16, S.619] „Alles, was komplex ist, muss aus einfachen Teilen zusammengesetzt sein; was einfach ist, kann nicht ausgedehnt sein; deshalb ist alles aus Teilen zusammengesetzt, die keine Ausdehnung haben. Aber was nicht ausgedehnt ist, ist keine Materie. Deshalb sind die letzten Bestandteile der Dinge nicht materiell, und, wenn nicht materiell, dann geistig. Folglich ist ein Tisch in Wirklichkeit eine Ansammlung von Seelen".

Interaktion der Monaden, also ursächliche wechselseitige Beeinflussung, wird von Leibniz definitionsgemäß ausgeschlossen: „Monaden haben keine Fenster". Objektwahrnehmung ist dennoch möglich, weil jede Monade das Universum spiegelt, aber nicht indem das Universum die Monaden affiziert, sondern weil Gott dies so verfügt hat. Es besteht eine „prästabilierte", d. h. vorherbestimmte Harmonie zwischen den Ereignisfolgen in den unzähligen Monaden, die den Anschein von Interaktion entstehen lässt. Die Existenz Gottes ist dafür eine notwendige Voraussetzung.

Gott ist die einfache ursprüngliche Substanz, die Urmonade, aus der sich die anderen Monaden durch Effulguration (plötzliches Ausbrechen anstelle stetiger Emanation) ableiten. Die Monaden sind andererseits unveränderlich und ewig. Leibniz schreibt Gott Willensfreiheit zu (im Unterschied zu Spinoza), allerdings gebunden an die „absolut notwendigen" Wahrheiten im göttlichen Verstand und gebunden an die moralische Notwendigkeit der Güte. Damit stellt sich das Problem der Rechtfertigung Gottes (Theodizee) angesichts der Übel und des Bösen in der Welt. Leibniz befindet, dass Gott aufgrund der ihm zugesprochenen Güte aus einer unendlichen Zahl theoretisch möglicher Welten die beste verwirklicht hat. In ihr dient das Böse zur Beförderung des Guten.

Zwei Prämissen leiten die rationale Argumentation von Leibniz: der Satz vom zu vermeidenden Widerspruch hinsichtlich der Vernunftwahrheiten und der Satz vom zureichenden Grund hinsichtlich der Tatsachenwahrheiten. Der zureichende Grund entspricht der Wirkursache in der älteren Philosophie.

Weischedels Erläuterung der Monadenlehre: Mit den vorstehenden Ausführungen ist das philosophische System von Leibniz kurz umrissen. Zentrale Bedeutung in diesem System hat die etwas sonderbar wirkende Monadenlehre. Um diese verständlicher zu machen, wird nachfolgend eine weitere Erläuterung gegeben, die sich eng an einen Gedankengang von Weischedel anschließt.[14]

Leibniz widerspricht Descartes hinsichtlich der ausgedehnten Substanz. Ausdehnung ist teilbar, während Substanzen als unteilbar gelten. Auch leisten ausgedehnte Dinge bei Berührung Widerstand. Jedes Ding ist somit durch unsichtbare

Kräfte hinter der sichtbaren Wirklichkeit gekennzeichnet. Daraus folgert Leibniz, dass punktförmige (und daher unteilbare und unsichtbare) Einheiten als „Kraftpunkte" die Wirklichkeit bilden. Dies sind die Monaden (von gr. *monás*, Einheit).

Die den Monaden innewohnenden Kräfte kommen besonders in den lebenden Organismen zur Geltung. Sie werden von einer Zentralmonade gelenkt. Aber auch im leblosen Anorganischen wirken Monaden, denn das Leblose ist vom Lebendigen her zu begreifen, nicht umgekehrt. Demnach ist die gesamte Natur voller Leben und keine Monade gleicht der anderen.

Nunmehr fügt Leibniz den Monaden die Wirklichkeit des Geistigen hinzu, die Vorstellungen und das Streben von Vorstellung zu Vorstellung. Da nach Leibniz das Niedere aus Höherem zu deuten ist, kommen den Monaden als lebendigen Machtpunkten primär Vorstellungen und Streben zu. Dies geschieht in unterschiedlichem Maße. Zuunterst stehen Monaden mit verworrenen Vorstellungen. Sie bilden die anorganische Welt. Darüber erheben sich die Monaden mit teilweise deutlicheren unbewussten Vorstellungen. Sie bilden die organische Welt. Die Zentralmonade des Menschen gewinnt durch Bewusstsein und Erkennen deutliche Vorstellungen. Zuoberst steht Gott, die Urmonade, mit ausschließlich deutlichen Vorstellungen. Gott sieht die Wirklichkeit so, wie sie in Wahrheit ist: als das unermessliche Reich der Monaden.

Die Monaden werden als völlig autark aufgefasst. Nichts kommt aus ihnen heraus und nichts in sie hinein: „Die Monaden haben keine Fenster". Sie können sich wechselseitig nicht beeinflussen. Zur Wahrnehmung der Außenwelt kommt es dadurch, dass die Monaden in sich die Vorstellungen von allen anderen Monaden enthalten, nicht nur die gegenwärtigen Vorstellungen, sondern auch die vergangenen und zukünftigen: „ein lebendiger immerwährender Spiegel des Universums".

Die Ordnung in der Monadenwelt beruht auf den inneren Gesetzen der Monaden und auf einer von Gott einmalig hergestellten, prästabilierten Harmonie. Damit ist Gott Schöpfer der Welt und Klammer des Denkens.

Kritische Wertung des philosophischen Systems von Leibniz: Das insgesamt fragmentarisch wirkende philosophische System von Leibniz ist durch folgende Grundgedanken gekennzeichnet:[23] Vernunftgemäßheit, Beseeltheit und Gottverbundenheit des Universums, Bedeutsamkeit des Personalen im Universum, Harmonie des Universums im Ganzen und im Einzelnen, unendliche Mannigfaltigkeit und dynamische Grundbeschaffenheit des Universums.

Die Vorzüge des Leibnizschen Ansatzes gegenüber Spinozas System hat Bartuschat wie folgt dargestellt:[20, S.178] Die Substanzialität des Singulären sichert Leibniz durch das potenzielle Enthaltensein des Weltganzen in jedem Einzelnen, von dem es in völliger Autarkie entfaltet wird. Der darin angelegte Determinismus der Ereignisabfolgen wird durch einen welttranszendenten Gott umgangen, dessen Ursächlichkeit nicht allein den auf das Notwendige gerichteten Sätzen der Logik unterliegt, sondern hinsichtlich des tatsächlich Existierenden von einem das Kontingente einschließenden, andersartigen Prinzip geleitet wird. Die Kontingenz des Tatsächlichen wird durch das Prinzip des zureichenden Grundes gesichert. Von den nach den Gesetzen der Logik möglichen Welten hat Gott eine einzige, nämlich die bestmögliche, verwirklicht. Demgegenüber verneint Spinoza die Kontingenz des Wirklichen und sieht allein blinde Notwendigkeit walten. Der Grund ist die Ineinssetzung von logischer und existenzieller Kausalität.

Das Leibnizsche philosophische System erscheint dennoch insofern als widersprüchlich bzw. als nicht konsequent zu Ende gedacht, als es einerseits christliche Lehren gegen Kritiker zu verteidigen sucht, sich andererseits aber streng rationaler Argumentation bedient. So stehen beispielsweise Willensfreiheit (Gottes) und Determinismus (der prästabilierten Monaden) unversöhnlich nebeneinander. In weniger bekannten, nicht zur Veröffentlichung bestimmten Schriften nähert sich Leibniz der streng deterministischen Position von Spinoza, ohne dessen Monismus zu übernehmen. Auch die Verteidigung christlicher Grundüberzeugungen gelingt nicht recht, wenn in der Theodizee das menschliche Leiden im Rahmen des göttlichen Weltzwecks marginalisiert wird.

Das fragmentarisch wirkende philosophische System von Leibniz stellt keinen Fortschritt gegenüber dem philosophischen System von Spinoza dar. Es fehlt die vergleichbare Tiefe und Konsequenz der rationalen Argumentation. Mit der Monadenlehre wird eine Metaphysik dargestellt, die das anschauliche Vorstellungsvermögen übersteigt und empirisch nicht nachprüfbar ist. Ein gütiger Gott soll die Monadenwelt als einzige Wirklichkeit lenken. Es ist auch nicht ersichtlich, welchen existenziellen Nutzen der Mensch aus dieser Lehre ziehen kann, sehr im Unterschied zu Spinozas Affektenlehre. Aufgrund des Wirkens von Christian Wolff hat die Leibnizsche Philosophie (ohne die Monadenlehre) dennoch die bisherige aristotelische Schulphilosophie an den deutschen Universitäten ersetzt und die weitere philosophische Entwicklung entsprechend stark beeinflusst. Kant hat die Monadenlehre als unzutreffend zurückgewiesen. Sie wird heute als nur noch historisch bedeutsam angesehen.

Kritischer Idealismus von Kant

Immanuel Kant (1724–1804), zeitlebens in Königsberg ansässig , gilt als der bedeutendste deutsche Philosoph. Er vollzog den Anschluss an die seinerzeit fortschrittlichere, aufklärerische Philosophie in England und Frankreich (Locke, Hume, Descartes, Rousseau u.a.), wobei es ihm gelang, den Empirismus mit den großen Themen der abendländischen Metaphysik zu verbinden, darunter Gott, Freiheit und Unsterblichkeit. Kant stammte aus einfachen Verhältnissen, studierte an der Universität seiner Heimatstadt Philosophie, wurde dort promoviert, habilitierte sich, wurde aber erst spät (1770) zum ordentlichen Professor (für Logik und Metaphysik) ernannt. Sein 1781 erschienenes Werk *Kritik der reinen Vernunft* machte ihn berühmt. Weitere 33 bedeutsame Werke und Schriften folgten.

Das philosophische Werk Kants ist bei aller thematischen Vielfalt nach eigenem Bekunden auf drei wesentliche Fragen gerichtet: Was können wir wissen? Was sollen wir tun? Was dürfen wir glauben? Er äußert dies in einem Brief gegen Ende seines Lebens. Die drei wichtigsten Vermögen des Menschen sind damit genannt, wobei allerdings das Gefühlsvermögen, wohl zu Unrecht, marginalisiert wird. Dies entspricht dem Programm der Aufklärung, zu der sich Kant bekennt. Die nachfolgende Kurzfassung von Kants Philosophie folgt der genannten thematischen Dreiteilung.

Was können wir wissen? Die Frage bezieht sich auf die theoretische Erkenntnis der Natur im Rahmen möglicher Erfahrung. Die Antwort Kants in seinem Werk *Kritik der reinen Vernunft* (1781, [2]1787) versucht, die seinerzeit unversöhnlichen philosophischen Grundpositionen zu überbrücken, den Gegensatz zwischen Rationalismus und Empirismus, zwischen Dogmatismus und Skeptizismus sowie zwischen Bejahung und Verneinung der Metaphysik.[15]

Kant vertraut der Vernunft, will aber die Grenzen der Vernunfterkenntnis bestimmen. Gleichzeitig geht es ihm um die Grundlegung einer Erfahrungswissenschaft. Er fordert, dass die Begriffe, die wir verwenden, eine Grundlage in der Erfahrung haben. Durch bloße Begriffsoperationen ohne empirischen Bezug würden sich keine erweiternden Erkenntnisse – er nennt sie synthetische Urteile

– gewinnen lassen. Daher nennt Kant die Dialektik der traditionellen Metaphysik, die auf den empirischen Bezug verzichtet, eine „Logik des Scheins". Das wissenschaftliche Denken setzt dagegen neben den allgemeingültigen notwendigen Sätzen der Logik, synthetische Urteile *a priori* voraus. Mit *a priori* ist gemeint, dass diese Urteile nicht allein der Erfahrung entstammen, jedoch die Erfahrung erst ermöglichen. Der reine Empirismus Humes wird damit zurückgewiesen und durch einen rational gestützten Empirismus ersetzt.

Kant nennt seine Lehre von der Möglichkeit erfahrungsbasierter Erkenntnis aufgrund der subjektiven „Formen *a priori*" unseres Geistes „Transzendentalphilosophie". Die Bezeichnung „transzendental" steht im Gegensatz zu „erfahrungsgemäß", jedoch im Einklang mit „Erfahrung erst ermöglichend". Kant unterscheidet drei Bereiche transzendentaler Philosophie. In der transzendentalen Ästhetik (als Lehre von den Sinneswahrnehmungen) werden die „reinen Anschauungsformen" Raum und Zeit vorausgesetzt. In der transzendentalen Analytik werden zwölf „reine Denkformen", „reine Verstandesbegriffe" oder Kategorien benannt, beispielsweise Ursache und Wirkung (Kausalität). Nur in der Verbindung von Denk- und Anschauungsformen kann sich gültige Erkenntnis konstituieren: „Begriffe ohne Anschauung sind leer, Anschauung ohne Begriffe ist blind". In der transzendentalen Dialektik gelten die „reinen Ideen" als grundlegend für vernünftiges Schließen, wobei Verstand und Erfahrung auf höherer Ebene zu verbinden sind. Allerdings kommt Kant hier zu keinem synthetischen Urteil *a priori*, sondern sieht sich in fremde Paralogismen (Fehlschlüsse) und eigene Antinomien (Widersprüchlichkeiten) verwickelt. Kant erklärt insbesondere die Gottesbeweise der älteren Philosophie für fehlerhaft.

Im Apriorismus der Form sieht Kant dennoch das Umwälzende seiner Philosophie. Das Chaos der Sinneswahrnehmungen werde durch die Formen *a priori* geordnet. Die von Kant vollzogene Wende in der Erkenntnistheorie besagt vereinfachend: Nicht die Gegenstände allein bestimmen die Vorstellungen, sondern die Vorstellungen mitbestimmen die Gegenstände. Daraus folgt, dass es keine Erkenntnis des (nicht sinnlich wahrnehmbaren) „Dinges an sich" gibt, sondern nur die Erkenntnis dessen sinnlicher Erscheinung (kritischer Idealismus). Dennoch wendet Kant die Kategorien auch auf das „Ding an sich" an und unterstellt es kausaler Wirksamkeit.[15, S. 329]

Was sollen wir tun? Die Frage bezieht sich auf das sittliche Sollen im Rahmen der menschlichen Freiheit. Die Antwort gibt Kant in seinen Werken *Grundlegung zur Metaphysik der Sitten* (1785) und *Kritik der praktischen Vernunft* (1788). Die Ausführungen von Kant bringen den Absolutheitsanspruch des sittlich Guten zur Geltung. Sie richten sich gegen den Eudämonismus und Utilitarismus des Empiristen Hume.

Das Sittliche bestimmt Kant aus der Gegenüberstellung von Sollen des moralischen Gesetzes und Freiheit der sittlichen Wahl. Das Sollen drückt eine Notwendigkeit aus, die den Naturerscheinungen völlig fremd ist. Es wird von der reinen Vernunft und ihren Ideen gesetzt, also unabhängig von der Erfahrungswelt, wohl aber in ihr kausal wirkend. Es entspringt einem synthetischen Urteil *a priori*. Der Mensch ist sich des moralischen Gesetzes unmittelbar bewusst. Die Faktizität des moralischen Gesetzes ist der praktischen Philosophie Kants vorangestellt, vergleichbar mit der Faktizität der Erfahrung in seiner theoretischen Philosophie.

Die Freiheit der sittlichen Wahl ist ebenso wie das Sollen des moralischen Gesetzes ein Faktum der praktischen Vernunft. Sittliche Freiheit und moralisches Gesetz sind aufeinander bezogen. Sie drücken sich im Gewissen des Menschen aus. Die Freiheit wird ebenso wie das Sollen nicht in der räumlichen und zeitlichen Erfahrungswelt gefunden, in der allein die kausale Determination gilt. Freiheit und Sollen gehören zum Wesen des Menschen, jedoch nicht zu seiner empirischen Natur.

Ein erstes Merkmal von Kants Ethik ist ihr Formalismus, der im „Grundgesetz der reinen praktischen Vernunft" zum Ausdruck kommt:[15, S.340] „Handle so, dass die Maxime deines Willens jederzeit zugleich als Prinzip einer allgemeinen Gesetzgebung gelten könne". Der materiale Gehalt des Sittlichen wird nicht benannt. Allein der (reine) Wille ist maßgebend: „Es ist überall nichts in der Welt, ja überhaupt auch außer derselben zu denken möglich, was ohne Einschränkung für gut gehalten werden könnte, als allein ein guter Wille". Damit sind utilitaristische Motive für ethisches Handeln ausgeschlossen.

Ein zweites Merkmal von Kants Ethik ist ihr Rigorismus.[15, S.342] Das Sittliche erscheint als unbedingtes Gebot, als kategorischer Imperativ. Dieser lässt weder Neigung noch Gefühl zu, die als subjektivistisch gelten. Der Rigorismus von Kants Vernunftethik ist auf berechtigte Kritik gestoßen.

Ein drittes Merkmal von Kants Ethik ist ihr Apriorismus.[15, S.344] Die Vernunft gebietet dem Willen durch Gründe *a priori* vor aller Erfahrung. Der Mensch, in der Sinnenwelt stehend, gewinnt über die intelligible Welt, der er vermöge seiner Moralität angehört, die Freiheit der übersinnlichen Welt.

Ein viertes Merkmal von Kants Ethik ist der Autonomiegedanke:[15, S.345] „Autonomie ist also der Grund der Würde der menschlichen und jeder vernünftigen Natur". Der Mensch gibt sich selbst das Sittengesetz, seine praktische Vernunft ist das Sittengesetz. Eine Abhängigkeit von Zwecken des Individual- oder Gemeinschaftswillens oder auch vom vermeintlich willkürlichen Willen Gottes wird nicht zugelassen. Der Mensch ist im sittlichen Handeln immer Selbstzweck: „Handle so, dass du die Menschheit sowohl in deiner Person als in der Person eines jeden anderen jederzeit zugleich als Zweck, niemals bloß als Mittel brauchst".

Der Zweckgedanke wird von Kant in seinem Werk *Kritik der Urteilskraft* (1790) weiterverfolgt. Zwecksetzung setzt freien Willen voraus. Kant erörtert die subjektive Zwecksetzung an den ästhetischen Urteilen. Es geht um die Bestimmung des Schönen und des Erhabenen. Er untersucht die objektive Zwecksetzung an der (vermeintlich) teleologischen Ausrichtung der organischen Natur. Kants Absicht, über den Begriff der subjektiven und objektiven Zwecksetzung die Bereiche der theoretischen und praktischen Vernunft, des Erkennens und des Handelns zu verbinden, bleibt jedoch fragwürdig. Überzeugender ist diesbezüglich Kants ungewohnt emotionale Äußerung: „Zwei Dinge erfüllen das Gemüt mit immer neuer und zunehmender Bewunderung und Ehrfurcht, je öfter und anhaltender sich das Nachdenken damit beschäftigt: der bestirnte Himmel über mir und das moralische Gesetz in mir".

Was dürfen wir glauben? Im Bereich des Metaphysischen räumt Kant dem Glauben Vorrang vor dem Wissen ein: „Ich musste das Wissen aufheben, um zum Glauben Platz zu bekommen". Dennoch beantwortet Kant die Frage nach der Glaubensgewissheit äußerst restriktiv. Er reduziert den Glauben auf drei Postulate der praktischen Vernunft: Unsterblichkeit, Freiheit und Gott. Unter den „Postulaten" versteht er Annahmen, die zum Verständnis der Fakten der Sittlichkeit notwendig sind.

Unsterblichkeit (der Seele) ist notwendig, um das moralische Gesetz vollkommen zu erfüllen, was im diesseitigen Leben nicht gelingt. Freiheit im metaphysischen Sinn besagt, dass es in der räumlichen und zeitlichen Welt den Beginn von Kausalreihen aus Freiheit geben muss. Das Dasein Gottes ist notwendig, um dem, der pflichtgemäß handelt, die verdiente Glückseligkeit in einer künftigen Welt zu gewähren (Kants moralischer Gottesbeweis).[15, S.348]

Weitere Ausführungen von Kant beziehen sich auf die Religion im Allgemeinen und den christlichen Kirchenglauben im Besonderen. Religion wird auf Moral reduziert. Am Kirchenglauben interessieren Kant nur die göttlichen Gebote. In der Entwicklung der christlichen Religion sieht Kant den Übergang von einem Geschichtsglauben zu einem Vernunftglauben. Christus ist für ihn keine historische Gestalt, sondern die „personifizierte Idee des sittlichen Prinzips".[15, S.351]

Kritische Wertung des philosophischen Systems von Kant: Kant ist der Philosoph der aufklärerischen Vernunft, der den Menschen aufruft, sich des eigenen Verstandes zu bedienen, und der in seinen Schriften die Welt und das Handeln des Menschen rational deutet. Damit hat er weit über die eigene Zeit hinaus gewirkt. Kants kritischer Idealismus, ein rational gestützter Empirismus, war der Auslöser für die nachfolgende philosophische Entwicklung zum deutschen Idealismus (Fichte, Schelling, Hegel) und setzte sich später im Neukantianismus fort. Obwohl also Kant ein bedeutender und einflussreicher Philosoph ist, weist sein philosophisches System Mängel auf, die nachfolgend angesprochen werden.

In der Erkenntnistheorie ist das „Ding an sich" der Stein des Anstoßes. Wie bald erkannt wurde, ist das „Ding an sich" eine logisch unnötige Annahme. Lässt man andererseits diese Annahme innerhalb von Kants System fallen, bleibt reine Subjektivität zurück. Die Nachfolger von Kant haben diesen Schritt tatsächlich vollzogen, ohne eine der objektiven Wirklichkeit entsprechende Alternative zu entwickeln.[16]

Die an Kants Ethik kritisierbaren Mängel sind deren Formalismus, Rigorismus und Autonomiegedanke. Der Formalismus legt nur den Rahmen der Ethik fest; es fehlen die materialen Inhalte, auf die der konkrete Lebensvollzug angewiesen ist. Der Rigorismus des kategorischen Imperativs duldet weder Neigung noch Gefühl, was die Nächstenliebe als tragendes Motiv christlichen Handelns ausschließt. Die geforderte Autonomie des ethischen Subjekts erschwert die Beilegung von Konflikten im Gemeinschaftsleben. In der Tugendlehre zeigt Kant allerdings, dass er die kritisierten Grundsätze in konkreten Fällen pragmatisch anwendet. Nur der Pflichtgedanke wird konsequent durchgehalten.

Ein Vergleich der Ethiken von Kant und Spinoza zeigt, dass Kant in den Formalismen der Vernunft stehen bleibt, während Spinoza auf Basis seiner Affektenlehre konkrete Empfehlungen zum Lebensvollzug gibt. Das System von Spinoza ist in sich schlüssig, während Kant den Zusammenhalt seines Systems nur unvollkommen über zahlreiche neuartige Hilfsbegriffe herstellen kann. Gleichzeitig wird der Bedeutungsinhalt manch herkömmlicher Begriffe verändert (Beispiel: Verstand und Vernunft).

Erheblich sind auch die Unterschiede in der Bewertung der christlichen Religion. Während sich Spinoza mit guten Gründen gegen die Annahme eines transzendenten Gottes wendet, der moralisches Verhalten belohnt und unmoralisches Verhalten bestraft, begründet Kant seine Postulate Gott und Unsterblichkeit mit der Notwendigkeit, das Moralgesetz über ein jenseitig fortgesetztes Leben vollkommen zu erfüllen. Während Spinoza den ersehnten Frieden des Gemüts in der vernunftgeleiteten Gottesliebe findet, setzt Kant die vernunftgeleitete Moral mit Gott gleich. Kant war also kein Atheist, wie vielfach unterstellt, auch wenn er die Gottesidee auf Moral reduziert hat.

Subjektiver Idealismus von Fichte

Johann Gottlieb Fichte (1762–1814) verschärfte Kants kritischen Idealismus zum subjektiven Idealismus. Er begründete damit die Philosophie des deutschen Idealismus, der von Schelling und Hegel fortgeführt wurde. Fichte, der aus ärmlichen Verhältnissen stammte, musste sich zunächst als Hauslehrer durchschlagen, wurde dann aber durch seine Erstschrift *Versuch einer Kritik aller Offenbarung* (1792) schlagartig berühmt. Die Schrift war versehentlich ohne Nennung des Verfassers erschienen. Sie wurde Kant zugeschrieben, der sie zur Publikation empfohlen hatte. Nach Aufdeckung der wahren Autorenschaft wurde Fichte als ein Kant ebenbürtiger Philosoph wahrgenommen. Daraufhin erhielt er eine Professur an der Universität Jena. Es entstand sein Hauptwerk *Grundlage der gesamten Wissenschaftslehre* (1794), fortgeführt und erweitert in späteren Jahren mit dem Titel *Die Wissenschaftslehre* (1804, [2]1812). Seine Kritik an den Auswüchsen studentischen Verbindungslebens brachte die Studenten gegen ihn auf. Auch wurde ihm nicht ganz zu Unrecht Atheismus unterstellt, was schließlich zur Amtsenthebung führte. Fichte siedelte nach Berlin über, wo er eine Professur an der neu gegründeten Universität erhielt (1809) und ihr erster Rektor wurde. Hier verfasste er die berühmten *Reden an die deutsche Nation*, in denen er gegen die napoleonische Besetzung ein Programm deutscher Nationalerziehung fordert. Kennzeichnend für Fichtes zwiespältige Persönlichkeit ist sein Schwanken zwischen mächtigen Tathandlungen und tiefgründigem Denken.

In gewisser Weise hat Fichte den Denkansatz Kants radikalisiert. Nach Zurückweisung von Kants „Ding an sich" gelangt er zum absoluten Subjektivismus, für den alles Sein subjektive Setzung ohne objektiven Bestand ist. Zugleich wird Kants moralische Freiheit zur Sinngebung durch Tathandlungen überhöht. Gegen Ende seines Lebens hat Fichte die Selbstherrlichkeit des absoluten Ichs aufgegeben und die Freiheit des Ichs in der Freiheit Gottes aufgehen lassen. Somit kann die Philosophie Fichtes in drei Bereiche unterteilt werden: die subjektivistische Erkenntnislehre, die handelnsbasierte Sittenlehre und die späte Synthese im Dasein Gottes.

Fichtes subjektivistische Erkenntnislehre: Fichte weist das allein in der Empfindung begründete „Ding an sich" zurück, weil es der von ihm vertretenen unbedingten Freiheit des Subjekts zuwiderläuft. Der Mensch habe sich zwischen einem Dogmatismus der Transzendenz und dem Idealismus zu entscheiden. Vorstehender Dogmatismus nimmt transzendente Dinge an, etwa das „Ding an sich", womit dem Ich die Freiheit genommen wird. Demgegenüber kennt der Idealismus nur Bewusstseinsinhalte, darunter die Vorstellungen, die in freier Spontaneität aus dem Ich hervorgehen. Fichte entscheidet sich für den Idealismus, der dann für den gesamten deutschen Idealismus maßgebend wird. Er wird von Weischedel wie folgt gekennzeichnet:[14] „Es existiert nur das Ideelle, das Geistige, das Ich in seiner Freiheit. Die Realität der Welt dagegen ist uns nur in unseren Vorstellungen gegeben; aber eben diese Vorstellungen werden nicht von der Welt geschaffen, sondern wir selbst bringen sie hervor". Fichte spricht allerdings nicht von kraftlosen Vorstellungen, sondern von der dem Ich entgegengesetzten Kraft des Nicht-Ichs. Fichtes Ich ist, anders als Vorstellungen, kraftvoll, lebendig, spontan und kreativ.

Die vermeintliche Realität von Kosmos, Natur und Welt folgt nach Fichte aus einem Bewusstseinsprozess, der vom Ich ausgeht und als dialektischer Dreischritt gefasst werden kann: Thesis, Antithesis, Synthesis. Am Anfang des Prozesses steht die Thesis: „Ich bin Ich". Das erstgenannte Ich (das Subjekt) nimmt im zweitgenannten Ich (dem Prädikat) nur sich selbst wahr. Es folgt die Antithesis. Da sich ein Ich nicht ohne ein Nicht-Ich denken lässt, steht dem Ich ein Nicht-Ich gegenüber. Die Setzung des Nicht-Ichs erfolgt durch das Ich selbst, weil nur so die Freiheit des Ichs erhalten bleibt. Im dritten dialektischen Schritt, der Synthesis, wird der Gegensatz von relativ gesetztem Ich und Nicht-Ich im absolut gesetzten Ich aufgehoben. Dieser Dreischritt soll für beliebige Bewusstseinsprozesse gelten. Damit glaubt Fichte, die Struktur von Bewusstsein und Geist aus deren Ursprung erklärt zu haben.

Mit der Überhöhung des relativen Ichs zum absoluten Ich geht aber die Eigenständigkeit jeglicher Wirklichkeit verloren. Auch das freie Ich selbst löst sich in bloße Vorstellung auf. Alles Sein ist somit vernichtet. Fichte hat diese Konsequenz seines Denkens erkannt. Er überwindet sie dadurch, dass er die absolute Freiheit zugleich als endliche Freiheit begreift. Die Begrenzung der Freiheit folgt aus der Tatsache, dass es neben dem eigenen freien Ich und der Welt der Dinge die anderen freie Iche gibt. Damit tritt anstelle des einsamen freien Ichs die Gemeinschaft der freien Iche. Diese Einsicht schlägt sich in Fichtes Staats- und Rechtslehre nieder, in der die soziale Gemeinschaft hervorgehoben wird.

Fichtes handelnsbasierte Sittenlehre: Auch in der Sittenlehre radikalisiert Fichte den Ansatz Kants. Es wird die Pflichtethik übernommen, die die Autonomie und Freiheit des Individuums voraussetzt. Die Autonomie wird überhöht zur Selbstbetätigung und Selbstverwirklichung des Ichs. Die Tathandlung wird gefordert: „Handeln, handeln, das ist es, wozu wir da sind". Auch das Erkennen wird zur Tathandlung: „Wir handeln nicht, weil wir erkennen, sondern wir erkennen, weil wir zu handeln bestimmt sind: Die praktische Vernunft ist die Wurzel aller Vernunft". Grundlage des Handelns ist der reine Wille.

Die handelnsbasierte Sittenlehre von Fichte wird auch durch seine Stellungnahme im „Atheismusstreit" erhellt. Im ersten Heft des von Fichte herausgegebenen *Philosophischen Journals* (1798) führte ein Autor aus, es sei nicht Pflicht „zu glauben, dass eine moralische Weltregierung oder ein Gott als moralischer Weltregent existiert", sondern dass es genüge, „zu handeln als ob man es glaubte". In durchaus kritischer Erläuterung dieser Aussage lehnte Fichte die Anwendung des Substanzbegriffs auf Gott und damit die Existenz Gottes als ein „besonderes Wesen" ab. Stattdessen sei die moralische Ordnung mit Gott gleichzusetzen. Diese Erläuterung brachte Fichte den Atheismusvorwurf ein, der zur Amtsenthebung in Jena führte.

In Fichtes Ethik fehlen zunächst, ebenso wie in Kants Ethik, die materialen Inhalte. Aber Fichte überwindet diesen Mangel zumindest teilweise dadurch, dass er den reinen Willen erstrangig in der Gemeinschaft verwirklicht sehen will. Der Mitmensch ist in dieser Sicht nicht Hindernis der Selbstbestätigung, sondern Wegbegleiter beim sittlichen Aufstieg. Die Religionsstifter werden als überragende Künder der Sittlichkeit hervorgehoben. Jedem Einzelmenschen bietet sich die Möglichkeit sittlicher Bewährung in den verschiedenen Gemeinschaften des Staates und der Gesellschaft. Der Staat hat die Aufgabe, dem reinen Willen über Recht und Gesetz Geltung zu verschaffen. Er hat auch die Aufgabe, die Jugend zu erziehen und die Kultur zu pflegen. Im Unterschied zu Kants kosmopolitischer Einstellung verherrlicht Fichte den Nationalstaat. Er geht so weit, das Schicksal der Menschheit mit dem Entstehen eines deutschen Nationalstaates zu verbinden. Der späte Fichte prophezeit schließlich den christlichen Weltstaat, der die gesamte Menschheit einen wird.

Die religiöse Basis seiner Sittenlehre hat Fichte in der Schrift *Die Anweisung zum seligen Leben* dargelegt. Erkennen und Handeln fallen im seligen Leben zusammen. Inhalt des seligen Lebens ist das liebende Tun, das mit philosophischer Reflexion zu verbinden ist, um zur Schau der absoluten Einheit Gottes zu gelangen. Fichtes diesbezügliche Aussagen lehnen sich an das Johannesevangelium an.

Synthese im Dasein Gottes: Mit der Konfrontation der absoluten Freiheit des Ichs mit deren Begrenztheit durch die Iche der Mitmenschen ist eine widersprüchliche Situation beschrieben, die eine titanenhafte Übersteigerung des Ichs ausschließt. Auf einer tiefgründigeren Reflexionsebene hat Fichte die menschliche Freiheit in der göttlichen Freiheit verankert. Da die menschliche Freiheit im moralischen Gesetz gründet, das sich im Gewissen kundtut, kann der Mensch von seiner Freiheit nicht beliebigen Gebrauch machen. Im Ursprung der Freiheit waltet auch Notwendigkeit.

Die Kehre des späten Fichte von der Selbstherrlichkeit des Ichs zum Dasein Gottes wird in Anlehnung an Weischedel zusammengefasst:[14] Um in den Grund der Freiheit zu gelangen, muss man die Freiheit selbst hinter sich lassen: „Das Ich muss gänzlich vernichtet sein", alle Selbstsucht ist aufzugeben. Wer aber die vermeintliche Absolutheit der eigenen Freiheit aufgibt, gewinnt die wahrhaft absolute Freiheit der Gottheit. An die Stelle des absoluten Ichs tritt der absolute Gott. Der Mensch birgt seine Freiheit in der Freiheit Gottes.

Kritische Wertung des philosophischen Systems von Fichte: Kants kritischer Idealismus wurde von Fichte zu einem subjektiven Idealismus verschärft. Die angesprochenen Mängel von Kants System wurden dadurch gemildert, aber nicht beseitigt. Mit dem Wegfall des „Dinges an sich" erscheint alle Wirklichkeit, das Ich ausgenommen, als Bewusstseinsprozess. Die Objektivität der Welt löst sich dadurch in gespenstischer Geistigkeit auf. Wissenschaft ist reine Geisteswissenschaft, Naturwissenschaft existiert nicht. Natur ist lediglich der Ort, an dem der

Mensch seine sittliche Aufgabe erfüllen kann. Die dadurch verursachte Überhöhung des Ichs lässt nur noch Tathandlungen zu. Als Tathandlung zu werten ist auch die Kehre des späten Fichte von der Freiheit des Ichs zu dessen Geborgenheit in der Freiheit Gottes. Damit mündet Fichtes einseitig subjektive Philosophie in christliche Theologie.

Fichte ist weniger als Philosoph, denn als Begründer des deutschen Nationalismus bedeutsam. Dieser war aktuell gegen die seinerzeitige napoleonische Besetzung Deutschlands gerichtet, wurde jedoch von Fichte zu einem nationalen Totalitarismus erweitert. Nur der Deutsche habe Charakter. Diese nationale Überheblichkeit wurde durch Fichtes Kontakte mit Vertretern der deutschen Romantik sehr gefördert.

Objektiver Idealismus von Schelling

Friedrich Wilhelm Joseph Schelling (1775–1854) überwand Fichtes einseitig subjektiven Idealismus durch Rückgewinnung des Objektiven in der Wirklichkeit. Schelling stammt aus einer schwäbischen Pfarrersfamilie, studierte zusammen mit Hegel und Hölderlin (beide fünf Jahre älter) am Tübinger Theologischen Stift. Bereits 1798 wurde er auf Betreiben von Goethe als außerordentlicher Professor nach Jena berufen. Dort trat er in engen Kontakt mit Literaten der Romantik, darunter Tieck, Novalis und die Brüder Schlegel. Nach Zwischenstationen in Würzburg und Erlangen wurde er 1827 ordentlicher Professor in München und Präsident der Bayerischen Akademie der bildenden Künste. Schließlich wurde er 1841 von Friedrich Wilhelm IV. an die Universität Berlin berufen mit dem Auftrag, sich dem pantheistischen Denken Hegelscher Prägung entgegenzustellen. Als Schelling 1854 starb, hatte sich das allgemeine Interesse vom deutschen Idealismus und vom Geist der Romantik bereits abgewendet. Das positivistische naturwissenschaftliche und technische Denken stand im Vordergrund.

Schelling hat den zu eng gefassten subjektiven Idealismus von Fichte, nach dem alles Sein Setzung des Ichs ist, dadurch überwunden, dass er dem Nicht-Ich Objektivität unabhängig vom Ich zusprach, daher die Bezeichnung „objektiver Idealismus" oder auch „Real-Idealismus". Im Unterschied zum ebenfalls realistischen kritischen Idealismus Kants sind jedoch alle empirischen Elemente unterdrückt.

Das eigentliche Sein ist Geist. Damit knüpft Schelling an die traditionelle Metaphysik an. Ein weiteres Merkmal der Ansätze von Schelling ist die Suche nach dem Urgrund allen Seins als dem Absoluten. Sie wird mit einem panentheistischen Weltbild verbunden. Darin besteht eine große Ähnlichkeit zur Philosophie von Spinoza, auf die Schelling wiederholt Bezug nimmt.

Schellings Philosophie lässt sich, abgesehen von Frühschriften zu Kant und Fichte, in drei Perioden unterteilen, in denen die ursprünglichen Ansätze, nicht immer widerspruchsfrei, abgewandelt, erweitert und vertieft werden: erstens eine Periode der Naturphilosophie, zweitens eine Periode der Identitätsphilosophie und drittens eine Periode der Theosophie.

Schellings Naturphilosophie (bis etwa 1802):[15] Natur ist für Schelling der Inbegriff des Realen, dem das Ich als Inbegriff des Idealen gegenübersteht. Schellings Naturphilosophie verfolgt zwei gegenläufige Denkwege, erst den vom Objekt zum Subjekt, dann den vom Subjekt zum Objekt. Beim Denken vom Objekt zum Subjekt werden Natur und Geist als objektiv gegeben vorausgesetzt. Die Natur zeigt sich als ein lebendiger, sich entfaltender und beseelter Organismus mit zum Geist aufstrebender Stufung von der nur scheinbar leblosen Materie zum höchst lebendigen menschlichen Dasein. Die Allbeseeltheit des Kosmos als allbewirkende Kraft entspricht der Weltsseele in Platons *Timaios*, zu dem Schelling mit neunzehn Jahren einen Kommentar geschrieben hat. Die einzelnen Stufen der Natur folgen dem dialektischen Dreischritt. Die Natur als Geist, die höchste Stufe, „schaut sich selbst“, was sie schon immer wollte. Beim Denken vom Subjekt zum Objekt („Transzendentalphilosophie“) wird aufgezeigt, wie aus dem Subjekt das Objekt, aus dem Geist die Natur einsichtig werden. Der Geist wollte sich schon immer sichtbar darstellen. Drei Zugänge werden erörtert: Aus Sicht der theoretischen Philosophie manifestieren sich Bewusstseinsstufen in den „Entfaltungen“ der Natur. Aus Sicht der praktischen Philosophie ist die Freiheit des Willens konstitutiv für den Bereich des Geistes und seiner Geschichte. Schließlich erfolgt in der Kunst die Synthese von theoretischer und praktischer Philosophie im Zusammenfallen der Gegensätze. Im Kunstwerk sind Natur und Geist zu einer höheren Einheit verbunden. Alle beschriebenen Ansätze gründen im Absoluten, also in Gott.[14] In der Natur ist Gott verborgen, im Geist offenbart er sich.

Schellings Identitätsphilosophie (etwa 1802–1809):[15] Schelling vertritt in seiner Identitätsphilosophie die Auffassung, dass Natur und Geist, Subjekt und Objekt, Realität und Idealität nur verschiedene Erscheinungsformen einer einzigen Wirklichkeit und in diesem Sinn „identisch" sind. Auf diese Weise sei „intellektuelle Anschauung" als absolutes Erkennen möglich. Natur ist demnach sichtbarer Geist, und Geist ist unsichtbare Natur. Dem Reich der Natur steht das Reich des Geistes gegenüber. Beiden Reichen ist ein Stufenbau eigentümlich. Im Reich der Natur überwiegt die Realität des Objektiven. Im Reich des Geistes (und der Geschichte) überwiegt die Idealität des Subjektiven. Im Absoluten bzw. in Gott fallen alle Gegensätze zusammen, darunter auch das Reale und Ideale. Mit seiner Identitätsphilosophie greift Schelling Ansätze von Spinoza, Giordano Bruno und Nikolaus Cusanus auf.

Schellings Theosophie (ab etwa 1809):[14, 15, 37] Schellings Theosophie (gr.: Wissen um das Göttliche durch Erkenntnis) gründet in den Schriften Jakob Böhmes (1575-1624), dessen Mystik um den „Ungrund" der Welt kreist, aus dessen Finsternis das Licht geboren wird, in dem aber auch das Böse seinen Sitz hat. Die Theosophie Schellings ist in der Schrift *Über das Wesen der menschlichen Freiheit* (1809), in Entwürfen zu *Die Weltalter* (1811, 1813, 1814) und in den *Stuttgarter Privatvorlesungen* (1810) dargelegt. Sie reicht von der Gottwerdung (Theogonie) über die Weltentstehung bis zur Christologie, letztere publiziert in *Philosophie der Mythologie und Philosophie der Offenbarung* (1856-1858, aus dem Nachlass).

Das Zusammenfallen der Gegensätze in Gott gemäß der Identitätsphilosophie wirft das Problem auf, dass in Gott nicht nur das Gute, sondern auch das Böse seinen Sitz hat. Zum Bösen gehören nicht nur die moralischen Übel, zu denen der Mensch aufgrund der ihm geschenkten Freiheit in der Lage ist, sondern auch die naturgegebenen physischen Übel, insbesondere Krankheit und Tod. Schelling schlussfolgert, dass auch die fragwürdigen Elemente der Wirklichkeit von Gott her begriffen werden müssen. Es ist notwendig, auch das Negative in Gott zu setzen. Dieser Gedanke wird mit der Vorstellung der werdenden Gottheit verbunden.

Die Gottheit spaltet sich im „Ungrund" in zwei gegenläufige Momente, in den dunklen Grund (ein blinder Wille) und dem daraus sich entfaltenden lichten Geist (ein bewusster Wille). Der dunkle Grund folgt dem Drang, sich vom Geist abzusondern, was sich in der Weltentstehung ausdrückt. Aus dieser Selbstentfremdung strebt die Gottheit zur Einheit mit sich selbst zurück. Der Punkt der Umkehr ist der Mensch.

Die Elemente von Schellings Theosophie lassen sich wie folgt zusammenfassen. Eine eingehendere Darstellung ist im Anhang 2 des Buches aufgenommen.

Es wird zwischen dem Existierenden und dem Grund der Existenz, also dem Getragenen und dem Tragenden unterschieden. Existierend ist das Ideale, also Licht, Ordnung, Rationalität, später personal aufgefasst als Liebe. Grund der Existenz ist das Reale, also Dunkelheit, Unordnung, Irrationalität, später personal aufgefasst als Selbstheit. Das Ideale wird als expandierendes Prinzip, das Reale als kontrahierendes Prinzip aufgefasst (in Schellings Spätphilosophie umgekehrt).

Die sichtbare Welt ist Entfaltung aus Gottes dunklem Grund. Im Menschen als Teil der sichtbaren Welt verbleibt das Dunkel des Grundes als gefährdende Macht.

Gott ist anfangs „absolute Indifferenz", aus der heraus ihm das Reich der Ideen bewusst wird, einschließlich der Möglichkeit, Welt und Mensch real zu setzen. Gott lässt Welt und Mensch in völliger Freiheit real werden und nicht etwa aus der Notwendigkeit, sich seiner selbst bewusst zu werden, denn dies ist er bereits aufgrund seiner Ideen.

In der Person Gottes stehen Selbstheit in dienender Funktion und Liebe in herrschender Funktion in wohlgeordnetem Verhältnis. Nur der Mensch kann das Verhältnis aufgrund der ihm geschenkten Freiheit auch umkehren. Dieser Sündenfall trat beim Erscheinen des ersten Menschen auf und verdarb die erste Schöpfung. Gott trug dem durch eine zweite, übergeordnete Schöpfung Rechnung, in der Christus als Gottmensch den Kampf zwischen Gut und Böse zugunsten des Guten entscheidet. Der aus dem Grund der Welt emporgestiegene Christus erlöst die Welt, um sie so dem Vater zurückzugeben. Die Rückkehr der gewordenen Dinge zu Gott vollendet dessen personales Wesen.

Das „Ende der Welt" ist nicht das Ende der sichtbaren Welt, sondern lediglich das Ende der gefallenen Welt, damit wieder „alles in allem" sei. Auf einer „neuen Erde" unter „neuem Himmel" werden sich Leiblichkeit und Geistigkeit harmonisch durchdringen und Gott wird in Christus ganz Mensch geworden sein.

Kritische Wertung des philosophischen Systems von Schelling: Das philosophische System von Schelling geht von der plausiblen Annahme aus, dass der Welt sowohl subjektive Setzung als auch objektives Sein zukommt. Ausgangsbasis ist das Absolute, das sich in Gott manifestiert. Die Weltentwicklung wird gedeutet als wechselseitige Durchdringung des Idealen und Realen. Gott ist der Welt immanent. Er ist ein werdender Gott. Die Setzung der Welt ist seine freie Tat. Die Naturentwicklung der ersten Schöpfung führte zum Menschen, dessen Sündenfall (und der seiner Nachkommen) die Welt verdarb. Durch eine zweite, der ersten überlagerten

Schöpfung der Geistentwicklung, manifestiert im Gottmenschen Christus, wird die Welt schließlich zum Heil geführt und Gott dadurch vollendet.

Obwohl die Empirie in Schellings System keine Rolle spielt, lassen sich einzelne Komponenten des Systems empirisch bestätigen. Die Extrempositionen von Idealismus („alles ist Geist") und Positivismus („alles ist Materie") sind vermieden. Das für Welt und Mensch charakteristische Werden ist im Ansatz erfasst, wenn auch das vorausgesetzte Werden Gottes Spekulation bleibt. Damit ist eine absolute Grenze des Systems von Spinoza überwunden. Allerdings mangelt es Schelling an rationaler Schärfe und lebenslanger Konsistenz des Denkens. Die mystische Komponente seiner Spätphilosophie ist eher störend als hilfreich. Trotz der Nähe zu Spinozas Denken ist kein Anti-Spinoza entstanden.

Absoluter Idealismus von Hegel

Georg Wilhelm Friedrich Hegel (1770–1831) erhöht schließlich alle Wirklichkeit in Natur und Geschichte zum absoluten Weltgeist (absoluter Idealismus). Hegel studierte Philosophie und Theologie in Wohngemeinschaft mit Hölderlin und Schelling am Theologischen Stift in Tübingen. Anschließend war er als Hauslehrer in Bern und Frankfurt a. M. tätig. 1801 konnte sich Hegel in Jena auf Vermittlung von Schelling habilitieren, gab mit ihm zusammen das *Kritische Journal für Philosophie* heraus und wurde 1803 zum außerordentlichen Professor für Philosophie ernannt. Infolge der Kriegsereignisse (die Schlacht bei Jena) verließ Hegel 1806 die Stadt, mit seinem gerade abgeschlossenen grundlegenden Werk *Phänomenologie des Geistes* im Gepäck. Er übernahm erst die Redaktion der *Bamberger Zeitung* und wurde dann zum Gymnasialdirektor in Nürnberg ernannt. 1812–1816 legte er das Werk *Wissenschaft der Logik* vor. 1816 wurde Hegel auf den philosophischen Lehrstuhl der Universität Heidelberg berufen. 1818 wurde er Fichtes Nachfolger an der Universität Berlin. Hier verfasste er sein vielbeachtetes Werk *Grundlinien der Philosophie des Rechts oder Naturrecht und Staatswissenschaft im Grundriss* (1821). In Vorlesungen behandelte er die Religionsphilosophie und die Philosophie der Weltgeschichte. Auf dem Höhepunkt seines Ruhmes übernahm er 1829 das Amt des Rektors der Universität. 1831 starb Hegel überraschend nach kurzer Krankheit.

Hegels philosophische Grundgedanken:[14–16, 38, 39] Das menschliche Denken ist nach Hegel das Denken des Weltgeistes, der die Dinge, indem er sie denkt, erschafft. Im Weltgeist fallen Denken, Wahrheit und Sein zusammen. Daher ist alles Vernünftige wirklich und alles Wirkliche vernünftig. Dabei treten Welt und Natur dem Weltgeist als eigener, aber fremd gewordener Bereich gegenüber. Das objektive An-sich-Sein der Dinge bleibt gewahrt.

Neuartig bei Hegel ist das Werden und die Entfaltung des Absoluten in notwendigen Denkschritten. Das Absolute erscheint als selbsttätiger „Weltgeist", der unablässig voranschreitet, wobei er die Einheit nicht verliert, weil er alle Gegensätze in sich „aufhebt". Dies geschieht durch die Bewegung widersprüchlicher Begriffe im dialektischen Prozess von Thesis, Antithesis und Synthesis. Dabei fallen dialektisches Denken und lebendige Realität zusammen.

Hinter der Aussage, dass sich Begriff und Wirklichkeit gleichsinnig bewegen, steht die Auffassung, dass nur das Ganze real, also alle Vielheit irreal ist. Das Viele hat nur als Teil des Ganzen Realität. Abweichend von Parmenides und Spinoza ist das Ganze keine einfache Substanz, sondern ein komplexes System, ein lebendiger Organismus. Das Ganze in seiner Komplexität ist Hegels Absolutes. Dieses Absolute ist reiner Geist und nicht, wie bei Spinoza, sowohl Körper als auch Geist. Dennoch beruft sich Hegel auf Spinoza: „Wenn man anfängt zu philosophieren, so muss man zunächst Spinozist sein". Hegel meint wohl damit den Ausgang der Philosophie vom Absoluten und die Wesensgleichheit von Denken und Sein.

Hegels Denken ist eher mystisch als rational. Kant hatte den Menschen gespalten in das eigentliche Selbst, das sich des moralischen Gesetzes bewusst ist, und dem empirischen Ich, das seinen moralisch verwerflichen Neigungen nachgeht. Hegel will die „Einigkeit des ganzen Menschen" zurückgewinnen. Die Liebe stellt sich ihm als Bindeglied zwischen Pflicht und Neigung dar. Sie ist nach Weischedel der Ausgangspunkt von Hegels dialektischem Denken, das mit der Wirklichkeit gleichgesetzt wird.[14]

Von der Dialektik der lebendigen Liebe steigt Hegel zur Dialektik der werdenden Gottheit auf. Die Gottheit, aufgefasst als absoluter Geist und reines Denken über sich selbst, entfaltet sich in einem dialektischen Bewusstseinsprozess. Auf ein erstes Stadium des Träumens der Gottheit folgt das zweite Stadium der Suche nach sich selbst. Das sich Anschauen der Gottheit erfolgt im menschlichen Geist, der die Natur erkennt. Die angeschaute Natur ist „der absolute Geist als das Andre seiner selbst". Dies ist die Selbstentfremdung der Gottheit in ihrem Weltwerden.

Im dritten Stadium der Bewusstseinsentfaltung vollzieht sich die Rückkehr des absoluten Geistes, also der Gottheit, zu sich selbst. Dies geschieht im menschlichen Geist, im individuellen und gemeinschaftlichen Dasein, in der Weltgeschichte, in Recht, Staat, Kunst, Religion und Philosophie. Die Gottheit findet aus dem Abenteuer des Weltwerdens und ihrer eigenen Zerrissenheit zu sich selbst zurück. Der gesamte Prozess dient der Vollendung des göttlichen Bewusstseins. Hegel hat schließlich versucht, diese Welt- und Gottessicht in die christliche (lutherisch-protestantische) Theologie zu übertragen. Das Christentum ist ihm die absolute Religion.

Hegels dialektische Methode: Hegels dialektische Methode besteht in dem von Fichte her bekannten Dreischritt von Thesis, Antithesis und Synthesis, deren Bedeutungsinhalt jedoch verändert ist. Während bei Fichte die Synthesis durch Aufspaltung von Thesis und Antithesis in je zwei Teilbedeutungen ermöglicht wird, also die Synthesis nicht über Thesis und Antithesis steht, werden bei Hegel Thesis und Antithesis in der Einheit der Synthesis „aufgehoben" oder „vermittelt". Der dialektische Prozess wird mit der gewonnenen Synthesis als neuer Thesis fortgesetzt, bis über unzählige dialektische Denkschritte die Wahrheit erreicht ist. Es findet eine stetige Korrektur aller vorhergehenden Aussagen statt. Jede spätere Aussage enthält alle vorhergehenden. Keine Aussage ist ganz wahr oder ganz falsch. Die Wahrheit ist allein das Ganze.

Hegels dialektische Methode hat ihren Ursprung in der mystischen Logos-Spekulation des Johannesevangeliums, in der Gott, Wahrheit, Leben und Weg gleichgesetzt werden. Hegel fühlte sich berufen, entgegen dem Zeitgeist („Gott ist tot") den lebendigen Gott aufzuzeigen. Dem Hegelschen Idealismus wurde „verkappte Theologie" vorgeworfen.

Hegels dialektische Methode wird nachfolgend an zwei Beispielen verdeutlicht, den Begriffen „Realität" und „Wissen" (im Verständnis von Hegel).

Zur Realität lautet die Thesis: „Das Absolute ist reines Sein (also ohne Qualitäten)", die Antithesis: „Das Absolute ist ein Nichts (weil ohne Qualitäten)" und die Synthesis: „Die Einheit von Sein und Nichts ist das Werden". Die Fortsetzungsfrage lautet: „Was ist es, was da wird?"

Zum Wissen lautet die Thesis: „Sinneswahrnehmung zeigt das Objekt", die Antithesis: „Sinneskritik verweist auf das Subjekt" und die Synthesis: „Objekt und Subjekt fallen im Selbstbewusstsein zusammen". Die Fortsetzungsfrage lautet: „Was ist das Selbstbewusstsein?"

Hegel hat die dialektische Methode zur Beschreibung geschichtlicher Phänomene souverän gehandhabt und zur Grundlage einer tiefgründigen Wissenschaft des Geistes gemacht. Weniger tiefgründig hat sein Epigone Karl Marx den dialektische Dreischritt für politische Agitation funktionalisiert: Herrschaft der Kapitalisten, Diktatur des Proletariats, klassenlose Gesellschaft.

Hegels dialektische Logik steht nicht im Einklang mit den Prämissen der herkömmlichen Logik, den Sätzen von der Identität, vom (verbotenen) Widerspruch und vom ausgeschlossenen Dritten. Damit ist die ausschließliche Vernünftigkeit dieses Denkens widerlegt. Das heißt aber noch nicht, dass Hegels Logik wirklichkeitsfremd ist, denn die Wirklichkeit ist keineswegs, wie von Hegel behauptet, ausschließlich vernünftig. In der Wirklichkeit schließen sich die Gegensätze nicht aus. Das spricht für Hegels Logik.

Einen weiteren Einwand gegen Hegels dialektische Logik hat Bertrand Russell vorgebracht. Um ein Einzelding zu kennen, müsse man mittels des dialektischen Prozesses über das gesamte Universum Rechenschaft ablegen, denn nur im Ganzen zeigt sich nach Hegel die Wahrheit.[16]

Hegels dreistufiger Aufbau der Philosophie: Hegels Philosophie unterteilt sich in die Wissenschaft der Logik, die Philosophie der Natur und die Philosophie des Geistes.

Hegels *Wissenschaft der Logik* umfasst nicht nur die Formen und Inhalte des menschlichen Denkens, sondern betrachtet umfassender den Geist, die Idee, im raum- und zeitlosen Zustand des An-sich-Seins. Sie ist nach Hegel „die Darstellung Gottes, wie er in seinem ewigen Wesen vor der Erschaffung der Natur und eines endlichen Geistes ist". Sie enthält die Struktur des menschlichen Denkens ebenso wie den wesenhaften Aufbau der Welt. Dialektisch fortschreitend erfolgt die Selbstentwicklung der Begriffe, ausgehend von der beschriebenen Triade Sein-Nichts-Werden.

Hegels *Philosophie der Natur* präsentiert den Geist, die Idee, im raum- und zeitgebundenen Zustand des Anders-Seins (anders als an-sich), der Entäußerung, der Selbstentfremdung. Für Hegel existiert als Wirklichkeit nur der Geist, empirische Naturforschung liegt ihm fern. Auf Widersprüche zwischen seinem theoretischen System und der empirischen Wirklichkeit angesprochen, soll er geantwortet haben: „Umso schlimmer für die Wirklichkeit".

Hegel gehört dennoch zu den Wegbereitern des Entwicklungsgedankens in der Naturbetrachtung. Im Unterschied zu den materialistischen Evolutionisten seiner Zeit ist ihm die Entwicklung der Natur sinngesteuert, begleitet von zeitlosen Formen, Seins- und Wertstufen und final ausgerichtet auf das An-sich-Sein der Idee. Für die Natur gilt ebenso wie für die geistige Welt: „Was vernünftig ist, das ist wirklich, und was wirklich ist, das ist vernünftig". Hegels Darstellung der Naturphilosophie ist gegliedert in Mechanik (als Bewegungs- und Kraftlehre), Physik (als Stofflehre) und Organik (als Erd-, Pflanzen- und Tierlehre).

Hegels *Philosophie des Geistes* sieht den Geist, die Idee, in ihrer Rückkehr zu sich selbst, also zum Zustand des An-und-für-sich-Seins. Diese Rückkehr vollzieht sich in drei Stufe: subjektiver Geist, objektiver Geist, absoluter Geist. Zugeordnet sind folgende Wissensgebiete, die von Hegel mit vielen Details behandelt werden.

Zum subjektiven Geist gehören nach Hegel die Erscheinungen des äußeren Lebens des Menschen (Anthropologie), die Erscheinungen der Sinne oder des Geistes (Phänomenologie) und die Erscheinungen des Seelenlebens (Psychologie). Zum objektiven Geist gehören Rechtslehre, Sittenlehre, Staatslehre und Geschichtslehre. Zum absoluten Geist gehören schließlich Kunst, Religion und Philosophie.

Besonders einflussreich war Hegels *Staatslehre*, weil sie das monarchische Prinzip im damaligen Preußen ideologisch untermauerte. Bedenkt man Hegels Grundgedanken, dass nur dem Ganzen Realität zukommt, die Teile also nur insoweit real sind, als sie Teile des Ganzen sind, dann wird sofort verständlich, dass der Staat nicht für das Individuum da ist, sondern das Individuum für den Staat. Höchste Pflicht des Individuums ist es, die Gesetze des Staates zu erfüllen; nur wo Gesetz ist, ist Freiheit. Der gesetzgebende Staat verkörpert den objektiven Geist des Staatsvolkes. Die staatliche Gesetzgebung wird durch den Monarchen vollzogen. Der Verkehr der Staaten untereinander bleibt ungeregelt. Ein Staatenbund wird nicht in Erwägung gezogen. Der jeweils mächtigere Staat ist im Recht. Es ist offensichtlich, dass nach Hegels Staatslehre jede Tyrannei nach innen und jede Aggression nach außen gerechtfertigt ist.

Einflussreich war auch Hegels *Geschichtslehre*. Geschichte ist für Hegel die „Auslegung des Geistes in der Zeit", womit die Entfaltung der Vernunft im staatlichen und zwischenstaatlichen Leben gemeint ist. Dabei bedient sich der Weltgeist der Interessen und Leidenschaften der Völker und Individuen, um das weltgeschichtlich Notwendige zu erreichen („List der Vernunft"). Die politische Fähigkeit des Einzelnen spielt dabei keine Rolle. Die politisch Handelnden sind von Moralität entbunden. So schreitet die Weltgeschichte fort vom reinen Sein (angeblich im alten China) zur absoluten Idee (angeblich im preußischen Staat).

Der Geschichtsprozess vollzieht sich „in dialektischen Schritten", womit die geschichtlichen Umbrüche gemeint sind. Weltgeschichte ist für Hegel ausschließlich politische Geschichte. Ihr ist das Reich der absoluten Ideen in Kunst, Religion und Philosophie übergeordnet.

Vom Reformtheologen Hans Küng wird in Hegels Geschichtslehre der Gottesbezug hervorgehoben. Die Weltgeschichte ist nach Hegel Selbstoffenbarung Gottes. Die göttliche Vernunft und Vorsehung regiert die Welt. Katastrophen, Kriege und Revolutionen begleiten das Schreiten des freien, guten, aber auch listigen Weltgeistes. Das Böse bleibt vom Guten umfangen. Das Ziel ist die Verwirklichung des Reiches Gottes, das ein Reich der Freiheit (unter dem Gesetz im Hegelschen Sinn) sein wird.

Zu Hegels *Religionsphilosophie*: Die Religion ist für Hegel keine Angelegenheit des Individuums, sondern „die höchste Bestimmung der absoluten Idee selbst". Sie ist daher der Philosophie und den Gottesbeweisen grundsätzlich zugängig. Was „in der höchsten Sphäre des menschlichen Bewusstseins" als religiöse Vorstellung auftritt, wird durch die Philosophie begrifflich dargestellt. Auch die Religion entwickelt sich im dialektischen Dreischritt vom Gott als Natursubstanz über den Gott als Subjekt zum Gott der Dreifaltigkeit (Gott als unendliche Idee, der Sohn als Gottes Erscheinung im Endlichen, der Geist als Rückkehr des Endlichen ins Unendliche). Was bei Spinoza in die intellektuelle Liebe zu Gott einmündet, ist bei Hegel nur noch bloße Intellektualität: „Wissen des göttlichen Geistes von sich durch Vermittlung des endlichen Geistes".

Zu Hegels *Geschichte der Philosophie*: Der dialektische Prozess ist auch für die Geschichte der Philosophie maßgebend. Alle Widersprüche der früheren Philosophie sind in der höheren Einheit der Hegelschen Philosophie aufgehoben. Letztere ist der Schlussstein aller Philosophie.

Nachwirkungen von Hegels Philosophie: Die dialektische Vermittlung von widersprüchlichen Aussagen hat es ermöglicht, dass unter Berufung auf Hegels Philosophie gegensätzliche Positionen vertreten wurden, theistische und atheistische, politisch rechte und politisch linke. Aufgrund der Parallelität von Thesis und Antithesis glaubten die Epigonen Hegels, eine der beiden Positionen bevorzugen zu dürfen. So gab es unter den Hegelianern sowohl Theisten als auch Atheisten, wobei Hegels Pantheismus als milde Form von Atheismus aufgefasst wurde. Politisch konservative Kreise („Hegelsche Rechte") leiteten aus Hegels Philosophie eine ewige Seinsordnung von Welt, Mensch und (preußischem) Staat ab. Politisch revolutionäre Kreise

(„Hegelsche Linke“) sahen in der Lehre vom dialektischen Werden die Begründung für Revolutionen. Insbesondere der Marxismus beruft sich auf Hegels Philosophie. Auf ihn wird nachfolgend in einem besonderen Unterkapitel eingegangen.

Kritische Wertung des philosophischen Systems von Hegel: Das philosophische System von Hegel, eine späte Blüte abendländischer Metaphysik, beeindruckt durch inhaltliche Systematik und methodische Einheitlichkeit. Die wesentlichen Bereiche menschlichen Denkens und Lebensvollzugs sind erfasst. Das Absolute ist als Ursprung und Ziel aller Wirklichkeit vorgegeben. Die Methode der dialektischen Vermittlung wird konsequent angewendet. Der Entwicklungsgedanke kommt in Hegels Philosophie überzeugender als in den vorhergegangenen Systemen zum Ausdruck.

Dennoch bestehen erhebliche Einwände gegen Hegels Philosophie, die zum Teil bereits angesprochen wurden, jetzt aber nochmals zusammengefasst werden. Die Einwände lassen sich auf unzulängliche inhaltliche und methodische Elemente von Hegels Philosophie zurückführen.

Zunächst sind Hegels grundsätzliche Prämissen unzutreffend, nämlich, dass alle Wirklichkeit ausschließlich Geist ist, dass Natur und Materie nur Erscheinungsformen des Geistes sind, dass nur das organische Ganze wirklich ist, während dem Vielen nur als Teil des Ganzen Wirklichkeit zukommt und schließlich, dass alle Wirklichkeit vernünftig ist. Der Reihe nach lässt sich dem entgegnen: Natur und Materie sind ebenso wirklich wie der Geist. In der Natur ist das Viele das eigentlich Wirkliche. Im Bereich des Geistes ebenso wie im Bereich der Natur ist bei Weitem nicht alles vernünftig.

Die Prämisse des absoluten Geistes wird von Sören Kierkegaard aus christlicher Sicht heftig kritisiert. Der realen Existenz des Menschen werde nicht Rechnung getragen. Auch Karl Marx verweist auf die unberücksichtigten Existenzprobleme des (arbeitenden) Menschen.

Dass sich aus den unzutreffenden Prämissen eigenartige Folgerungen in der Anwendung von Hegels philosophischem Denken ergeben ist verständlich. Besonders gravierend ist die Missachtung der empirischen Naturwissenschaften, deren erfolgreiche Anwendung in der Technik zur Zeit Hegels großen Eindruck machte. Man war dabei, sich vom Idealismus insgesamt abzuwenden und sich einem materialistischen Positivismus zuzuwenden. Beim Tode Schellings (1854) ist dieser Umschwung abgeschlossen. Langlebiger waren die unschönen Folgerungen, die aus Hegels Geschichtsphilosophie gezogen wurden. Der Weltgeist oder auch nur Volksgeist, der das geschichtlich Notwendige bewirkt, sich der Egoismen der Individuen listig bedienend, schreitet ohne Rücksicht auf moralische Bedenken oder verursachtes Elend voran. Was von Hegel erst auf Napoleon und später auf den preußischen Staat bezogen war, ist von den Diktatoren des 20. Jahrhunderts fortgesetzt worden.

Weitere Kritik betrifft Hegels dialektischen Prozess. Dieser soll als Selbstbewegung des Denkens zu wahrer Erkenntnis führen. Er geht von widersprüchlichen Begriffen des Denkens aus und führt diese Schritt für Schritt vermittelnden Begriffen zu. Da dabei elementare Sätze der herkömmlichen Logik verletzt werden, ist der Vorgang eher mit Mystik als mit Rationalität verwandt, was aber nicht gegen das mögliche Erfassen der tatsächlich irrationalen Wirklichkeit spricht. Damit jedoch nicht genug. Hegel überträgt die Ordnung des Denkens auf die Prinzipien des Seins. Er macht aus schlechter Logik Ontologie. Der logische Widerspruch wird als Gegensätzlichkeit der Dinge ausgelegt. Es entsteht der Trugschluss, die empirische Wirklichkeit sei aus den Gesetzen der Selbstbewegung des Denkens ableitbar. So kommt es in Umkehrung des Hegelschen dialektischen Idealismus bei Karl Marx zum „dialektischen Materialismus“ als Prinzip der Wirklichkeit, einer weltgeschichtlich bedeutsamen geistigen Fehlentwicklung.

Schließlich gibt Hegels philosophischer Gottesbegriff zu Einwänden Anlass. Gott wird dem Weltgeist gleichgesetzt, der im dialektischen Prozess voranschreitet. Da dabei das Unendliche im Endlichen vollständig aufgeht, wird die Transzendenz Gottes nicht gewahrt. Auch wird Gott den Zwängen des dialektischen Prozesses unterworfen. Von Hegels Pantheismus zum Atheismus ist es nur noch ein kleiner Schritt. So wird verständlich, dass 1841, zehn Jahre nach Hegels Tod, Schelling von Friedrich Wilhelm IV. an die Universität Berlin mit dem Auftrag berufen wird, „die Drachensaat des Hegelschen Pantheismus“ zu vernichten.

Vergleich der idealistischen Systementwürfe

Nachdem mit den vorangegangenen Ausführungen die idealistischen Systeme von Leibniz bis Hegel ausgehend von Spinozas monistischem System beschrieben, ihre Folgerungen bedacht und ihre Mängel benannt worden sind, soll nunmehr ein Überblick über die philosophische Gesamtentwicklung gegeben werden, wobei von den Einzelheiten abzusehen ist. Dies soll eine übergreifende Bewertung erleichtern.

Zunächst wird den wechselseitigen Bezügen der behandelten Philosophen untereinander und im Hinblick auf Spinoza nachgegangen, also der Spur direkter Auseinandersetzung, insbesondere hinsichtlich Ausgangsbasis und Zielsetzung des jeweiligen Systems. Ergänzend wird die Einbindung in das jeweilige gesellschaftliche Umfeld beschrieben, denn dieses war mitbestimmend für Themenwahl und Ausarbeitung. Es folgt ein Vergleich der Aussagen zur Ontologie, Erkenntnistheorie, Ethik und Theologie in den einzelnen Systemen.

Wechselseitige Bezüge und gesellschaftliches Umfeld: Als Erstes wird das philosophische System von Spinoza betrachtet, weil es der Ausgangs- und Bezugspunkt der Darstellung der idealistischen Systeme ist. Das System von Spinoza selbst ist kein idealistisches System.

Spinozas Philosophie beginnt mit der Auseinandersetzung mit den Systemen von Descartes (dualistische Substanzmetaphysik) und Hobbes (Affektenlehre und Kausalanalyse). Zielsetzung von Spinozas Philosophie ist eine Anleitung zum Wohlergehen des Menschen. Auslöser ist eine grenzenlose Gottes- und Wahrheitsliebe, die sich den menschlichen und gesellschaftlichen Problemen der Umgebung nicht verschließt. Spinozas Schriften entstanden in der überwiegend protestantisch, daneben jüdisch geprägten Stadtkultur der Niederlande (speziell Amsterdams), in der sich staatliche Toleranz mit religiöser Repression verband. Spinoza, selbst jüdischer Herkunft, gehörte einem freisinnig wirkenden Kreis gebildeter Amsterdamer Bürger protestantischen Glaubens an. Er bewahrte sich seine geistige Unabhängigkeit, zurückgezogen lebend, durch einen anspruchslosen Lebensvollzug.

Die idealistisch geprägte Philosophie des bedeutenden Universalgelehrten Leibniz am Ende der Barockzeit wurzelt in der Auseinandersetzung mit Descartes, Hobbes, Locke und Spinoza. Zielsetzung der philosophischen Bemühungen von Leibniz war es, allein der Wahrheit zu dienen und dabei kontroverse Auffassungen zu harmonisieren. Ein Kernpunkt war die Korrektur der Substanzauffassungen von Descartes und Spinoza, die in die Monadenlehre mündete. Die gegen Bayle gerichtete Theodizee war ein weiterer Kernpunkt. Im Übrigen gab es kaum ein aktuelles Thema der seinerzeitigen Philosophie, Naturwissenschaft und Staatskunst, zu dem sich Leibniz nicht kreativ geäußert hätte. Ein weitläufiger Briefwechsel zeugt von dieser Vielseitigkeit. Die Edition des fragmentarisch wirkenden Gesamtwerkes ist noch lange nicht abgeschlossen. Leibniz war promovierter Jurist und sah seine Aufgabe primär in der Entwicklung von Wirtschaft und Wissenschaft in Europa. Die Bewahrung des Gottesglaubens und die Wiedervereinigung der christlichen Kirchen waren ihm ein besonderes Anliegen.

Die Philosophie des kritischen Idealismus von Kant ist in die Epoche der Aufklärung eingebunden, die die Vernunft zur höchsten Instanz erhob. Kant war anfangs den Naturwissenschaften zugetan. Zur Philosophie kam er über die seinerzeit an deutschen Universitäten vorherrschende Leibniz-Wolffsche Schule. Seinen eigenen Weg fand er in der Auseinandersetzung mit dem Empirismus und Eudämonismus von Hume und Locke. Descartes und Rousseau gaben wichtige Anregungen. Von Spinozas Philosophie erhielt Kant erst spät Kenntnis. Er betrachtete sie als „verfehlt". Kants Bestreben war es, den Menschen zum Vernunftgebrauch zu ermuntern, um ihn so aus der selbstverschuldeten Unmündigkeit zu befreien. Die Abgrenzung der Bereiche von Wissen, Handeln und Glauben waren ihm besonders wichtig. Kant hat sich in seinen Werken mit allen bedeutsamen Themen der Philosophie auseinandergesetzt, insbesondere mit Erkenntnistheorie und Ethik. Er war als Universitätsprofessor in städtisch-bürgerlicher Umgebung (Königsberg) tätig. Ihm kam die weltanschaulich tolerante bzw. aufklärerische Haltung des preußischen Königshauses zugute, auf dessen Wohlwollen er als Staatsbediensteter angewiesen war. Dem Gottesglauben hat der Protestant Kant neue Freiräume eröffnet, aber er reduzierte Gott auf vernunftgeleitete Moral.

Der subjektive Idealismus von Fichte, der den deutschen Idealismus einleitet, entstand aus der Verschärfung von Kants Erkenntnistheorie zum reinen Subjektivismus und von Kants Ethik zur autonomen Tathandlung des Ichs. Fichte hat Kants Philosophie kongenial ausgelegt. Bezüge zu Spinozas Philosophie bestehen nicht, wohl aber solche zu Romantikerkreisen. In seinen späten Jahren hat der Protestant Fichte die Freiheit des Ichs in der Freiheit Gottes aufgehen lassen. Am Johannesevangelium orientiert sich Fichtes religiöser Rat, liebendes Tun und philosophische Reflexion in der Schau Gottes zu verbinden. Als Universitätsprofessor dem preußischen Staat verpflichtet, begründete Fichte in Wort und Tat den deutschen Nationalismus, der sich seinerzeit gegen die napoleonische Besetzung richtete.

Der objektive Idealismus von Schelling unternimmt es, die Mängel der allein auf den Vernunftgebrauch gerichtete Philosophie von Kant und Fichte zu beheben, insbesondere den einseitigen Subjektivismus, den ethischen Rigorismus und die religiöse Kühle (Letztere nur bei Kant). Er versucht, die umfassendere Wirklichkeit von Mensch, Welt und Gott zu ergründen. Schelling gilt als Philosoph der deutschen Romantiker. Die Suche nach dem Absoluten und das panentheistische

Weltbild verbinden ihn jedoch mit Spinoza. Das gilt für Schellings Periode der Naturphilosophie ebenso wie für seine spätere Periode der Identitätsphilosophie. Letztere mündet in eine christliche Theosophie. Im Unterschied zum statischen Weltbild von Spinoza wird ein Werden der Gottheit spekulativ beschrieben. Die personalen Aspekte Gottes kommen dabei zur Geltung. Der Protestant Schelling wollte den christlichen Gott in einer durch die Aufklärung gefährdeten religiösen Welt neu konzipieren, ohne die traditionelle Dogmatik gänzlich aufzugeben. Als Universitätsprofessor wirkte Schelling in Jena, München und Berlin. In Berlin war ihm vom preußischen König und Dienstherren aufgetragen, dem Pantheismus Hegelscher Prägung entgegenzutreten.

Der absolute Idealismus von Hegel vertritt die Auffassung, dass das menschliche Denken ein Denken des (absoluten) Weltgeistes ist, in dem Denken, Wahrheit und Sein zusammenfallen. Der Weltgeist entfaltet sich ohne Rücksicht auf individuelle Schicksale. Er trägt Ursprung und Ziel in sich. Auf Spinoza wird wiederholt Bezug genommen, ebenso auf Kant und Fichte. Hegels Dialektik der Begriffsbildung, die der lebendigen Wirklichkeit gleichgesetzt wird, ist von Fichte übernommen und hat im Logos des Johannesevangeliums ihr Vorbild. Hegel verfolgt den neuartigen Entwicklungsgedanken in der Naturbetrachtung und in der Geistesphilosophie. Das Christentum ist ihm die absolute Religion. Hegel wurde erst spät als Universitätsprofessor berufen, zunächst nach Heidelberg, dann nach Berlin. Dort wirkte er als preußischer Staatsphilosoph. Dem lutherischen Protestantismus blieb er zeitlebens verbunden. Hegel hat mit Leidenschaft versucht, die großen Fragen des menschlichen Daseins, Denkens und Handelns durch eine inhaltlich umfassende und methodisch einheitliche Philosophie zu beantworten. Er schuf das letzte große System in der abendländischen Geistesgeschichte. Die Unzulänglichkeit der inhaltlichen und methodischen Prämissen des Systems führte jedoch zu bedenklichen Folgerungen.

Die wechselseitigen Bezüge zwischen idealistischen Philosophen und Spinoza überblickend ergeben sich folgende Feststellungen. Spinozas Denken ist von Descartes und Hobbes herausgefordert. Leibniz widerspricht Descartes, Hobbes, Locke und Spinoza. Kant, sich an Leibniz und den Naturwissenschaften orientierend, wendet sich gegen Hume und Locke. Fichte führt Kants subjektivistisches Konzept in verschärfter Form fort. Schelling behebt die Mängel des Ansatzes von Kant und Fichte durch ein System, in dem subjektive und objektive Elemente im Absoluten aufgehoben sind, darin Spinoza ähnelnd. Hegel treibt die Verabsolutierung und Objektivierung des Geistes auf die Spitze, mit Anleihen bei Spinoza, Kant und Fichte.

Als Motive der philosophischen Bemühungen der behandelten Philosophen ist Liebe zur Wahrheit und zur Widerspruchsfreiheit auszumachen, gefolgt vom Willen, den Lebensvollzug der Menschen zu verbessern. Aber nur Spinoza war als gesellschaftlich Geächteter in seinem Denken wirklich unabhängig, während alle übrigen (idealistischen) Philosophen vom Wohlwollen der Landesherren abhängig waren, denen sie dienten, insbesondere die Universitätsprofessoren von Kant bis Hegel. Widerspruch zu den politisch konservativen Auffassungen des Landesherrn konnte die berufliche Existenz gefährden. Die Verdächtigung, Atheist zu sein, genügte. Die Lehre an den Universitäten galt nicht nur der Erziehung der studentischen Jugend, sondern ebenso der Konsolidierung der politischen Macht. Zu den idealistischen Philosophen ist außerdem zu bemerken, dass sie den protestantisch-christlichen Glauben vertraten, in undogmatischer Form, jedoch mit Überzeugung. Wie Heinrich Heine bereits 1834 in einer Abhandlung zur Religions- und Philosophieentwicklung in Deutschland bemerkt hat, ist die deutsche Philosophie aus dem Protestantismus hervorgegangen.

Vergleich der Ontologien: Die betrachteten Philosophen haben unterschiedliche Ontologien zugrunde gelegt. Ontologie ist bekanntlich die Lehre vom Sein als solchem, von den allgemeinen Seinsbegriffen, Seinsbedeutungen und Seinsbestimmungen. Die herkömmliche Ontologie definiert das Sein als das zeitlos Allgemeine und wahrhaft Vollkommene, das sich in substanziellen Wesenheiten Ausdrückende, von dem sich alles Besondere und Individuelle, darunter auch das personale Sein, ableitet. Die moderne Ontologie ist umfassender definiert.

Die Ontologie Spinozas erfasste das Seiende über die Begriffe Substanz, Attribut und Modus. Einzige unendliche Substanz ist Gott oder die Natur. Zwei Attribute dieser Substanz sind der menschliche Erkenntnis zugängig, Geist und Körper bzw. Denken und Ausdehnung. Die unendliche Substanz bringt die unendlichen Modi hervor, während die endlichen Modi ein eigenständiges Sein besitzen, in dem sich ebenfalls das Wirken Gottes ausdrückt. Ihr Wesen wird als ein Streben bestimmt, das eigene Sein zu bewahren.

Die Ontologie von Leibniz weist die Ausdehnung als ein Attribut der Substanz (bei Spinoza) oder gar als eigenständige Substanz (bei Descartes) zurück. Anstelle der ausgedehnten Substanz gibt es eine unendliche Zahl ausdehnungsloser Kraftpunkte oder Monaden, die die Elemente des Vorstellens und Strebens enthalten.

Die Ordnung der Monadenwelt beruht auf einer von Gott hergestellten prästabilierten Harmonie.

Die Ontologie von Kant ist insofern rudimentär, als sie sich auf das umstrittene „Ding an sich" beschränkt. Kant selbst hat die Ontologie durch „transzendentale Analytik" ersetzt. Die herkömmlichen Kategorien des Seins wie Substanz und Kausalität sind bei Kant nicht mehr Seinsbegriffe, sondern subjektive Denkformen *a priori*. Allerdings wird dies vereinzelt als „transzendentale Ontologie" bezeichnet.

Fichte im Gefolge von Kant weist dann auch noch das „Ding an sich" zurück und macht alles Sein zu einer Setzung des Ich, wodurch der Subjektivismus Kants verschärft wird. Fichtes Wissenschaftslehre unternimmt es, „alles Sein der Erscheinung aus dem Verstande abzuleiten". Dies ist die „intellektuelle Anschauung".

Von Schelling wird die traditionelle Ontologie wiederbelebt. In seiner Naturphilosophie steht dem realen Sein der Natur das ideale Sein des Ichs gegenüber, aber die Natur ist beseelt, hat also am Geist teil. Natur und Geist sind objektiv gegeben, entfalten sich in Stufen, gründen sich im Absoluten. In Schellings Identitätsphilosophie werden Natur und Geist als im Absoluten zusammenfallend gesehen, erkannt im Akt der „intellektuellen Anschauung". Die Vielfalt des Seienden entspricht den Ideen Gottes. Das Absolute oder Gott ist das eigentliche Sein.

Von Hegel wird die Ontologie zwar im Rahmen philosophischer Systematik eingeschränkt auf die „Lehre von den abstrakten Bestimmungen des Wesens", aber es bleibt beim Absoluten, dem Weltgeist, als dem eigentlichen, Gott gleichgesetzten Sein.

Das Ergebnis des Vergleichs der Ontologien lässt sich wie folgt zusammenfassen. Die bei Spinoza gut begründete Ontologie verliert in den nachfolgenden Philosophien ihren zentralen Status. Von Leibniz wird nur noch eine Welt beseelter Monaden zugelassen; es gibt keine unbeseelte Substanz. Bei Kant beschränkt sich Ontologie auf das umstrittene „Ding an sich". An ihre Stelle tritt die Erkenntnistheorie. Fichte macht alles Sein zu einer Setzung des Ich. Bei Schelling erhält die Natur ein Eigensein zurück, das dennoch im Geistigen verbleibt. In seiner Identitätsphilosophie fallen Natur und Geist im Absoluten zusammen. Schließlich ersetzt Hegel den subjektiv wirkenden menschlichen Geist durch den objektiv wirkenden Weltgeist. Allerdings vollzieht sich im menschlichen Geist die Rückkehr des Weltgeistes zu sich selbst. Die beschriebenen, idealistisch geprägten Ontologien (Primat des Bewusstseins) bringen zwar das bei Spinoza (in der Ontologie) übergangene personale Element zum Ausdruck, setzen sich jedoch über die empirisch erfahrbaren Gegebenheiten in der Natur hinweg. Ein wesentlicher Fortschritt gegenüber Spinoza ist nicht zu erkennen.

Vergleich der Erkenntnistheorien: Als Erkenntnistheorie bezeichnet man die Lehre von den Fähigkeiten der Sinne, des Verstandes und der Vernunft, zu „wahren" Erkenntnissen zu gelangen. Im Erkenntnisprozess stehen sich erkennendes Bewusstsein (Subjekt) und zu erkennender Gegenstand (Objekt) gegenüber. Der Gegenstand kann realer oder idealer Natur sein. Die realistischen Erkenntnistheorien bejahen, die idealistischen verneinen die Erkenntnis einer subjektunabhängigen Wahrheit. Die Erkenntnistheorien von Leibniz bis Hegel sind idealistischer Art. Spinoza vertritt die realistische Variante.

Nach Spinoza bringt Gott (oder die unendliche Substanz) die Ideen unter dem Attribut „Denken" und zugleich die Körper unter dem Attribut „Ausdehnung" hervor. Somit korrespondieren Wissen und Sein. Es gibt keinen körperunabhängigen Geist. Der menschliche Geist konstituiert sich im Wahrnehmen des menschlichen Körpers. Über die Wahrnehmung des eigenen Körpers, der von den anderen Körpern affiziert wird, entsteht inadäquate Erkenntnis. Dagegen wird über die Ratio adäquate Erkenntnis gewonnen. Deren höchste Form ist die intuitive Erkenntnis, in der Selbsterkenntnis und Erkenntnis Gottes zusammenfallen. Verstand und Vernunft sind alleinige Erkenntnisquellen.

Nach Leibniz sind die sinnlichen Wahrnehmungen für sich „verworren", werden aber durch die Verstandesbegriffe intelligibel. Die geistige Seele ist keine *tabula rasa*, sondern birgt angeborene Ideen, die bei Gelegenheit der sinnlichen Wahrnehmung wiedererweckt werden. Die angeborenen Ideen sind als Vernunftwahrheiten sicher, ewig und notwendig, während die Tatsachenwahrheiten vom menschlichen Verstand nur über den Wahrscheinlichkeitsbegriff erfasst werden können. Die Vernunftwahrheiten werden vorausgesetzt, um die Tatsachenwahrheiten als solche erkennen zu können. Verstand und Vernunft bilden die wesentliche Erkenntnisquelle.

Kants Transzendentalphilosophie verbindet Vernunft bzw. Verstand und Sinneswahrnehmung bzw. Erfahrung, um Erkenntnis zu gewinnen. Die Vernunft stellt die subjektiven Formen *a priori* unseres Geistes bereit, auf Grund derer Erfahrung erst möglich ist. Die Sinneswahrnehmungen setzen die Anschauungsformen „Raum" und „Zeit" voraus. Der weiterführende Verstand benötigt die Denkformen, Verstandesbegriffe oder Kategorien. Nicht die Gegenstände allein bestimmen die Vorstellungen, sondern die Vorstellungen mitbestimmen die Gegenstände. Es gibt keine Erkenntnis des „Dinges an sich", sondern nur die Erkenntnis dessen sinnlicher Erscheinung (kritischer Idealismus).

Fichtes Erkenntnislehre ist subjektiv-idealistisch. Alle Erkenntnis erfolgt aus einem Bewusstseinsprozess gemäß der „intellektuellen Anschauung" der Vernunft. Die dabei verwendete Methode ist der dialektische Dreischritt. Dieser stellt eine Tathandlung dar, die in freier Spontanität aus dem Ich hervorgeht. Alles Sein der Erscheinungen wird aus dem Verstand abgeleitet. Die Empirie hat keine Bedeutung.

In Schellings Naturphilosophie durchdringen sich Natur und Geist; die Natur ist beseelt, hat am Geist teil. In seiner Identitätsphilosophie ist es die „intellektuelle Anschauung" der Vernunft, die die Wahrheit im Absoluten erkennt. Denken und Sein fallen zusammen. In Schellings Theosophie tritt die mystische Schau der Gottheit als Erkenntnismittel hinzu.

An Hegels Erkenntnislehre neuartig ist die Entfaltung des Absoluten, des „Weltgeistes", in den Denkschritten des dialektischen Prozesses. Im Weltgeist fallen Denken, Wahrheit und Sein zusammen. Welt und Natur treten dem Weltgeist als eigener, aber fremdgewordener Bereich gegenüber. Im menschlichen Geist vollzieht sich die Rückkehr des Weltgeistes zu sich selbst. Hegels Denken ist eher mystisch als rational konditioniert.

Das Ergebnis des Vergleichs der Erkenntnistheorien lässt sich wie folgt zusammenfassen. Spinoza lässt Erkennen und Sein in der einen Substanz zusammenfallen. Dem Verstand wird die Fähigkeit wahrer Erkenntnis zuerkannt. Leibniz unterscheidet zwischen Vernunftwahrheiten und Tatsachenwahrheiten. Erstere werden über die angeborenen Ideen erfasst. Letztere lassen von Sinneswahrnehmungen ausgehend nur Wahrscheinlichkeitsaussagen zu. Nach Kant wird Erkenntnis aus der Kombination von Sinneswahrnehmung und Vernunft gewonnen. Erstere setzt die Anschauungsformen *a priori* voraus, letztere die Denkformen oder Verstandesbegriffe. Fichte versteht den Erkenntnisprozess als Tathandlung allein des Subjekts in Form des dialektischen Dreischritts. Schelling gibt der Natur die Objektivität zurück, allerdings unter der Prämisse der Beseelung oder Vergeistigung der Natur. Das mündet in eine Identitätsphilosophie. Hegel konzipiert den Weltgeist, der die Dinge schafft, indem er sie denkt, zugeordnet der dialektische Prozess. Im menschlichen Geist vollzieht sich die Rückkehr des in der Natur entfremdeten Weltgeistes zu sich selbst.

Vergleich der Ethiken: Ethik oder Sittenlehre ist der praktische Teil der Philosophie, der das sittliche Wollen und Handeln des Menschen untersucht. Im Vordergrund steht die Individualethik, die ihre Grundsätze vom Wesen des Menschen als sittlicher Person ableitet. Demgegenüber befasst sich die Sozialethik mit den Pflichten des Einzelnen gegenüber der Gemeinschaft. Die formale Ethik beschränkt sich auf die allgemeinen Prinzipien sittlichen Handelns, während die materiale Ethik die konkreten sittlichen Werte angibt. Die Pflichtethik verlangt strenge Erfüllung des sittlichen Gesetzes, während die Neigungsethik dem sittlichen Gefühl (etwa dem Mitleid) Raum gibt. Das Motiv und Ziel sittlichen Handelns wird vordergründig im Erlangen der eigenen Glückseligkeit gesehen (Eudämonismus), aber eine Handlung ist nicht deshalb sittlich wertvoll, weil sie zum Glück führt, vielmehr verlangt der sittliche Wert Anerkennung um seiner selbst willen. Die genannten Aspekte spielen beim Vergleich der Ethiken der betrachteten Philosophen eine Rolle.

Die Ethik von Spinoza hat zum Ziel, den Menschen von den sinnlichen Antrieben zu befreien, die ihm Leiden verursachen. Spinoza sieht den Menschen in Knechtschaft unter der Macht der Affekte. Er glaubt, ihn daraus durch die Macht des Verstandes befreien zu können, die sich in der adäquaten Erkenntnis des Guten ausdrückt. Gut ist, was der Selbsterhaltung wirklich, also nicht nur vermeintlich, nützt. Die zugehörige Lebensform ist höchste Tugend. Ihr nachgeordnet sind Selbstvertrauen und Edelmut. Das Bemühen der Ratio gipfelt in der intellektuellen Liebe zu Gott, die über die Selbsterkenntnis zur beglückenden Schau Gottes gesteigert werden kann. Dies führt zur „Zufriedenheit des Gemüts". Spinozas Ethik ist Eudämonismus.

Die Ethik von Leibniz geht von dem Prinzip aus, dass der Mensch als oberste Geistperson eine besondere Beziehung zu Gott hat. Das befähigt ihn, sittliche Vollkommenheit anzustreben und dadurch die Güte Gottes auszustrahlen. Darauf beruhen Ordnung, Schönheit und Glückseligkeit. Auf dem Weg zur Tugend ist nach Leibniz Christus ein besserer Wegweiser als die Philosophen. Konkrete Angaben zur Ethik fehlen.

Die Ethik von Kant bringt den Absolutheitsanspruch des sittlich Guten zur Geltung, richtet sich also gegen den Eudämonismus. Das sittlich Gute bestimmt sich aus der Gegenüberstellung von Sollen und Freiheit. Das Sollen drückt sich im moralischen Gesetz aus. Die Freiheit ermöglicht den guten Willen. Das Sittliche erscheint als unbedingtes Gebot, als kategorischer Imperativ. Kants Pflichtethik umfasst nur die formalen Prinzipien; es fehlen die materialen Inhalte.

Die Ethik von Fichte lehnt sich an Kants Ethik an, wobei Kants moralische Freiheit überhöht wird zur Sinngebung durch Tathandlungen. Grundlage der Tathandlungen ist der reine Wille. Dieser soll in der Gemeinschaft verwirklicht werden, woraus sich materiale Inhalte der Ethik ergeben. Die religiöse Basis von Fichtes Ethik ist das Johannesevangelium. Inhalt seligen Lebens ist die Verbindung von liebendem Tun und philosophischer Reflexion, um zur Schau der absoluten Einheit Gottes zu gelangen.

Schelling hat keine besondere Ethik vorgetragen. Aus seiner Theosophie kann gefolgert werden, dass er die traditionelle christliche Ethik als gültig ansieht.

Die Ethik von Hegel bezieht sich vornehmlich auf das Recht und den Staat, ist also Sozialethik. Das Individuum ist für den Staat da, nicht der Staat für das Individuum. Die Freiheit des Individuums besteht darin, die Gesetze des Staates zu erfüllen. Die Macht der Idee erübrigt eine Ethik des Sollens.

Das Ergebnis des Vergleichs der Ethiken lässt sich wie folgt zusammenfassen. Spinoza zeigt, dass sich der Mensch aus der leidvollen Knechtschaft unter der Macht der Affekte befreien kann, indem er die Macht des Verstandes einsetzt. Dies führt zur „Zufriedenheit des Gemüts". Nach Leibniz ist der Mensch berufen, sittliche Vollkommenheit anzustreben. Kant bringt den Absolutheitsanspruch des sittlich Guten zur Geltung (kategorischer Imperativ). Fichte vertritt Kants Pflichtethik mit Anbindung an Forderungen der Gemeinschaft. Inhalt seligen Lebens ist ihm die Verbindung von liebendem Tun mit philosophischer Reflexion. Schelling hat keine eigene Ethik vertreten. Hegels Ethik ist Sozialethik. Die Freiheit und Pflicht des Individuums besteht darin, die Gesetze des (monarchischen) Staates zu erfüllen. Es ist auffällig, wie unterschiedlich die Schwerpunkte in den einzelnen Ethiken gesetzt werden. Gemeinsame Basis bleibt das Vertrauen auf Vernunft und Liebe, also die christliche Grundüberzeugung.

Vergleich der Theologien: Theologie ist die Lehre von Gott, von seinem Dasein, Wesen und Wirken. Die natürliche oder philosophische Theologie beruft sich auf die Vernunft als Erkenntnisquelle. Die offenbarte Theologie hat den Glauben an die Heilige Schrift und die Tradition der Kirche zur Grundlage.

Nach Spinoza wird Gott ausschließlich über die Vernunft erkannt. Gott ist die eine unendliche Substanz, ist die der Welt immanente Wirkmacht und ihre alleinige Ursache: „*Deus sive substantia sive natura naturans*". Diesem apersonalen Gott gilt die intellektuelle Liebe.

Bei Leibniz ist der Gottesbezug ein wesentliches Element seines systematischen Weltentwurfs. Leibniz trägt drei herkömmliche Gottesbeweise vor. Nach einem weiteren eigenen Beweis ist Gott die einfache ursprüngliche Substanz, aus der sich die Monaden ableiten. Deren Wahrnehmung ist von Gott prästabiliert. Gott wird als Person aufgefasst. Ihm wird Willensfreiheit zugeschrieben. Diese ist jedoch gebunden an die „absolut notwendigen" Wahrheiten und an die moralische Notwendigkeit der Güte. Aus einer unendlichen Zahl möglicher Welten hat Gott die bestmögliche verwirklicht.

Kant hat die traditionellen Gottesbeweise zurückgewiesen, um für den Glauben Platz zu schaffen. Jedoch wird Gott auf ein Postulat der praktischen Vernunft reduziert. Gott ist notwendig, um denen, die pflichtgemäß handeln, im Jenseits die im Diesseits vorenthaltene Glückseligkeit zu ermöglichen. Religion wird von Kant auf Moral eingeschränkt. Christus ist für Kant das personifizierte sittliche Prinzip.

Fichte hat die Ansätze von Kant in der Einheit Gottes aufgehen lassen. Vernunftgemäßes Erkennen und von Liebe geleitetes Handeln begründen das selige Leben in Gott. Der Gott Fichtes hat also personale Merkmale.

Schelling hat eine mit der offenbarten Theologie des Christentums verträgliche Theosophie entwickelt, die an die Mystik von Jakob Böhme anknüpft. Die Weltentstehung im Rahmen der ersten Schöpfung ist eine Selbstentfremdung der Gottheit. Im Menschen strebt die Gottheit zur Einheit mit sich selbst zurück. Christus als Gottmensch hat den Kampf zwischen Gut und Böse zugunsten des Guten entschieden. In der damit beginnenden zweiten Schöpfung wird Gott wieder „Alles in Allem" und über Christus ganz Mensch. Schellings Gott ist also ein personaler, werdender Gott.

Hegel setzt Gott mit dem apersonalen Weltgeist gleich, dessen Werden dem dialektischen Dreischritt folgt. Das ist ein mit dem Entwicklungsgedanken verbundener Pantheismus, gegen den aus christlicher Sicht erhebliche Einwände bestehen. Der Weltgeist hat jedoch Hegel nicht davon abgehalten, sich wiederholt und öffentlich für den lutherischen Protestantismus als Staatsreligion einzusetzen. Die Gefühlsreligion Schleiermachers lehnte er ausdrücklich ab.

Das Ergebnis des Vergleichs der Theologien lässt sich wie folgt zusammenfassen. Im Vordergrund steht die Unterscheidung zwischen dem durch die Vernunft erkennbaren Gott der Philosophien und dem vom Glauben an die Offenbarung bestimmten Gott des Christentums. Spinozas apersonaler Gott wird über die Vernunft erkannt und geliebt. Der Gott von Leibniz ist der Vernunfterkenntnis zugängig, aber es besteht kein Widerspruch zum offenbarten Gott. Kant reduziert Gott auf ein Postulat der praktischen Vernunft und Christus auf ein personifiziertes sittliches Prinzip. Für Fichte eröffnet die Kombination von vernunftgemäßem Erkennen und von Liebe geleitetem Handeln den Zugang zu Gott. Schelling erweitert die christliche Theologie des offenbarten Gottes zu einer mystischen Theosophie. Hegel setzt Gott dem apersonalen Weltgeist gleich, vertritt aber gleichzeitig den lutherischen Protestantismus. Alle Philosophen von Leibniz bis Hegel bleiben dem christlichen personalen Gott verpflichtet, wobei sie in ihren philosophischen Theologien aber auch apersonale Aspekte zulassen.

Marxismus ein philosophisches System?

Anthropologische Philosophie: Auf Hegels idealistisch konzipiertes System folgt unter Berufung auf Hegel das materialistisch ausgerichtete System von Karl Marx (1818–1883). Bevor die Grundzüge dieses Systems dargestellt werden, muss auf die anthropologisch bestimmte Philosophie von Ludwig Feuerbach (1804–1872) eingegangen werden, weil sich Marx nicht nur auf Hegel, sondern ebenso auf Feuerbach beruft, mit dem er sich als Junghegelianer verbunden weiß.

Feuerbach kritisiert an Hegels Philosophie den „Unsinn des Absoluten“. Hegels absolute Philosophie sei verkappte Theologie. Die Wirklichkeit des Menschen sei über abstrakte Begriffe nicht zu erfassen. Nicht der Geist, sondern die Sinnlichkeit sei das Wesen des Menschen. Der Geist sei lediglich das verbindende Element der Sinne. Wahrheit, Wirklichkeit und Sinnlichkeit seien identisch.

Folglich ist nicht Gott die Grundlage des Staates, sondern allein der Mensch in seiner Bedürftigkeit. Anstelle der Religion habe vorsorgende Politik zu treten. Der Glaube an den Menschen soll den Glauben an Gott ersetzen. Menschenliebe habe anstelle von Gottesliebe zu treten. Also ein durch und durch atheistisches Konzept.

Dialektischer Materialismus: Karl Marx gehört zu den Junghegelianern linker Prägung, die Hegels philosophisches Werk verfälscht, radikalisiert und für revolutionäre Zwecke missbraucht haben. Dies ist von namhaften Philosophen wie Karl Löwith oder Herbert Marcuse (selbst Marxist) festgestellt worden.[15] Allerdings kann die marxistische Verkehrung des Hegelschen Systems auch philosophisch schlüssig dargestellt werden.[14, 38]

Marx hat sich selbst als „umgestülpten Hegelianern" bezeichnet. Für Hegel seien Ideen, Begriffe oder Weltgeist das Erste gewesen, von dem sich die Vielheit der weltlichen und natürlichen Erscheinungen ableitet. Die materielle Natur ist dabei das Anderssein der Idee. Marx kehrt das um. Das Erste sei die materielle Wirklichkeit, und das Ideelle sei lediglich eine Begleiterscheinung, ein Epiphänomen. Hegel habe die Welt auf den Kopf gestellt, er, Marx, würde sie wieder auf die Beine stellen.

Über die beschriebene Umkehrung hinaus will Marx anstelle der philosophischen Theorie die menschliche bzw. gesellschaftliche Praxis setzen. Er will nicht die Welt erklären, sondern sie verändern. Hegel habe eine nur gedachte Wirklichkeit behandelt, die er als göttlich und vernünftig ausgab. Die konkrete Wirklichkeit des Menschen sei weder göttlich noch vernünftig. Marx kennzeichnet sie wie folgt.

Der Mensch bestimmt sich nicht von seiner Erkenntnisfähigkeit her, sondern ausgehend von seiner Praxis, seiner Tätigkeit und seiner Arbeit. Dies vollzieht sich im gesellschaftlichen Miteinander, sodass der Satz gilt: „Es ist nicht das Bewusstsein der Menschen, das ihr Sein, sondern umgekehrt ihr gesellschaftliches Sein, das ihr Bewusstsein bestimmt". Des Menschen gesellschaftliches Sein wird von den ökonomischen Verhältnissen geprägt, insbesondere von den zugrundeliegenden Produktivkräften. Die ökonomischen Verhältnisse entfalten sich dialektisch im Widerstreit der gesellschaftlichen Klassen: Herrschaft der Kapitalisten (Thesis), Diktatur des Proletariats (Antithesis), klassenlose Gesellschaft (Synthesis). Während sich Karl Marx auf diese eine Triade des historischen Materialismus beschränkte, wurde die dialektische Methode von seinem Wegbegleiter Friedrich Engels (1820–1895) allgemeiner angewendet. Den dialektischen Materialismus von Marx und Engels hat schließlich Lenin (1870–1924) zum Parteidogma der russischen Kommunisten erhoben, worin ihm Josef Stalin (1879–1953) gefolgt ist.

Selbstentfremdung des Menschen:[14] Das originäre Anliegen von Karl Marx war die Aufhebung der von ihm festgestellten Selbstentfremdung des Menschen. Diese wird auf die ökonomischen Verhältnisse zurückgeführt. Der Arbeiter kann sich nicht mehr mit dem Produkt seiner Arbeit identifizieren. Er wird dem Produkt entfremdet, weil dieses vom Kapitalisten, dem Eigner der Produktionsmittel, vermarktet wird. Da der auf dem Markt erzielte „Nutzwert" höher ist als der dem Arbeiter erstattete „Tauschwert", kann sich der Kapitalist den „Mehrwert" aneignen. Die Entfremdung des Arbeiters vom Produkt der eigenen Arbeit führt schließlich zur Entfremdung des Menschen vom Menschen. Der Proletarier ist „der sich abhanden gekommene Mensch".

Auf dem Höhepunkt dieser Entwicklung muss nach Marx der Umschlag kommen.[14] Das Proletariat wird sich seiner Entfremdung bewusst, die sich dadurch selbst aufhebt. Konkret geschieht das durch die zunehmende Konzentration des Kapitals auf wenige Personen bei gleichzeitiger Verelendung der proletarischen Massen. Mit dialektischer Notwendigkeit folgen Umsturz und Revolution mit dem Ziel, „das wahre Reich der Freiheit" zu errichten.

Historischer Materialismus: Der historische Materialismus ist Teil des dialektischen Materialismus. Er ist die eigentliche Schöpfung von Karl Marx. Dabei drückt „Materialismus" nicht nur eine Seinsordnung, sondern ebenso eine Ordnung des Werdens aus, also insbesondere den geschichtlichen Prozess. Als geschichtlich wirksam sieht Marx ausschließlich ökonomische Prozesse an. Diese beinhalten die Produktionsweise der materiellen Güter.

In der Produktionsweise der materiellen Güter wirken die materiellen Produktivkräfte mit den gesellschaftlichen Produktionsverhältnissen zusammen. Zu den Produktivkräften gehören Rohstoffe, Produktionsmittel (Werkzeuge, Maschinen) und Arbeitsfähigkeit. Die gesellschaftlichen Produktionsverhältnisse decken sich weitgehend mit den Eigentumsverhältnissen.

Die Produktionsweise der Güter befindet sich in ständiger Fortentwicklung. Jede Änderung der Produktivkräfte erfordert eine Anpassung der Produktionsverhältnisse. Marx verfolgt diesen Prozess in der Geschichte von den Sklavenhaltergesellschaften über den Feudalismus zur kapitalistischen Gesellschaft. Der Sklavenhalter beutet die Arbeitskraft des Sklaven nach Belieben aus. Der Feudal- oder Lehnsherr lebt herrschaftlich von den Zwangsabgaben der ihm zugeordneten leibeigenen Bauern. In der kapitalistischen bürgerlichen Gesellschaft ist der Kapitalist Alleineigentümer der Produktivkräfte, während der Lohnarbeiter seine Arbeitskraft unter dem Nutzwert vermarkten muss. Auf allen Stufen der geschichtlichen Entwicklung wird somit der Arbeiter ausgebeutet. Das bedingt einen permanenten Klassenkampf in der Geschichte, wobei die herrschenden Klassen reaktionäre Ideologien, die aufstrebenden Klassen progressive Ideologien vertreten. Die Geschichte des Klassenkampfes ist insgesamt eine Geschichte des gesellschaftlichen Fortschritts.

In der seinerzeitigen Situation sieht Marx eine Anhäufung des Kapitals in immer weniger Händen, begleitet von der Verelendung immer größerer Teile der Arbeiterschaft. Ein Überangebot von billigen Arbeitskräften führt zur Überproduktion. Dadurch verschärft sich der Klassenkampf. Zur Behebung der dadurch entstehenden wirtschaftlichen und politischen Schwierigkeiten fordern Marx und Engels im Kommunistischen Manifest (1848) die Vergesellschaftung der Produktionsmittel, die Aufhebung des Privateigentums und die Errichtung der klassenlosen egalitären Gesellschaft. Die von Lenin und Stalin im 20. Jahrhundert vorangetriebene Durchsetzung der kommunistischen Ideologie hat zu ungezügeltem Terror und unermesslichem menschlichen Leid geführt.

Kritischer Realismus von Nicolai Hartmann

Es bietet sich an, die Darstellung und Bewertung der auf Spinoza folgenden idealistischen Philosophiesysteme mit dem Philosophiesystem von Nicolai Hartmann abzuschließen, das dem kritischen Realismus zuzuordnen ist. Hartmanns Bemühungen richten sich darauf, die Strukturgesetze der realen Welt aufzudecken. Damit steht er den Naturwissenschaften nahe. Für die Auseinandersetzung mit dem Denken Spinozas und Einsteins ist das ein Vorteil. Allerdings fasst sich Hartmann selbst nicht als „Systemdenker“ auf, sondern als „Problemdenker“. Er hält ein zeitlos gültiges Philosophiesystem für unmöglich, jedoch einen zeitenthobenen Problembestand für gegeben, der schrittweise bearbeitbar ist.

Nicolai Hartmann (1882–1950), Professor in Marburg, Köln, Berlin und Göttingen, ist einer der bedeutendsten deutschen Philosophen in der ersten Hälfte des 20. Jahrhunderts. Anfangs stand er der Marburger Schule des Neukantianismus nahe, entwickelte dann aber unter dem Einfluss der Phänomenologie Husserls und Schelers sowie unter Rückgriff auf Elemente der älteren abendländischen Philosophie einen eigenen denkerischen Weg. Seine wichtigsten Werke sind: *Grundzüge einer Metaphysik der Erkenntnis* (1921), *Ethik* (1925), *Das Problem des geistigen Seins* (1933), *Zur Grundlage der Ontologie* (1935), *Möglichkeit und Wirklichkeit* (1938) sowie *Der Aufbau der realen Welt* (1940). Für die nachfolgende Betrachtung ist außerdem die *Philosophie der Natur* (1950) wichtig, ergänzt durch drei zusammenfassende Übersichten zu Hartmanns Philosophie.[15, 38, 40]

In zwei bedeutsamen Punkten widerspricht Hartmann der herkömmlichen Philosophie.[40] Zum einen ist das Sein weder vollkommen erkennbar (wie Spinozas Gott) noch total unerkennbar (wie Kants „Ding an sich“), sondern es ist teilweise erkennbar bei gleichzeitiger Unerkennbarkeit des verbleibenden Restes. Zum anderen ist die einem monistischen Einheitsbedürfnis entspringende Übertragung der in einem Seinsgebiet bewährten Kategorien auf ein andersartiges Seinsgebiet („kategoriale Grenzüberschreitung") unzulässig. Damit ergibt sich allerdings eine kompliziertere Gliederung der Gesamtheit des Seienden, ausgedrückt durch die Schichtenstruktur des Seins.

Hartmanns Erkenntnistheorie: Der Eröffnungssatz von Hartmanns *Grundzüge einer Metaphysik der Erkenntnis* lautet: „Die nachstehenden Untersuchungen gehen von der Auffassung aus, dass Erkenntnis nicht ein Erschaffen, Erzeugen oder Hervorbringen des Gegenstandes ist, wie der Idealismus alten und neuen Fahrwassers uns belehren will, sondern ein Erfassen von etwas, das auch vor aller Erkenntnis und unabhängig von ihr vorhanden ist". Die weiteren Angaben zu Hartmanns Erkenntnistheorie orientieren sich an einer einführenden Übersicht von Stegmüller.[40]

Das Erfassen des von der Erkenntnis selbst unabhängigen an sich Seienden erfolgt über eine möglichst breite Basis von Phänomenen. Damit werden einseitige philosophische Folgerungen vermieden, die auf eine einseitige Ausgangsposition zurückzuführen sind. Der Phänomenbeschreibung folgt die Problemformulierung und schließlich, soweit möglich, die Problemlösung.

Erkenntnis wird als Relation zwischen zwei Seienden aufgefasst, dem erkennenden Subjekt und dem erkannten Objekt. Ausgangsphänomen ist das Erfassen des dem Bewusstsein transzendenten Objektes mittels des Vorstellungsbildes. Die Erkenntnis ist jedoch nicht dem Bild, sondern dem Seienden selbst zugewandt, was ein Durchbrechen der Immanenz des Bewusstseins bedeutet. Das objektiv Seiende ist mehr als das subjektive Bewusstsein von ihm erfassen kann; das ist die Erkenntnisgrenze, an der das Transobjektive, Transintelligible, Irrationale, das „Wissen des Nichtwissens" beginnt. Wahre Erkenntnis erfolgt dort, wo Bildbestimmtheit und Seinsbestimmtheit zur Deckung kommen. Andernfalls muss die Erkenntnis korrigiert werden.

Die Erkenntnis des dem subjektiven Bewusstsein transzendenten Objektes ist grundsätzlich möglich, weil Subjekt und Objekt einen gemeinsamen Weltzusammenhang haben. Gerade die irrationalen Züge am Objekt sind die Gewähr für ein Sein unabhängig von der Erkenntnis. Dennoch sind mit der Möglichkeit der Erkenntnis auch Widersprüche (Aporien) verbunden. Letztere werden von Hartmann, der aristotelischen Aporetik entsprechend, auf Lösbarkeit untersucht.

Die Annäherung an eine Lösung des Erkenntnisproblems erfolgt ausgehend von der phänomenologisch feststellbaren, zumindest teilweisen Übereinstimmung der Kategorien des Verstandes und der Kategorien der Realwelt. Das legt eine Korrespondenz der Erkenntnis- und Seinskategorien nahe, zumal in Hartmanns Ontologie das Geistige als eine Seinsschicht auftritt. Es gilt das Gesetz der kategorialen Wiederkehr: Bestimmte Kategorien einer Seinsschicht kehren in anderen Seinsschichten in derselben oder in abgewandelter Form wieder.

Die Verhältnisse komplizieren sich, wenn zwischen Erkenntnis und Realwelt eine ideale Seinssphäre eingeschoben wird, wie in den mathematisch geprägten Naturwissenschaften. In diesem Fall wird ein zweifaches kategoriales Deckungsverhältnis maßgebend, das zwischen Erkenntnis und idealer Sphäre und das zwischen idealer Sphäre und Realwelt. Teilweise Nichtdeckung ist möglich.

Die Aporie der Erkenntnis besteht darin, dass ein dem Bewusstsein transzendent Seiendes einem Subjekt gegeben ist. Sofern es transzendent ist, kann es nicht gegeben sein; sofern es gegeben ist, kann es nicht transzendent sein. In der Erkenntnis *a priori* steigert sich die Widersprüchlichkeit, denn hier soll das Bewusstsein unabhängig von aller Erfahrung etwas über das Objekt ausmachen können.

Die Lösung der Erkenntnisaporie über die Korrespondenz der Kategorien von Erkenntnis und Sein trifft vor allem auf die zeitlose Erkenntnis *a priori* zu. Demgegenüber ist die Erfahrungserkenntnis *a posteriori* primär an zeitabhängige Empfindungen und Wahrnehmungen gebunden. So ist bereits das Wissen von einer real bestehenden Außenwelt sowohl aus dem Gerichtetseins der Erkenntnis auf das reale Objekt (nicht auf das Bild des Objektes im Bewusstsein), als auch aus den emotionalen Akten zu erklären, in denen der Mensch ein Betroffensein vom Realen erlebt. Es wird zwischen rezeptiven, spontanen und prospektiven emotionalen Akten unterschieden.

Nach Hartmann gibt es keine absolute Evidenz der Wahrheit, sondern nur relative Wahrheitskriterien, etwa die Übereinstimmung mehrerer Erkenntnisinstanzen. Die Erkenntnis tastet sich an der Grenze zwischen Erkanntem und Unerkanntem entlang im Bestreben, diese Grenze hinauszuschieben. Der Erkenntnisfortschritt erfolgt durch Behebung des Missverhältnisses zwischen apriorischen Hypothesen und aposteriorischen Erfahrungstatsachen.

Hartmanns Ontologie: Hartmann wendet sich von der herkömmlichen Ontologie ab:[15] „Die alte Seinslehre hing an der These, das Allgemeine, in der *essentia* zur Formsubstanz verdichtet und im Begriff fassbar, sei das bestimmende und gestaltgebende Innere der Dinge. Neben die Welt der Dinge, in der auch der Mensch eingeschlossen ist, tritt die Welt der Wesenheiten, die zeitlos und materielos ein Reich der Vollendung und des höheren Seins bildet".

Die von Hartmann angesprochene herkömmliche Ontologie ist ausschließlich Metaphysik. Das Weltgeschehen ist auf Zweckverwirklichung gerichtet. Die Zweckprinzipien (*formae substantiales*) sind im göttlichen Verstande verankert. Sie können mittels der Begriffe erfasst werden. Diese wiederum sind aus obersten Formprinzipien, die dem Verstand als unmittelbar einsichtig erscheinen, deduktiv ableitbar. Das empirische Wissen bleibt dabei unberücksichtigt.[40]

Die herkömmliche Ontologie wurde durch Kants Vernunftkritik in Frage gestellt, aber seine Auffassung, eine Erkenntnis der Welt an sich sei gänzlich unmöglich, war nicht akzeptabel. Nach Hartmann hat an die Stelle der vermeintlichen unmittelbaren Erfassung der obersten Prinzipien die phänomenale Durchsicht des Gegebenen zu treten und an die Stelle der Deduktion ein kritisch-analytisches Vorgehen. Dabei wird die Auffassung zurückgewiesen, das System der Prinzipien müsse in einem obersten Seinsprinzip, in Gott oder einem Absoluten, gipfeln („kategorialer Monismus"). Hartmann erhellt das Sein hingegen durch die folgenden drei kategorialen Seinsbestimmungen.[40]

Als Erstes wird das doppelte Gegensatzpaar „Dasein – Sosein" (Seinsmomente) und „ideales Sein – reales Sein" (Seinsweisen) erläutert. Für die Seinsmomente gilt ein „Sowohl als auch", für die Seinsweisen ein „Entweder – Oder".

Als Zweites wird das Problem der Seinsmodalitäten (Möglichkeit, Wirklichkeit, Notwendigkeit) angegangen. Die Intermodalverhältnisse werden ohne Rückgriff auf metaphysische Annahmen geklärt.

Als Drittes wird das reale Sein und dessen Kategorien in vier Schichten unterteilt, die durch drei unmittelbar einsichtige Einschnitte voneinander geschieden sind. Am deutlichsten erkennbar ist die Scheidung von Natur und Geist; die Natur nochmals geschieden in die leblose anorganische und die lebendige organische Natur; der Geist geschieden in die seelischen Akte und das eigentlich geistige Geschehen. In den Schichten sind weitere Stufungen möglich.

Den Schichten des Realen zugeordnet sind zum einen die allen Schichten gemeinsamen elementaren Gegensatzkategorien, zum anderen schichtenspezifische Kategorien. Die Bezeichnung „elementare Gegensatzkategorien" rührt daher, dass von den elementaren Seinsgegensätzen ausgegangen wird. Diese werden als komplementär, also als sich ergänzend aufgefasst. Zwei Gruppen von je sechs Gegensatzpaaren werden von Hartmann angegeben, also insgesamt vierundzwanzig Kategorien.

Die Kategorien des Seins und der Erkenntnis, sowie deren Abwandlung an den Schichtgrenzen, unterliegen den kategorialen Gesetzen. Hartmann gibt vier derartige Strukturgesetze an, die sich auf die kategoriale Geltung, die kategoriale Kohärenz, die kategoriale Schichtung und die kategoriale Dependenz beziehen. Nur die beiden letztgenannten, für die Anwendung auf die reale Welt besonders wichtigen kategorialen Gesetze werden nachfolgend näher erläutert.

Das Gesetz der kategorialen Schichtung sagt aus, dass die niederen Kategorien als Teilmomente der höheren Kategorien wiederkehren und nicht umgekehrt, dass sich die wiederkehrenden Kategorien mannigfaltig abwandeln können, dass anlässlich der Abwandlung auch neue kategoriale Momente (Nova) auftreten können und dass die Abwandlung an den Schichtgrenzen sprunghaft erfolgt.

Das Gesetz der kategorialen Dependenz („kategoriales Grundgesetz") sagt aus, dass die niedere Seinsschicht die höhere determiniert und nicht umgekehrt (kategoriales Stärkersein), dass sich die niedere Schicht indifferent zur höheren verhält (kategoriale Indifferenz) und dabei kategoriale Selbstständigkeit beansprucht, dass die niederen Kategorien für die höheren Kategorien formbare, aber nicht umformbare Materie sind (kategoriale Materie) und dass die höheren Kategorien, soweit es sich um Nova handelt, autonom sind (kategoriale Freiheit).

In einem besonderen Werk hat Hartmann die Kategorienlehre mit großer Sachkenntnis auf die Bereiche der unbelebten anorganischen und der belebten organischen Natur angewendet, wobei die dimensionalen Kategorien des Raumes und der Zeit, die kosmologischen Kategorien der unbelebten Natur und die organologischen Kategorien der belebten Natur berücksichtigt werden.[41]

Die Kategorien des die reale Welt transzendierenden idealen Seins ordnet Hartmann den elementaren Gegensatzkategorien Prinzip–Concretum zu. Seine relativ kurzen Ausführungen dazu verbleiben im Formalen.

Hartmanns Philosophie des Geistes:[40, 41] Die geistige Welt ist nach Hartmann die oberste Seinsschicht des Realen, jedoch nicht metaphysisch überhöht, sondern „in den Grenzen unseres Erfahrungsfeldes". Demnach ist der Geist als Bewusstseinsvorgang und Denkakt zeitlich bestimmt und individuell gebunden. Der geistige Gehalt des Denkens ist hingegen vom Individuum ablösbar und auf andere Individuen übertragbar: „Das Bewusstsein trennt die Menschen, der Geist verbindet sie".

Hartmann unterscheidet die drei „klassischen" Seinsformen des Geistes: den personalen Geist eines Einzelnen, den objektiven Geist einer Gemeinschaft und den objektivierten Geist, der sich in den abgeschlossenen geistigen Schöpfungen manifestiert. Diese Seinsformen stellen keine Fortsetzung der Schichtenstruktur dar, sie überformen oder überbauen sich nicht, sondern sie stehen im Verhältnis wechselseitigen Tragens und Getragenwerdens.

Der personale Geist ist an die individuelle Person gebunden. Er wird er selbst durch das Hineinwachsen des Individuums in die Sphäre des objektiven Geistes. Dabei wird der Mensch als ein geistiges Wesen verstanden, das von der unmittelbaren Herrschaft der Triebe frei geworden ist und durch seine Distanziertheit von den Ereignissen und Dingen Objektivierungen ermöglicht. Der personale Geist spiegelt die reale und die ideale Welt. Er lebt die geistige Gemeinschaft. Er ist Mitträger des objektiven Geistes.

Der objektive Geist einer Gemeinschaft (Gemeingeist), beispielsweise eines Volkes, tritt als gemeinsames geistiges Leben in Erscheinung. Nach Hartmann gehört dazu vor allem die gemeinsame Sprache. Mit erheblichem Abstand folgen: Produktion und Technik, bestehende Sitte, geltendes Recht, vorherrschende Wertungen, herrschende Moral, herkömmliche Form der Erziehung und Bildung, vorherrschender Typus der Gesinnung, Richtung der Kunst, Stand der Wissenschaft, herrschende Weltanschauung (Religion, Mythos, Philosophie). Besonders fassbar ist der objektive Geist in den zugehörigen Denkweisen, Begriffen und Urteilen.

Als dritte Seinsform neben dem personalen und objektiven Geist nennt Hartmann den objektivierten Geist. Dieser umfasst die vom Geist „aus sich herausgestellten" leblosen Objektivationen: das kodifizierte Gesetz, die festgeschriebene wissenschaftliche Erkenntnis, das vollendete Kunstwerk. Der lebendige Geist dessen, der das Werk schuf, wird erst von der das Werk geistig aufnehmenden Person wiedererweckt.

Hartmanns Ethik:[15, 40] Die Ethik von Hartmann ist materiale Wertethik im Sinne von Scheler. Elemente der Ethiken des Aristoteles und der Scholastik sind ihre Basis.

Zwischen der realen Seinssphäre und der idealen Wertsphäre vermittelt der Mensch als Person. Nur über die Person können Werte wahrgenommen und verwirklicht werden. Die Wahrnehmung der Werte geschieht über das Wertfühlen.

Hartmanns Ethik wendet sich gegen einen Relativismus der Werte. Nicht die Werte sind relativ, sondern der geschichtlich sich wandelnde Blick auf die Werte. Die Werte haben ein ideales Ansichsein; sie sind unabhängig vom Dafürhalten des Subjekts. Dennoch sind sie nicht den platonischen Ideen gleichzusetzen, sondern der obersten Schicht im Strukturmodell des Seins zuzuordnen. Sie unterliegen den kategorialen Gesetzen des realen Seins.

Hartmanns Ethik gibt sich anthropologisch: „Die Ohnmacht der Werte ist die Bedingung der Machtstellung des Menschen". Dem Menschen wiederum ist sittliche Freiheit zugeordnet. Damit wird der Autonomiegedanke Kants übernommen, aber die Werte sind weder Gesetz noch kategorischer Imperativ. Schon gar nicht sind die Werte Gedanken im Geiste Gottes oder göttliche Gebote, denn das wäre mit der sittlichen Freiheit des Menschen nicht verträglich. Sittliche Freiheit setzt Selbstbestimmung der Person voraus, deren Gegebenheit Hartmann phänomenologisch nachzuweisen versucht.

Hartmann sieht fünf unaufhebbare Widersprüche (Antinomien) zwischen Ethik und Religion. Lösungsversuche zu den Antinomien bezeichnet er als grundsätzlich unzureichend, weil sie sich nur auf die Theorie beziehen, während der Widerspruch in der Sache bestehen bleibt. Die Sache verharrt im Irrationalen.

Die erste Antinomie bezeichnet den Gegensatz zwischen Diesseits- und Jenseitstendenz. Ethik ist diesseitig, Religion ist jenseitig ausgerichtet. Die zweite Antinomie betrifft das Verhältnis von Mensch und Gott. In der Ethik ist der Mensch das Wichtigste, in der Religion ist dies Gott. Die dritte Antinomie bezieht sich auf den Ursprung der Werte. Ethische Werte sind notwendig autonom, religiös werden sie dagegen an die Gebote Gottes gebunden. Sünde ist Missachtung des Willens Gottes. Nach der vierten Antinomie steht die göttliche Vorsehung im Widerspruch zur menschlichen Freiheit, die Voraussetzung für Sittlichkeit ist. Die fünfte Antinomie stellt die Sündenvergebung durch Gott in der Religion dem unaufhebbaren Schuldigsein der sittlich freien Persönlichkeit gegenüber.

Aus Sicht der wohlverstandenen christlichen Religion treffen die erste und zweite Antinomie allerdings nicht zu. Der jenseitige Gott ist diesseitig Mensch geworden, und Gottesdienst ist Dienst am Menschen.

Vertritt Hartmann einen „postulatorischen Atheismus", wie unter Bezug auf die Antinomie von göttlicher Vorsehung und menschlicher Freiheit gelegentlich behauptet wird?[40] Nach Hartmann muss Gott tot sein, damit der sittliche Mensch lebe. Aber zugleich wird festgestellt, dass die Ethik jenseits von Theismus und

Atheismus steht.[15] Hartmann war also lediglich bestrebt, die Gottesfrage aus der Ethik herauszuhalten. Die Erkenntnis Gottes hätte er wohl ausgeschlossen, nicht aber das Sein Gottes, denn er hat ein Sein jenseits der Erkenntnisgrenzen ausdrücklich zugelassen.

Hat die Welt einen Sinn? Nur eine sinnlose Welt kann nach Hartmann für den Menschen eine sinnvolle Welt werden, denn in einer sinnerfüllten Welt wäre der Mensch mit seinen Gaben der Sinnverleihung überflüssig.[40]

Kritische Wertung des philosophischen Systems von Nicolai Hartmann: Das Verdienst von Hartmann ist es, den subjektivistischen deutschen Idealismus überwunden und die Philosophie an die Fakten und Phänomene der modernen, wissenschaftlich orientierten Welt herangeführt zu haben. Hartmanns Ausführungen können als Basis einer umfassenden Naturphilosophie dienen. Das gesamte Sein wird erfasst – so der Anspruch.

Die Stärke von Hartmanns Ansatz liegt darin, dass nicht von einem für wahr gehaltenen Einzelprinzip ausgegangen wird, sondern von einer möglichst großen Zahl relevanter Phänomene. Dabei wird nicht ein zeitlos gültiges Philosophiesystem angestrebt, sondern das schrittweise Lösen zeitenthobener philosophischer Problemstellungen. Die dabei angewandte Methode ist eine umfassende Kategorialanalyse, in der die Kategorien der Erkenntnis mit denen des realen Seins übereinstimmen. Ausgang und Ergebnis der Analyse sind einem kritischen Realismus zuzuordnen.

Gegen den kritischen Realismus wird eingewendet, dass er mit einer Verdopplung der Welt arbeitet. Der Welt der realen Dinge steht die Welt der Bewusstseinsinhalte oder Phänomene gegenüber. Die reale Welt ist bewusstseinstranszendent, die Phänomene sind bewusstseinsimmanent. Die realen Dinge verursachen die Phänomene im Bewusstsein über die Sinnesreize. Dadurch ist das Bewusstsein mitbestimmend für die Phänomene. Zwischen Realwelt und Bewusstseinswelt besteht keine Bildähnlichkeit (insofern ist die Beziehung „Abbildungstheorie" falsch), man spricht hingegen von „Zeichensetzung".

Nach Husserl ist jedoch ein dem Bewusstsein gänzlich transzendenter Gegenstand nicht denkbar. Die Transzendenz der Gegenstände wird zu den Phänomenen innerhalb des Bewusstseins festgestellt. Die Phänomene zu einem Gegenstand sind in vielfältiger Weise unter wechselnden Aspekten gegeben, die gesetzmäßig zusammenhängen. Jedem Gegenstand sind mannigfältige Wahrnehmungsabwandlungen zugeordnet. Husserl spricht von „Abschattungen". Im Vorgang der

Abschattung wirkt das Bewusstsein selbst transzendental (also nicht empirisch). Auf dieser Widerlegung der Einwände gegen den kritischen Realismus baut Hartmann auf, wenn er eine möglichst breite Phänomenbasis fordert.

Hartmanns Ontologie ist detailreich ausgearbeitet, ebenso seine materiale Wertethik. Als unzureichend analysiert erscheinen die religiösen Phänomene der geistigen Seinsschicht. So entsteht der Eindruck, Hartmann vertrete eine atheistische Position, zumal er ein einziges philosophisches Urprinzip ablehnt. Dennoch hat er seine Ethik ausdrücklich jenseits von Theismus und Atheismus angesiedelt. Auch sieht er eine irrationale Welt jenseits der Grenzen rationaler Erkenntnis. Dies alles lässt Raum für religiöse Mystik und Gotteserfahrung, allerdings unter Infragestellung mancher kirchlichen Dogmen.

Vergleich der philosophischen Systeme von Hartmann und Spinoza: Wie bereits zu den idealistischen Systemen geschehen, soll nunmehr auch Hartmanns Philosophie mit Spinozas Philosophie in groben Zügen verglichen werden. Der entscheidende Unterschied im Gesamtkonzept liegt wohl darin, dass Hartmann von der Vielfalt der Erscheinungen in der realen Welt ausgeht, während Spinoza die weltimmanente Gottheit als monistisches Prinzip zugrundelegt. Während Hartmann ein allgemeines Erkenntnisinteresse leitet, geht es Spinoza um den angemessenen Lebensvollzug in dieser Welt. Außerdem ist natürlich der geistesgeschichtliche Zeitenunterschied zu beachten.

Vergleich der Erkenntnistheorien: Hartmann ebenso wie Spinoza verankern Erkenntnis in der Ontologie. Für Hartmann ist Erkenntnis die Relation zwischen zwei Seienden, dem erkennenden Subjekt und dem erkannten Objekt. Das dem Bewusstsein transzendente Objekt kann aufgrund des Weltzusammenhanges erkannt werden. Die Übereinstimmung der Erkenntnis- und Seinskategorien ist darin begründet. Für Spinoza ist Erkenntnis durch die vorausgesetzte Übereinstimmung von Geist und Körper bzw. von Wissen und körperlichem Sein gegeben. Denken und Ausdehnung sind Attribute der einen Substanz. Das inadäquate Erkennen ist durch die Affektionen des Körpers fehlgeleitet. Das adäquate Erkennen beruht auf der Ratio und ist zur göttlichen Intuition steigerbar. Für Hartmann gibt es nur eine Annäherung an die Wahrheit, die durch die Übereinstimmung mehrerer Erkenntnisinstanzen ausgewiesen wird. Für Spinoza steht die Wahrheit adäquater Erkenntnis außer Frage. Die beiden Erkenntnistheorien weisen unter Beachtung der unterschiedlichen Zielsetzungen (Ontologie bei Hartmann bzw. Ethik bei Spinoza) hinreichend Übereinstimmung im Grundsätzlichen auf.

Vergleich der Ontologien: Hartmann ebenso wie Spinoza gründen ihre Systeme auf einer je eigenen Ontologie. Hartmanns Ontologie ergibt sich aus einer Durchsicht der Phänomene der Realwelt mit anschließender Kategorialanalyse. Die Kategorien des Seins stimmen mit den Kategorien der Erkenntnis überein. Das reale Sein ist in die vier Schichten des Anorganischen, Organischen, Psychischen und Geistigen unterteilt. Die kategoriale Schichtenstruktur des Seins unterliegt Strukturgesetzen. Das Weltganze ist durch diese Seinsstruktur ausgedrückt. Spinozas Ontologie beruht auf der einzigen unbedingten Substanz, die die Vielzahl der Modi hervorruft. Dies geschieht unter den Attributen „Denken" und „Ausdehnung". Alles Sein ist streng determiniert. Wechselwirkungen zwischen Körper und Geist sind ausgeschlossen. Die zwei Ontologien sind derart unterschiedlich, dass der Zweifel berechtigt ist, ob hier ein und dasselbe Sein beschrieben wird.

Vergleich der Ethiken: Die Ethiken von Hartmann und Spinoza haben, den unterschiedlichen Weltbildern entsprechend, unterschiedliche Zielsetzungen. Hartmanns Ethik ist materiale Wertethik, die auf Elementen der Ethik des Aristoteles und der Scholastik aufbaut. Die reale Seinssphäre wird durch die ideale Wertsphäre ergänzt. Die Werte werden über die Person verwirklicht. Die dabei vorausgesetzte sittliche Freiheit wird phänomenologisch nachgewiesen. Spinozas Ethik baut auf sciner Affektenlehre auf. Die Affekte kann der Mensch nicht unterbinden, sondern nur im Rahmen seiner Handlungsmacht vermindern oder verstärken. Basisaffekte nach Spinoza sind Begierde, Freude und Trauer. Von Freude leitet sich Liebe ab, von Trauer Hass. Als Tugenden werden Selbstvertrauen und Edelmut empfohlen. Als Ergebnis der Ethik Spinozas erscheinen die Liebe zu Gott und die Ruhe des Gemüts.

Vergleich der Theologien: Hartmann hat den Bereich des Religiösen in seiner Ontologie und Wertelehre nur am Rande angesprochen, und zwar in Form der vermeintlichen Antimonien zwischen Ethik und Religion. Er hat die Gottesfrage aus seiner Philosophie herausgehalten. Im Gegensatz dazu hat Spinoza Gott als das unbedingt Seiende an den Anfang seiner Philosophie gesetzt. Es ist dies allerdings kein personaler Gott, sondern ein Gott, der in der Welt selbst zum Ausdruck kommt (Pantheismus). Dieser alleinen Gottnatur gilt Spinozas ganze intellektuelle Liebe.

Kapitel VIII
Existenz des personalen Gottes

Gedankengang

Die Existenz des personalen Gottes ist eine Glaubenswahrheit, die in persönlicher Erfahrung gründet und dem Wissen verwandt ist. Sie lässt sich daher in gewissem Maße philosophisch und theologisch absichern. Dies soll nachfolgend geschehen, wobei folgender Gedankengang zugrunde liegt. Die Leitbegriffe des Gedankengangs sind kursiv gesetzt.

Ausgangspunkt ist die *fragliche Personalität Gottes* in der Naturwissenschaft und Philosophie der Neuzeit. Ein nach freiem Willen handelnder Gott wird im Bereich der Naturwissenschaft methodisch ausgeschlossen.

Der dadurch gegebene Konflikt zwischen Naturwissenschaft und biblischem Gottesglaube weitet sich in die Auseinandersetzung um die *fragliche Existenz Gottes* aus. Der Atheismus behauptet in unzulässiger Verallgemeinerung der nur methodischen Annahme der Naturwissenschaft: „Gott ist nicht". Die Unzulässigkeit dieser Aussage wird mittels einer Begriffsanalyse zu Wissen, Glauben, Gott und Sein nachgewiesen.

Die herkömmlichen *Gottesbeweise*, wenn auch in Einzelpunkten anfechtbar, ermöglichen durch die Verbindung von Glaube und Vernunft auch dem modernen Menschen eine rational vertretbare Gottessicht.

Es folgt eine ontologische und phänomenologische *Begründung des personalen Gottesbegriffs*, der der Philosophie von der Religion vorgegeben wurde. Dazu werden in aufsteigender Folge der Weltentstehung und Begriffsentwicklung dargestellt: *strukturelle Individualität*, *Subjektivität* (im Sinne von Innerlichkeit), *geistige Individualität*, *Personalität*, *Sittlichkeit*, *Liebe*. Dem ersten Teil liegt eine evolutionstheoretische Spekulation des Philosophen Hans Jonas zugrunde. Der zweite Teil orientiert sich an der Nicolai Hartmannschen Phänomenologie und Ontologie der sittlichen Person.

Die vorstehend skizzierte Argumentationsfolge schreitet vom weltimmanenten Einfachen zum welttranszendenten Komplexen fort. Anschließend wird in umgekehrter Richtung, ausgehend vom transzendenten Sakralen die personale sittliche Verantwortung des Menschen begründet. Der personal bestimmte *Monotheismus*, zuerst der Juden und dann der Christen, wird dargestellt. Die christliche personale Gottesvorstellung findet ihre Mitte in der *Trinitätslehre*. Deren konfliktreiche geschichtliche Entwicklung wird nachgezeichnet. Daran anschließend werden die Prädikate des personalen Gottes, wie sie von der philosophischen Theologie bestimmt werden, aufgeführt.

Die als Prädikat Gottes angezeigte Allmacht führt zu einem *theologischen Dilemma*. Wie kann ein gütiger allmächtiger Gott das Leidvolle und Böse zulassen? Das Dilemma löst sich auf, wenn Gott nicht als allmächtig aufgefasst wird. An Stelle der Allmacht ist unendliches Mitleiden zu setzen. Aus säkularer atheistischer Sicht der menschlichen Existenz ergibt sich ein entsprechendes *kulturell-biologisches Dilemma*. Der in der biologischen Evolution vorteilhafte Eigennutz ist in der kulturellen Evolution schädlich. Das entsprechende *psychologische Dilemma* wird in der Freudschen Psychoanalyse beschrieben. Die Einheit der Person ist offenbar nur im Glauben an den personalen Gott bewahrbar.

Fragliche Personalität Gottes

Der biblische personale Gott ist in der Neuzeit fraglich geworden. Ursache dafür ist das mechanistische Weltbild in der Neuzeit, mit dem die Naturwissenschaften ihre Erfolge begründeten und den Anspruch auf Naturbeherrschung erhoben. In diesem Weltbild spielten Empirie und Induktion eine wesentliche Rolle, was mit dem bisherigen, allein der Ratio verpflichteten aristotelischen Weltbild nicht vereinbar war.

Die mit diesem Weltbild verbundene Substanzmetaphysik wurde aufgegeben. Im Reich der Natur wurde nur noch kausale Determiniertheit zugelassen, finale Determination wurde ausgeschlossen. Gott hat der Natur die Gesetze auferlegt, die nunmehr ohne sein weiteres Eingreifen wirken. Der aus freiem Willen handelnde Gott der Bibel ist dadurch im Reich der Natur ausgeschlossen. Der Konflikt zwischen naturwissenschaftlicher Erkenntnis und biblischen Gottesglauben war somit unvermeidlich.

Das direkte Eingreifen Gottes in der Natur auszuschließen, war eine rational begründbare und hinsichtlich überprüfbarer Ergebnisse erfolgreiche methodische Option. Diese Option auch außerhalb der engeren Naturwissenschaft zur Erhellung der menschlichen Existenz zu verwenden, etwa in Form eines allgemeinen Atheismus, entbehrt jedoch der rationalen Begründbarkeit. Es handelt sich um eine unzulässige Verallgemeinerung. Selbst innerhalb der Naturwissenschaften musste das mechanistische Weltbild in neuerer Zeit aufgegeben werden. Der personale Gott kehrte zwar nicht in die Naturwissenschaften zurück, wohl aber die Irrationalität des Zufalls in die ansonsten gesetzlich geordnete Natur (Evolutionsbiologie, Quantenmechanik).

Die vorstehend dargestellten philosophischen Systeme von Spinoza bis Einstein geben sich zwar nicht atheistisch, blenden aber vielfach die Personalität Gottes aus, verhalten sich in dieser Frage ambivalent oder lehnen die Personalität Gottes ausdrücklich ab.

Spinoza setzt Gott als erstes absolutes Prinzip, lehnt aber in der *Ethica* den belohnenden und strafenden Gott ausdrücklich ab. An anderer Stelle lässt er den liebenden und verzeihenden Gott doch wieder zu: Erkenntnisweg und Glaubensweg seien voneinander unabhängig.

Leibniz vertritt den personalen Gott in der auf Augustinus zurückgehenden Sicht. Er spricht Gott Willensfreiheit und Güte zu. Gott habe die beste aller möglichen Welten geschaffen.

Kant reduziert den personalen Gott auf ein apersonales Postulat der praktischen Vernunft, das im Verbund mit Willensfreiheit moralisches Handeln ermöglicht.

Fichte verschärft die Auffassung von Kant, lässt aber in seiner Spätphilosophie die Freiheit des Ichs in der Freiheit des personalen Gottes aufgehen.

Schelling lässt in seiner Identitätsphilosophie Natur und Geist, Subjekt und Objekt, Realität und Idealität in einer einzigen absoluten Wirklichkeit, also in Gott, zusammenfallen. Der personale Aspekt Gottes kommt in Schellings Theosophie zum Ausdruck. Darin erscheint Gott als erstes absolutes Prinzip, das jedoch aus einem „Ungrund“ aufsteigend sich erst entfaltet, dabei die Welt und das Erlösungswerk hervorbringend. Gott ist Person, die dem sündigen Menschen in selbstloser Liebe gegenübertritt.

Hegel fasst Gott apersonal als Weltgeist auf, der Ursprung und Ziel aller Wirklichkeit ist und im dialektischen Dreischritt sich entwickelt. Dennoch bleibt Hegel, durchaus widersprüchlich, dem personalen Gott des lutherischen Protestantismus verbunden.

Hartmann versucht, den Gottesbezug insgesamt aus seiner Philosophie herauszuhalten, sodass sich die Frage nach der Personalität Gottes bei ihm nicht stellt.

Einstein beruft sich auf Spinozas apersonalen Gott in dessen *Ethica*, ohne auf die von Spinoza ebenfalls vertretene Glaubensalternative hinzuweisen.

Aus vorstehender Übersicht geht hervor, dass zur Frage der Personalität Gottes bei den angesprochenen Philosophen unterschiedliche Auffassungen bestehen, jedoch Atheismus oder auch nur Agnostizismus keine Option darstellt. Sie alle sehen Gott als gegeben an, in starker apersonaler Form (Spinoza, Einstein), in starker personaler Form (Leibniz, Schelling), in schwacher personaler Form (Fichte) oder in unzureichend geklärter Form (Hegel, Hartmann).

Fragliche Existenz Gottes

Der Atheismus ist, wie vorstehend erläutert, eine Folge des in der Neuzeit ausgebrochenen Konflikts zwischen Naturwissenschaft und biblischem Gottesglauben. Das erstmals im 16. Jahrhundert gebildete neulateinische Wort Atheismus bezeichnet die Gottesleugnung bzw. Gottesverneinung: „Es gibt keinen Gott". Dass diese, für die Naturwissenschaft methodisch sinnvolle Prämisse, nicht verallgemeinert werden darf, darauf wurde bereits hingewiesen. Außerdem verneint die Naturwissenschaft lediglich das *direkte* Eingreifen Gottes in die Naturprozesse.

Nunmehr soll die Aussage „Es gibt keinen Gott" in der Form „Gott ist nicht" bzw. „Gott existiert nicht" genauer untersucht werden. Dabei sind die Begriffe Gott und Sein bzw. Existenz zu klären, um zu verstehen, was gemeint ist. Erst dann kann der Wahrheitsgehalt der Aussage überprüft werden. Da die Aussage „Gott ist nicht" ein Wissen behauptet, dem der Glaube widerspricht, sind vorab die Begriffe Wissen und Glauben zu untersuchen.

Wissen ist das auf objektiv und subjektiv zureichenden Gründen beruhende Fürwahrhalten von Gegenständen, Vorgängen oder Sachverhalten. Zureichende Gründe sind die empirischen Einsichten in natürliche oder weltliche Tatbestände, die rationalen Einsichten in ideelle Zusammenhänge und sekundär das Zeugnis von Menschen und Dokumenten. Die rationalen Einsichten sollten der Vernunft folgen. Vorausgesetzt wird, dass die Vernunft nicht täuscht.

Erkenntnisweisen sind Erfahrung, Denken und Einfühlung. Während Kant nur das Denken im Verbund mit Erfahrung als Wissen erzeugende Erkenntnisweise gelten lässt, hat bereits Pascal gegenüber dem Rationalismus von Descartes die Erkenntnis mit dem Herzen hervorgehoben: „Wir erkennen nur so viel, wie wir lieben". In neuerer Zeit hat Scheler die liebende Hingabe des Erkennenden an das zu Erkennende als Grundlage des Wissens bezeichnet, womit neben Denken und Erfahrung die Einfühlung zugelassen wird. Während Kant ein erfahrungstranzendentes metaphysisches Wissen ausschließt, begründet Scheler ein Erlösungswissen. Dieses zielt auf den göttlichen Urgrund des Seins, erschließt Wesen und Sein der menschlichen Existenz, umfasst religiöse Wahrheit und Erkenntnis der Werte.

Alle drei Erkenntnisweisen, die Erfahrung, das Denken und die Einfühlung, daneben auch die Zeugenschaft, können täuschen. Daher ist die Absicherung des so gewonnenen Wissens eine permanent gestellte Aufgabe, der sich die Geistes- und Naturwissenschaften auch stellen, ohne allerdings zu unumstößlicher Wahrheit zu gelangen. Zureichendes Wissen muss genügen.

Glaube im Unterschied zum Wissen, aber nicht losgelöst vom Wissen, ist das ohne lückenlose Begründung vollzogene Fürwahrhalten von Gegenständen, Vorgängen oder Sachverhalten, insbesondere auch auf Basis von Zeugnissen. Zu unterscheiden ist der theoretische Glaube, dass etwas ist (lat. *credere*, engl. *belief*), vom personalen und religiösen Glauben an etwas (lat. *fides*, engl. *faith*). Da es widersinnig wäre, an etwas zu glauben, was nicht ist, setzt der personale und religiöse Glaube den theoretischen Glauben voraus.

Widersinnigkeit wurde allerdings mit einer im 17. Jahrhundert entstandenen Formulierung in unzutreffender Weise dem religiösen Glauben unterstellt: *„credo quia absurdum"*, „ich glaube, weil es absurd ist". Diese angeblich von Tertullian bzw. Augustinus stammende Formulierung ist bei den genannten Autoren nicht zu finden. Ganz im Gegenteil, Augustinus kritisiert die Manichäer für deren Absurdität im Glauben und hebt den Glauben als Basis des Erkennens hervor: *„credo ut intelligam"*, „ich glaube, um zu erkennen". Dieser Maxime ist der Katholizismus gefolgt, während der lutherische Protestantismus das Erkennen gemäß der Vernunft geradezu verteufelt hat („Hure Vernunft"). Später wollte Kierkegaard (1813–1855) den Menschen durch den Sprung in den ihm als absurd erscheinenden christlichen Glauben zur Fülle seiner Existenz führen. Die Betonung der Vernunft gegenüber dem Glauben in der Aufklärung vertiefte die lutherische Kluft zwischen Glaube und Wissen, was das Entstehen des Atheismus begünstigte. Die behauptete Absurdität des Glaubens setzt andererseits eine nicht vertretbare Irrationalität voraus. So hat denn auch Karl Barth (1886–1968) zwar alle Gotteserkenntnis dem Glauben zugeordnet, diesen aber nicht als absurd bezeichnet.

Mit der vorstehenden Gegenüberstellung von Glaube und Wissen (bzw. Vernunft) ist der personale und religiöse Glaube noch nicht hinreichend beschrieben. Der Glaube an Gott ist zentraler Bestandteil der biblischen Botschaft. In der Scholastik, bei Thomas von Aquin, gehört er zu den drei göttlichen Tugenden: Glaube, Hoffnung und Liebe. In diesem Sinn ist Glaube die Tüchtigkeit, die von Gott offenbarte Wahrheit anzunehmen und unerschütterlich daran festzuhalten. Die Vernunftgründe des Glaubens sind damit nicht aufgegeben, aber die moralische Kraft des Glaubens wird hervorgehoben.

Glaube begründet Vertrauen. Was den Glauben rechtfertigt, ist das Gefühl für den sittlichen Wert der anderen Person. Da das Gefühl täuschen kann, beinhaltet personaler und religiöser Glaube immer ein Wagnis. Auch die eigene Glaubensbereitschaft birgt ein Risiko. Daher ist Glaube immer auch mit Glaubenszweifel verbunden. Der Atheismus ist eine extreme Form dieses Zweifels.

Pascal hat den Glaubenszweifel in eine Wette auf die Existenz Gottes gefasst. Gerade weil die Existenz Gottes weder bewiesen noch widerlegt werden kann, ist eine Entscheidung zwischen Glaube und Nichtglaube erforderlich. Der Einsatz der Wette ist ein Nichts, der mögliche Gewinn unendliche Glückseligkeit (Titel des zitierten Fragments: *Infini – rien*). Man verliert auf keinen Fall, wenn man an Gott glaubt, man kann aber alles gewinnen. Pascal will damit aufzeigen, dass die Frage nach der Existenz oder Nichtexistenz Gottes nicht rational entschieden werden kann, sondern dem Menschen eine Entscheidung abverlangt.

Die Gewissheit des Glaubens an den Gott der biblischen Väter und Jesu Christi hat Pascal in einem Erleuchtungserlebnis (1654) erlangt. Pascal bezeugt Gott als einmalige Person, die in je einmaliger Weise das einmalige Individuum anruft.

Der Hinweis auf Pascals Wette mag als Entgegnung auf den heute verbreiteten unreflektierten Atheismus genügen. Wer jedoch einen reflektierten Atheismus vertritt, dem muss auf Basis der Vernunft widersprochen werden. Dazu die nachfolgende Klärung zu den Begriffen Gott und Sein.

Begriff Gott: Im christlichen Gottesbegriff verbindet sich die hebräische biblische Vorstellung von Gott als konkreter Person mit der abstrakten philosophischen Begriffswelt der griechischen und römischen Antike. Die biblische Gottesoffenbarung wird von den Kirchenvätern und später von der Scholastik philosophisch untermauert. Gott wird ausgehend vom Substanzbegriff metaphysisch beschrieben, was bis heute in der katholischen Tradition lebendig geblieben ist. Demgegenüber entwickelte sich in der protestantischen Tradition, ausgehend von Kant, ein in der Freiheit der Person begründeter Gottesbegriff.

Der biblische und der philosophische Gottesbegriff decken sich nur teilweise. Die Bibel berichtet von einem personalen, dem Menschen zugewandten Gott, während sich die Philosophie in einer apersonalen Metaphysik ergeht. Dem biblischen Gott von Abraham, Moses und Jesus steht in der Philosophie ein alle Wirklichkeit durchdringendes apersonales Prinzip gegenüber. Der personale Aspekt Gottes ist in der Philosophie nicht thematisiert.

Bevor den geistigen Bewegungen, die zum personalen Gottesbegriff führen, in den nachfolgenden Unterkapiteln nachgegangen wird, werden zunächst die drei grundlegenden Wirkungsweisen des christlichen Gottes vorgestellt. In allen drei Wirkungsweisen wird der Wille Gottes gesehen.

Gott wird erstens als Weltschöpfer verstanden, als die Kraft, die die Welt aus dem Nichts hervorgebracht hat, die die Welt fortwährend im Sein und Werden hält und die der Weltentwicklung ein Ziel vorgibt. Die Ordnung und die Evolution von Kosmos und Natur werden von der modernen Naturwissenschaft zuverlässig und umfassend beschrieben. Damit wird etwas über das Wie der Abläufe ausgesagt, aber Ursprung und Ziel des Ganzen können nach wie vor nur über den Glauben an Gott bestimmt werden.

Gott wird zweitens als der Begründer des Sittengesetzes verstanden, als der Ursprung der sittlichen Werte. Sittliche Werte sind ein tragender Bestandteil der Kulturentwicklung. Das Wie auch dieser Entwicklung kann erforscht werden, Ursprung und Ziel der Werte bleiben dennoch unbestimmt. Sie werden nach christlichem Glauben auf Gott zurückgeführt.

Gott wird drittens als eine dem Menschen, dem Einzelnen ebenso wie der Gemeinschaft zugewandte Person verstanden. Der einzelne Mensch wird in je einmaliger Weise von Gott angerufen. Gott schenkt dem Menschen volle Freiheit und erwartet unbedingtes Vertrauen. Er spendet Trost und Kraft denen, die an ihn glauben. Die Basis ist die Liebe. Der Mensch kann sich aber auch aufgrund der geschenkten Freiheit gegen Gott und seine Gebote stellen. Gott als Person wird durch Introspektion gefunden. Er macht sich über das Gewissen bemerkbar.

Bekennende Atheisten sind zu fragen, gegen welche der drei Wirkungsweisen Gottes sie Einwände haben. Ein totaler Atheismus dürfte kaum vertretbar sein.

Begriff Sein: Sein im ontologischen Sinn bedeutet Dasein, nicht Sosein. Zwischen realem und idealen Sein ist zu unterscheiden. Reales Sein wird auch als Existenz bezeichnet, ideales Sein auch als Essenz oder Wesen. Reales Sein ist sinnlich wahrnehmbar, ist räumlich, zeitlich und individuell verfasst. Es wird Gegenständen, Abläufen und Lebewesen zugesprochen. Ideales Sein ist nur geistig wahrnehmbar, steht jenseits räumlicher, zeitlicher und individueller Bestimmungen, ist unveränderlich und zeitlos, wird den Ideen, Werten und logischen Begriffen zugeordnet.

Gott in den drei dargestellten Wirkungsweisen ist dem beständigen idealen Sein zuzuordnen, das im unbeständigen realen Sein in Erscheinung tritt. Die Ausgangsfrage „Ist bzw. existiert Gott?“, wobei „Ist“ dem Wesen und „Existiert“ der Erscheinungsweise zugeordnet ist, wäre also gemäß vorstehendem Begriffsverständnis mit Ja zu beantworten.

Der Atheismus leugnet das ideale Sein Gottes, also die Existenz von originärer Schöpfungskraft, sittlicher Gesetzgebung und personaler Zuwendung Gottes. Damit wird auch das reale Sein Gottes in den Erscheinungen der Welt verneint. Ursprung und Ziel von Mensch und Welt bleiben somit unerklärt.

Gottesbeweise

Gottesbeweise nach der Vernunft unter Einschluss des Glaubens sind ein bevorzugtes Betätigungsfeld der philosophischen Theologie des Mittelalters (Scholastik). Diese Tradition reicht bis in die Neuzeit (Descartes, Spinoza, Leibniz). Grundlegend ist die Auffassung von Augustinus, dass die Vernunft des Glaubens bedarf: „*Credo ut intelligam*“.

Die Gottesbeweise sind von Kant unter Berufung auf die Grenzen der reinen Vernunft als fehlerhaft oder unzureichend zurückgewiesen worden, allerdings unter Aufgabe der Glaubenserfahrung und mit verändertem Begriffsverständnis. Dem modernen Menschen erleichtert die Beschäftigung mit den glaubensgestützten Beweisgängen der Vernunft den Zugang zu Gott. Glaube muss vor der Vernunft bestehen können.

Die Gottesbeweise lassen sich vier Grundformen zuordnen: platonisch inspirierte, ontologische, kosmologische und teleologische Beweise, ergänzt durch die neuere Ersatzform des moralisch begründeten Gottespostulats. Jede der genannten Grundformen tritt in mehreren Varianten auf.[15, 42]

Platonisch inspirierte Gottesbeweise: Vom platonischen Teilhabegedanken inspiriert sind der erste und zweite Gottesbeweis von Anselm von Canterbury. Im graduellen Übergang vom vielen Guten wird das eine höchste Gute, also Gott, erreicht. In ähnlicher Weise wird aus der Gradualität des Seins in den naturhaften Dingen auf ein alles überragendes Sein, also Gott, geschlossen. Der vierte Gottesbeweis von Thomas von Aquin folgert im Sinne platonischen Denkens von der minderen Vollkommenheit in den Dingen der Welt auf eine höchste Vollkommenheit jenseits derselben. Der christlich-platonischen Denktradition folgend hat Leibniz in seinem zweiten Gottesbeweis Gott als notwendiges Wesen postuliert, notwendig, um den ewigen Wahrheiten oder Ideen Realität zu verleihen.

Ontologische Gottesbeweise: Den ontologischen Gottesbeweis hat erstmals Anselm von Canterbury vorgetragen. Er wurde von Thomas von Aquin zurückgewiesen, von Descartes und Leibniz erneut vorgebracht und schließlich von Kant abgelehnt. Die von Kant stammende Bezeichnung ontologisch bezieht sich auf die Hereinnahme des Seins in den Gottesbegriff.

Nach Anselm findet die Vernunft in sich selbst die Idee des denkbar höchsten Wesens vor. Existierte dieses Wesen nur als Idee, so wäre es nicht das denkbar höchste Wesen, weil dann ein höheres Wesen gedacht werden könnte, das nicht nur in Gedanken, sondern auch in Wirklichkeit existiert. Dieser Argumentation ist bereits der zeitgenössische Mönch Gaunilo entgegen getreten. Was gedacht wird, müsse nicht existieren. Später hat Thomas dagegengehalten, die Aussage „Gott existiert" sei keine der Vernunft eingeborene Wahrheit. Die Wahrheit müsse erst bewiesen werden, wofür Thomas fünf eigene Beweise vorschlägt, drei kosmologische Beweise, einen teleologischen Beweis und den bereits erwähnten platonisch inspirierten Beweis.

Der ontologische Gottesbeweis wurde erneut von Descartes in zwei Versionen vertreten. Das Dasein Gottes gehöre notwendig zur Idee Gottes als höchst vollkommenes Wesen, und diese Idee kann sich der Mensch als endliches Wesen nicht selbst gegeben haben. Leibniz hat den ontologischen Gottesbeweis von Descartes übernommen, versehen mit dem ergänzenden Nachweis, dass der Begriff des höchst vollkommenen Wesens widerspruchsfrei möglich ist. Auch Spinozas Gott, definiert als unbedingte unendliche Substanz, schließt die Existenz ausdrücklich ein. Kant hat dem ontologischen Gottesbeweis unter Bezug auf Descartes und Leibniz widersprochen. Das Dasein sei kein Begriff, der zum Begriff eines Dinges hinzukomme; hundert wirkliche Taler würden begrifflich nicht mehr enthalten als hundert mögliche Taler.

Offenbar hat Kant nicht mehr verstanden,[15] dass der ontologische Gottesbeweis in der Tradition der engen Verbindung von Denken und Sein steht, die auf Parmenides zurückgeht: „Dasselbe ist Denken und Sein". In Spinozas Lehre von der einen unendlichen Substanz kommt diese Auffassung erneut zum Ausdruck. Kant hat die Existenz Gottes allein als ein Postulat der praktischen Vernunft, als eine Forderung des moralischen Bewusstseins verstanden. Er hat die bloßen Begriffsoperationen der traditionellen Metaphysik als eine „Logik des Scheins" zurückgewiesen. Ontologie ist bei Kant durch Erkenntnistheorie ersetzt.

Kosmologische Gottesbeweise: Als „kosmologisch" werden jene Gottesbeweise bezeichnet, die Gott als erste Ursache der Vorgänge in der Welt setzen. Die erste Ursache selbst hat keine Ursache, sondern ist Ursache ihrer selbst. Den Ursachen wird im Hinblick auf die Entstehung und Entwicklung des Kosmos nachgegangen. Die Ursachen können aber auch in anderer Weise gemeint sein. Treffender, weil umfassender, wäre daher die Bezeichnung „kausaler Gottesbeweis".

Die Grundform des kosmologischen Gottesbeweises geht auf Aristoteles zurück. Nach ihm sind Form und Stoff die beiden Prinzipien von Sein und Werden. Die Form ist das höhere Prinzip. Alles Seiende ist Geformtsein, alles Werden ist Formveränderung. Der Form gegenüber steht der Stoff, der geformt wird. Der Stoff verlangt danach, geformt zu werden. Mit der Formänderung sind Ausgangs- und Endpunkt des Werdens genannt; der Übergang, das Werden selbst, ist die Bewegung. Als grundlegendes Axiom führt Aristoteles das Kausalitätsprinzip ein: „Alles, was bewegt wird, wird notwendigerweise von einem anderen bewegt". Alle Bewegung muss eine erste Ursache haben, die selbst unbewegt ist. Der unbewegte Beweger bewirkt erstursächlich die Bewegung der Himmelssphären. Er ist reine Form ohne Stoff; er ist der apersonal aufgefasste Gott; er ist Ursache seiner selbst.

Die ersten drei der fünf Gottesbeweise von Thomas – er spricht von „fünf Wegen zu Gott" – fußen auf der kausalen Betrachtungsweise von Aristoteles.

Der erste Beweisgang geht von der Bewegung aus. Bewegung ist eine gesicherte Sinneswahrnehmung. Alles, was sich bewegt, muss von einem anderen bewegt werden. Dieses setzt seinerseits ein anderes Bewegendes voraus, und so würde es weiter bis ins Unendliche gehen, wenn nicht ein erster Beweger im Endlichen gesetzt wird; denn das Rückschreiten ins Unendliche verunmöglicht die Bewegung. Der erste Beweger wird Gott genannt.

Der zweite Beweisgang geht von der Wirkursache aus. In der sinnlich wahrgenommenen Welt wird die Ordnung der Wirkursachen vorgefunden. Jede Ursache setzt eine andere Ursache voraus. Es ist nicht möglich, in der Reihe der wirkenden Ursachen bis ins Unendliche fortzuschreiten, ohne die Ursachenkette insgesamt unmöglich zu machen. Somit ist es notwendig, eine erste Ursache anzunehmen, die Gott genannt wird. Gott ist Ursache seiner selbst.

Der dritte Beweisgang stellt das notwendige Sein dem nicht notwendigen (kontingenten) Sein gegenüber. Alles Sein muss notwendig sein, denn gäbe es nur mögliches Sein, gäbe es überhaupt nichts. Jedes Notwendige setzt ein anderes Notwendiges voraus. Auch die Reihe des Notwendigen kann nicht ins Unendliche fortgesetzt werden, ohne das Notwendige aufzuheben. Daher muss eine erste Notwendigkeit gesetzt werden, die in sich selbst begründet ist, und das ist Gott.

Die vorstehenden drei Gottesbeweise von Thomas beruhen auf dem Kausalsatz und dem Satz von der Unmöglichkeit, Bewegung, Ursache oder Sein über einen *regressus in infinitum* zu begründen. Kant hat dem entgegengehalten, dass Kausalität nur eine Verstandeskategorie ist, deren Gültigkeit in der eigentlichen Wirklichkeit nicht erwiesen ist. Descartes wiederum hat entgegnet, dass der Regress ins Unendliche nur für den *endlichen* Verstand keine Erklärungskraft besitzt.

Die drei Gottesbeweise von Thomas bestimmen das Wesen Gottes wie folgt.[42] Gott ist durch sich selbst seiend, ist ungeworden, ewig seiend, absolut notwendig, höchst vollkommen; es kann nur einen einzigen Gott geben. Thomas formuliert: „Das Wesen Gottes ist nichts anderes als sein Sein". Darum gab sich Gott den Namen Jahwe (JHWH), was seinerzeit mit „Ich bin, der ich bin" bzw. in neuerer Zeit mit „Ich bin da" oder „Ich werde da sein, der ich da sein werde" (*Ex* 3,14) übersetzt wird. Im Übrigen hebt Thomas hervor, dass die auf Gott angewendeten Begriffe nur analogen Charakter haben. Es sei angemessener, zum Wesen Gottes durch Verneinungen zu gelangen (negative Theologie).

Auch der dritte Gottesbeweis von Leibniz gehört zur Gruppe der kosmologischen Beweise. Für die von Leibniz angenommene Kontingenz des Wirklichen muss es einen zureichenden Grund geben. Dieser wird in einer notwendigen Substanz außerhalb der Folge von Kontingenzen gefunden. Anstelle der ersten Ursache ist der zureichende Grund getreten. Schließlich bestimmt Leibniz Gott als einfache ursprüngliche Substanz, als Urmonade, von der sich alle anderen Monaden ableiten.

Teleologische Gottesbeweise: Der teleologische Gottesbeweis schließt von der Ordnung und Zweckmäßigkeit der Welt auf eine zwecksetzende höchste Intelligenz (im Sinne von Vernunft). Diese wird Gott genannt.

Der teleologische Gottesbeweis wurde erstmals im Rahmen der Stoa von Cicero und Seneca geführt. Thomas greift diese Argumentation in seinem fünften Gottesbeweis auf. Gott sei kein angeborener Begriff; Gott könne auch nicht unmittelbar geschaut werden; aber die Ordnung und Zweckmäßigkeit der Welt ermögliche eine mittelbare Gottesschau.

Kant hat auch diesen Gottesbeweis, dem er ausdrücklich mit Achtung begegnete, kritisiert. Er führe zu keinem allweisen Schöpfergott, sondern nur zu einem sehr weisen Weltbaumeister. Außerdem enthalte die Welt keineswegs nur Ordnung und Zweckmäßigkeit. Hume hat ähnlich wie Kant argumentiert.

Die moderne Form des teleologischen Gottesbeweises ist die Auffassung von Kosmos und Natur als *intelligent design*. Es lassen sich innerhalb des evolutionären Weltbildes überzeugende Belege für den intelligenten Entwurf von Kosmos und Natur beibringen.

Moralische Gottesbeweise: Der moralische Gottesbeweis schließt aus dem im Gewissen sich kundgebenden Sittengesetz, aus dem Streben nach sittlicher Weltordnung und aus der unbedingten Geltung sittlicher Werte auf einen absolut verpflichtenden höheren Willen („Du sollst"). In diesem Sinn ist nach Kant Gott ein Postulat der praktischen Vernunft, ein Verlangen des moralischen Bewusstseins.

Abschließend sei wiederholt, was am Beginn der Ausführungen zu den Gottesbeweisen bereits ausgesagt wurde. Die Beschäftigung mit den traditionellen glaubensgestützten Beweisgängen der Vernunft eröffnet rationale Zugänge zu Gott. Gottesglaube muss vor der Vernunft bestehen können.

Personaler Gottesbegriff: Gotteserfahrung, strukturelle Individualität, Subjektivität

Die Frage nach der Existenz und Personalität Gottes ist, philosophisch betrachtet, eine das Sein betreffende Frage, eine ontologische Frage. Ihre rationale Beantwortung, wie sie nachfolgend versucht wird, geht von den grundlegenden Begriffen der Individualität, Subjektivität und Personalität aus, deren reales Sein durch zugehörige Phänomene zu belegen ist.

Religiöse Gotteserfahrung: Der Gottesbegriff hat seinen Ursprung im Mythos und in der Religion. Der Philosophie der Antike waren zunächst die Götter der Mythen vorgegeben und später der Gott der jüdischen bzw. christlichen Religion. Gott ist daher kein originär philosophisch begründeter Begriff, sondern eine religiöse Erfahrungstatsache. Gotteserfahrung ist individuell und subjektiv; ihr Bezug ist transzendent. Der transzendente Bezug, aufgefasst als ein Sein, wird Gott genannt. Die Philosophie versucht, die originär individuelle und subjektive Gotteserfahrung „auf den Begriff" zu bringen. Das ist das Ringen um einen vor der Vernunft verantwortbaren Gottesbegriff.

Der transzendente Bezug kann statt in ein Sein auch in ein Nichts münden. Diesem Gedanken wird später (in Kapitel IX) nachgegangen. Es gibt auch die religiöse Erfahrung der Immanenz Gottes. Sie liegt dem pantheistischen Weltbild zugrunde. Die Beschränkung auf Immanenz gelingt aber nur bei Ausschluss aller personalen religiösen Elemente, was der menschlichen Existenz insgesamt nicht gerecht wird.

Der jüdische bzw. christliche Gott ist ein personaler, dem Menschen zugewandter, transzendenter Gott. Die Gotteserfahrung ist individuell und subjektiv. Die personale Komponente Gottes ist jedoch in den metaphysischen Systemen der Philosophie nicht oder nur unzureichend berücksichtigt. Der Mangel lässt sich beheben, ausgehend von der naturgegebenen Individualität und Subjektivität, die im Menschen zur Personalität und zur transzendenten Freiheit des Geistes erhöht ist. Dies geschieht nachfolgend zunächst in Anlehnung an eine Spekulation von Hans Jonas, der das evolutionäre Entstehen von Materie und Geist erörtert.

Strukturelle Individualität sowie Subjektivität:[43] Bekanntlich haben die chemischen Elemente, die Atome und deren Teilchen keine Individualität, was Physikern bei der Beobachtung von Teilchenbahnen erhebliches Kopfzerbrechen bereitet. Aber je komplexer die aus den einfachen Elementen gebildeten Strukturen werden, etwa in organischen Makromolekülen oder in Schneekristallen, desto häufiger treten Struktureigenheiten und Strukturfehler in Erscheinung. Die komplexeren Molekül- und Kristallstrukturen weisen somit individuelle Merkmale auf. Strukturelle Individualität ist für die höheren Lebensformen konstitutiv. Kein Blatt gleicht einem anderen, obwohl vom selben Baum. Je höher entwickelt die Lebewesen, desto ausgeprägter deren strukturelle Individualität.

Das Auftreten von Subjektivität im Sinne von Innerlichkeit in der lebendigen Natur ist eine objektiv gegebene, grundlegende Tatsache. Die so geartete Subjektivität kommt im Wollen und Wertfühlen zum Ausdruck, deren niederste Form an einfachen Organismen beobachtet wird und deren höchste Form das Wertbewusstsein des Menschen ist. Damit ist die Frage der Teleologie auch in der Evolution der Natur erneut gestellt. Neben der Anfangs- oder Wirkursache, *causa efficiens*, muss die End- oder Zielursache, *causa finalis*, zugelassen werden. Die ontologische Bedeutung der Subjektivität im Sinne von Innerlichkeit wird von den Philosophen des Idealismus ebenso wie von den Philosophen des Materialismus übersehen.

Während sich die höheren Strukturen der Materie im organischen Leben bis zu einem gewissen Grade aus den Eigenschaften der Materieelemente erklären lassen, ist das Auftreten von Subjektivität im Sinne von Innerlichkeit so nicht erklärbar. Das Fühlen als elementarste Form der Innerlichkeit und das Bewusstsein als deren voll ausgebildete Form sind nicht auf Eigenschaften der Materie zurückführbar. Ausdehnung und Bewusstsein lassen sich nicht in einer homogenen Feldtheorie vereinen. Daher haben die dualistischen Theorien in der Metaphysik des Abendlandes überwogen. Das Sein wurde geteilt in Leib und Seele, Welt und Selbst, Materie und Geist. Die dualistischen Theorien haben tiefe Einsichten ermöglicht, wurden aber den organischen Lebensvorgängen nicht gerecht. Die seelischen und körperlichen Vorgänge sind unauflösbar miteinander verbunden. Ein vom Körper unabhängiges Denken und Fühlen widerspricht der Erfahrung.

Die nächstliegende monistische Theorie ist eine materialistische Option. Es wird das seelische und geistige Erleben als Begleiterscheinung rein physischer Vorgänge aufgefasst. Dieser monistische Epiphänomenalismus ist streng philosophisch widerlegbar.[44] Dennoch ist nach einer monistischen Lösung zu suchen, was bei Jonas auf spekulativem Wege unter Bezug auf die Evolutionstheorie geschieht.[43] Die nachfolgenden Ausführungen zur transzendenten Freiheit des Geistes fassen einen Teil dieser Bemühungen zusammen. Eine weitere monistische Theorie ist das philosophische System von Spinoza. Es vertritt mit der Übereinstimmung von Materie und Geist einen psychophysischen Parallelismus. Das System kann als empirisch widerlegt gelten, denn in ihm gibt es keinen Anfang und kein Ende, kein Besser und Schlechter, keine Evolution von Natur und Geist. Das All ist stets im Zustand der Vollkommenheit.

Transzendente Freiheit des Geistes:[43] Die bereits an einfachen Organismen beobachtbare Subjektivität im Sinne von Innerlichkeit ist die Ausgangsbasis der allein dem Menschen zukommenden Freiheit des Geistes. Diese sieht Jonas in drei

Bereiche unterteilt. Erstens die Freiheit des Denkens in der Wahl der Thematik; zweitens die Freiheit zur Abwandlung des sinnlich Gegebenen zu inneren Bildern; drittens die Freiheit zum Hinausgehen vom Gegenstand zum Wesen, vom Endlichen zum Ewigen, vom Bedingten zum Unbedingten. Nur im Medium der Sprache bleibt der Geist noch an die Sinnenwelt gebunden.

Die drei aufgezeigten Freiheiten des Geistes bzw. Denkens sind ein Vorrecht des Menschen. Die erste löst sich von den Bindungen des Augenblicks; die zweite löst sich von der Bindung an das Sosein der Dinge; die dritte löst sich von der Bindung an das weltlich Vorhandene. Diese Freiheiten ermöglichen die Verfolgung selbstgesetzter und transzendenter Ziele. Das mündet in die Anerkennung eines Anspruchs des Erkannten, in ein Wertverstehen. Im Hinausgehen vom Ist zum Soll erscheint die moralische Freiheit des Menschen. Der Mensch hat nicht nur ein Wissen um Gut und Böse, er hat auch die moralische Freiheit gut oder böse zu handeln.

Die moralische Freiheit gründet schließlich in der Möglichkeit der Subjektivität, das eigene Selbst zum Gegenstand der Reflexion zu machen. In der Reflexion des Selbst erscheint das Gewissen als die Sorge um das Gute in der eigenen Person. Diese Sorge wird im Unendlichen, Ewigen und Unbedingten verankert, ohne allerdings die im Endlichen herrschende Ambivalenz des Willens zum Guten aufheben zu können.

Personaler Gottesbegriff: geistige Individualität, Personalität, Sittlichkeit, Liebe

Geistiges Individuum:[45] Die vorstehenden, auf Hans Jonas zurückgreifenden Ausführungen zur strukturellen Individualität und zur Subjektivität im Sinne von Innerlichkeit, sowie zur transzendenten Freiheit des Geistes werden nunmehr mit Aussagen zum geistigen Individuum und zur Personalität fortgesetzt, die sich an der Phänomenologie, Ontologie und Ethik von Nicolai Hartmann orientieren. Dabei ist der von Hartmann verwendete Begriff *Bewusstsein* (mit oder ohne Geist) dem Begriff *Subjektivität* bei Jonas gleichzusetzen. Subjektivität bei Hartmann ist ausschließlich Komplementärbegriff zu Objektivität.

Das geistige Individuum ist ein denkendes Wesen. Das Denken ist zunächst auf das Erfassen äußerer Gegenstände gerichtet. Im betrachtenden Denken seiner selbst dagegen bleibt der Geist bei sich selbst. Hier erscheint das Ich-Bewusstsein als gegeben. Andererseits steht der Geist sich selbst im Wege, wenn er sich selbst erfassen will. Erst wenn er sich gleichsam vergisst, gelingt die Selbsterfassung in gewissem Grade.

Das Geistige wird nicht vererbt, sondern muss von jedem Individuum neu erworben werden. Da der Geist eine gewisse Freiheit über sich selbst besitzt, tritt eine große Mannigfaltigkeit des Geistigen mit der Verschiedenheit der Individuen auf.

Das geistige Bewusstsein des Menschen, im Unterschied zum geistlosen Bewusstsein höherer Tiere, steht distanziert und dezentriert zu den Sachen in seiner Umwelt (besser „Mitwelt"). Das triebhafte Reagieren ist ersetzt durch überlegtes Agieren.

Die für Erkenntnis grundlegende Leistung des Geistes ist das Zum-Objekt-Machen, die „Objektion" dessen, was an-sich-seiend ist. Indem die Dinge dem Bewusstsein zum Objekt werden, wird es selbst zum Subjekt der Objekte. Das Objekt wird zu einem Seienden, das unabhängig vom Subjekt besteht. Das Subjekt hebt sich gleichzeitig innerlich vom Objekt ab. Soweit sich das Bewusstsein des Subjekts zentrisch setzt, werden die Dinge, wie sie an sich sind, durch die Umwelt des Subjekts verdeckt. Das Dezentrieren des Bewusstseins ist daher wesentlich für die Erkenntnis der Dinge an sich, einschließlich der Erkenntnis des Bewusstseins selbst.

Dem Für-sich-Sein des Geistes steht das Für-sich-Sein der Welt gegenüber. Das Für-sich-Sein kann im empirischen Geist des Menschen niemals ganz vollzogen werden. Es verbleibt ein Verhaftetsein an das geistlose Bewusstsein. Das Für-sich-Sein der Welt ermöglicht Sinngebung. Der Geist gibt dem Seienden Sinn, indem er die Welt zu seinem Objekt und sich selbst zum Subjekt macht. Dies ist aber nur der Ausgangspunkt von Sinngebung. Der eigentliche Sinn erweist sich erst im personalen Charakter des Geistes.

Phänomen der Person:[45] Der Geist als denkende Substanz der Subjektivität begründet zugleich die Objektivität. Über das Denken hinaus ist er den Akten und Beziehungen des Lebens inhärent. Im Wandel der Akte und Beziehungen bleibt sich der Geist gleich. Die Einheit des geistigen Individuums begründet die Person. Jede Person ist einzigartig.

Während das Subjekt alleine steht, ist die Person über den personalen Geist in die umfassende Sphäre des objektiven oder geschichtlichen Geistes eingebunden.

Der Mensch steht dem Menschen nicht als Subjekt gegenüber, sondern als Person. Dies ist sein Für-die-Welt-Sein. Er handelt, leidet, lebt, formt und wird geformt in personalen Verhältnissen.

Nochmals etwas anders formuliert: Objektivität ist untrennbar von Subjektivität, Gegenstandsbewusstsein ist untrennbar von Selbstbewusstsein. Aber das Ich ist keineswegs nur Subjekt und das Gegenüber keineswegs nur Ding. Dem Ich steht ein Du gegenüber. Sprachlich wird dies als erste und zweite Person bezeichnet. Erst im Verhältnis der Personen wird das Ich zu dem, was es eigentlich ist. Das Ich ist nicht primär wissendes Subjekt, sondern primär handelnde und Behandlung erfahrende Person.

Personalität ist also der Kern des geistigen Individuums. Personalität beinhaltet Ganzheit. Sie widersetzt sich dem zergliedernden Erkennen. Dennoch ist das Personsein unverkennbar.

Personalität als Realkategorie:[45] Personalität ist Anschauungskategorie ebenso wie Realkategorie des geistigen Seins. Anschauungs- und Realkategorie sind nur näherungsweise identisch. Der Geist ist ein kategoriales Novum über den niederen Seinsschichten.

Personalität als Anschauungsform des geistigen Seins erscheint als gleichbleibendes, geschlossenes Wesen, was sie aber nur scheinbar ist. Personalität ist in Wirklichkeit das Durchhalten von Identität im zeitlichen Wandel der Person. Das Verhalten der Person zu Personen steht unter der Zusage, im Wandel an sich festzuhalten.

Was in der Anschauung als unmittelbar gegeben erscheint, die Einheit und Ganzheit der Person, ist in der Wirklichkeit zeitlich konditioniert. Person ist nur das freie Zu-sich-Halten. Sie muss sich erst zu dem machen, was sie in Wahrheit ist.

Personalität als spontaner Selbstvollzug von personaler Einheit und Ganzheit äußert sich im Verhältnis der Person zu ihrem Lebensraum. Dieser ist Aktionsfeld, nicht nur Objektfeld. Die Person muss sich durch die Folge der Situationen hindurchfinden, in die sie gerät. Dabei sind fortwährend Entscheidungen zu treffen.

Die Person ist von allem betroffen, was in ihrer Reichweite geschieht. Sie ist in die Lebensaktualität hineingerissen, erleidet sie und antwortet darauf; also kein haltloses Ausgeliefertsein, sondern eher ein Herausgefordertsein. Ein Spielraum der Freiheit ist gegeben; die Person kann so oder auch anders handeln.

Neben den Erkenntnisakten der Person, die in den bewusstseinstranszendenten Objektionen zum Ausdruck kommen, steht das ebenfalls bewusstseinstranszendente emotionale Erleben und Erleiden der Welt, in dem sich die Härte der Realität als Lebenserfahrung niederschlägt. In der Beziehung zwischen Personen hat die emotionale Komponente das Übergewicht. Emotionales Betroffensein herrscht auch hinsichtlich vergangener Ereignisse (Rückbetroffenheit) und zukünftiger Erwartungen (Vorbetroffenheit).

Die aufgeführten transzendenten Akte bilden ein unauflösbares Aktgefüge, das den Lebenszusammenhang der Person bildet. Im Strom des Geschehens stehend muss die Person zur Einheit und Ganzheit finden. Sie geht in ihren Akten nicht auf, sondern transzendiert sie.

Das Bewusstsein trennt die Menschen, der Geist verbindet sie. Die Person ist zwar ein Individuum, aber sie zieht auch andere Menschen in ihren Bannkreis, realitätsgestaltend und weltformend. Dies geschieht weitgehend unbewusst. Auf diese Weise ist die Person in ihrer Lebenssphäre verwurzelt. Zu den höheren Sphären des Bannkreises gehört die Partner- und Gemeinschaftsbildung. Man hat den zugehörigen Machtanspruch auch als Dämon des einzelnen Menschen bezeichnet.

Die realkategoriale Analyse der Personalität wird von Hartmann wie folgt zusammenfassend formuliert:[45] „Person ist hiernach das Wesen, das nicht nur in seinen Akten sich transzendiert, sondern mit seiner ganzen Seinsform ein über sich hinaus lebendes und bezogenes ist; ein Wesen, das von Hause aus in Selbsttranszendenz lebt, das mit seinem Lebenskreise innerlich verwachsen ist und jederzeit ebenso sehr in ihm besteht wie in sich selbst. Sie ist das von Grund aus expansive Wesen, das im Hinauswachsen in die Welt sich selbst doch nicht verliert, sich vielmehr so erst in Wahrheit selbst ausgestaltet und verwirklicht."

Personalität und Selbstbewusstsein:[45] Was die eigene Person in Wirklichkeit ist, das ist ihr nur selten voll bewusst. Selbstbewusstsein ist eher ein nachträgliches Erfassen, getragen vom personalen Sein. Es ist weit mehr als bloßes Ichbewusstsein, ist inhaltlich erfüllte Selbsterkenntnis. Diese setzt Distanz zu sich selbst voraus, die erst gewonnen werden muss. Wirkliche Selbsterkenntnis wird aus dem Verhalten der Person zur Welt gewonnen, insbesondere aus den emotionalen Akten der Person.

Inhaltlich erfüllte Selbsterkenntnis wird also aus der Lebenserfahrung mit sich selbst gewonnen. Der Mensch wird vom Leben belehrt, was er wirklich ist. Erst in den konkreten Situationen geschieht die Selbsterfahrung in aller Härte. Das Sokratische „Erkenne dich selbst" ist Selbstprüfung in den ungesuchten Lebenssituationen. Die Aporie des Selbstbewusstseins, die ihm eigene Identität von Subjekt und Objekt, löst sich auf im selbstvergessenen Außer-sich-Gerichtetsein.

Die wechselseitige Bedingtheit von Identität und Distanz zum Selbst wird von Hartmann wie folgt charakterisiert:[45] „Person ist das Wesen, in dem die Gegensätze der eigenen Tendenzen sich gegenseitig vermitteln. Sie verinnerlicht sich im fortschreitenden Für-sich-Sein, indem sie sich in ihr Sein-für-anderes verliert; und sie wächst sich aus in ihr Sein-für-die-Mitwelt, indem sie erkennend für sich wird, was sie für sie ist. Die innere Gelöstheit ist ihr so wesentlich wie ihr Zusammenschluss mit sich, die Distanz gegen sich so wesentlich wie die Identität in der Distanzierung".

Personales sittliches Wesen:[45] Die Person ist einzigartig als sittliches Wesen. Die vier Grundbestimmungen der Person sind nach Hartmann: Voraussicht, Vorbestimmung bzw. Zwecktätigkeit, Wertfühlung bzw. Wertbewusstsein und sittliche Entscheidungsfreiheit. Diese Grundbestimmungen werden nachfolgend erläutert.

Der personale Geist ist frei beweglich im Anschauungsraum und in der Anschauungszeit, kann sich also von der räumlichen und zeitlichen Gebundenheit in der Realwelt lösen. Ebenso kann er in der Anschauungswelt von sich Abstand nehmen und wieder zu sich zurückkehren. Daraus entspringt die Fähigkeit des zeitlichen Vorgreifens in der Anschauung, die Voraussicht. Sie ist zwar begrenzt auf das, was der personale Geist braucht und erträgt, aber sie ermöglicht ihm ein auf die Zukunft gerichtetes Wollen und Handeln. Dies wiederum ist Voraussetzung für sittliche Verantwortlichkeit.

Der Mensch ist von der Welt betroffen, aber auch die Welt ist vom Menschen betroffen. Zur Voraussicht kommt die Macht aktiver Vorbestimmung hinzu. Deren kategoriale Form ist die Zwecktätigkeit. Sie besteht darin, dass, dem kausalen Verlauf in der Anschauung vorgreifend, ein Zweck gesetzt wird, die Mittel zur Zweckerreichung bis zum ersten Glied rückdeterminiert werden und schließlich der Zweck als Realprozess verwirklicht wird. Die Fähigkeit der Zwecktätigkeit ist ein zentrales Merkmal der Person. Sie greift damit determinierend in das Weltgeschehen ein.

Der Geist hat Macht über das geistlose Sein. Die Macht besteht nicht im Stärkersein gegenüber den Naturgewalten, sondern in deren Lenkung in seinem Sinne. Der Geist kann, was Naturwesen nicht können: Zwecke setzen und die Mittel für die Zweckverwirklichung selegieren. Die Natur kann sich dem nicht widersetzen. So hat der Mensch die Welt für seine Zwecke umgestaltet.

Hinter Voraussicht und Zwecktätigkeit steht die Wertfühlung bzw. das Wertbewusstsein des personalen Geistes. Es hat für ihn fundamentale Bedeutung. Dem Geist erscheint alles, was ihn in der Welt angeht, wertbezogen, also wertvoll oder wertwidrig. Die Wertfühlung geht der Erkenntnis voraus, denn die Aufmerksamkeit ist von Anfang an auf das Beachtenswerte gerichtet. Aber es gibt auch ein Wertvollsein für den Menschen ohne das begleitende Wertbewusstsein. Die Werte bestehen unabhängig vom Wertbewusstsein. Das Wertbewusstsein setzt das Bestehen der Werte voraus.

Die Wertfühlung entscheidet darüber, welche Zwecke der Mensch setzt. Die Zwecktätigkeit als solche ist wertindifferent. Ihr Inhalt muss erst gesetzt werden. Er ist werthaltig, denn der Mensch will nicht das Wertlose. Das Gute ist nach Hartmann das Sich-Einsetzen im Sinne des höheren Wertes, das Böse das Bevorzugen des niederen Wertes. Die sittliche Person ist wertgerichtet aktiv.

Die Wertfühlung begründet die einzigartige Stellung des Menschen in der Welt. Wertfühlung ist ein inneres Vernehmen. Nur der geistig-personale Mensch vernimmt den Ruf der Werte. Das Reich der Werte ist ein eigenes Reich des Idealen neben dem Reich des Realen. Der Wert bezeichnet ein Seinsollendes im Unterschied zum real Seienden. Werte beanspruchen ideale Gültigkeit unabhängig von ihrer Realisierbarkeit. Nur der geistig-personale Mensch kann die idealen Werte in der realen Welt zum Tragen bringen, es ist in seine Freiheit gestellt. Aber der lebendige Geist befindet sich im permanenten Konflikt zwischen Realwelt und Idealanspruch.

Das Austragen des Konflikts setzt voraus, dass der personale Geist die Freiheit zu selbständiger Entscheidung zwischen den mannigfaltigen Werten und Unwerten hat. Nur als freies Wesen ist der Person sittliche Verantwortung zurechenbar. Dass diese Freiheit und Verantwortlichkeit gegeben ist, ist weder beweisbar noch widerlegbar. Die Macht der Entscheidung ist der irrationale Kern der Person. Die Grenzen des menschlichen Begreifens sind eben nicht die Grenzen des Seins.

Metaphysik der Person:[45] Unter „Metaphysik der Person“ vergleicht Hartmann zunächst die genannten vier Grundbestimmungen zur menschlichen Person mit entsprechenden Prädikaten der Gottheit. Der Mensch erscheint als das aus sich heraus gefährdete Wesen. Als wertfühlendes Wesen soll er der Welt und noch mehr den Menschen in der Welt gerecht werden. Teilhabe am Leben der Mitmenschen ist Anspruch der sittlichen Person.

Die vier Grundbestimmungen der menschlichen Person als sittliches Wesen – Voraussicht, Vorbestimmung, Wertbewusstsein und Entscheidungsfreiheit – entsprechen Prädikaten der transzendenten Gottheit. Voraussicht und Vorbestimmung wirken in der göttlichen Vorsehung. Das Wertbewusstsein als Wissen um Gut und Böse war ursprünglich Gott vorbehalten. Allein er traf die freie Entscheidung „Es werde".

Dem Menschen kommen die göttlichen Prädikate nur in eingeschränkter, verendlichter Form zu. Dennoch ist das Ethos des Menschen wesensgleich mit dem, was der Glaube in der Gottheit als absolut gegeben verehrt. Des Menschen Voraussicht ist eng begrenzt, seine Vorbestimmung beschränkt sich auf Nächstliegendes, sein Wertbewusstsein ist ambivalent, seine Entscheidungsfreiheit erlaubt nur Initiativen.

Mit dem Wertbewusstsein sowie der Aktions- und Entscheidungsfähigkeit ist der personale Geist auf der Höhe seines Wesens, aber er ist absturzgefährdet, denn der personale Geist ist ein Reich der Konflikte. Ideale und reale Welt stehen sich gegenüber, die Realsituation nötigt zur Entscheidung, das Wertbewusstsein schreibt keinen bestimmten Weg vor, der Mensch hat die Freiheit der Entscheidung. Er ist nicht nur von außen, sondern auch von innen bedroht. Selbstverwirklichung und Selbstvernichtung liegen eng beieinander.

Das personale Wesen macht sich die Welt nicht nur im Erkennen, Wissen und Begreifen zu eigen, im Für-ihn-Sein der Welt, in der „Objektion", er antwortet auch auf alles mit seiner Wertfühlung. Als ein wertfühlendes Wesen, das an der Welt teilhat und in der Welt entscheidet, muss der Mensch eine Wertantwort geben, muss der Mensch der Welt und seinen Mitmenschen gerecht werden. Daraus leiten sich Sinngebung und Sinnerfüllung ab.

Der Mensch ist dadurch gekennzeichnet, dass für ihn das Wertvolle einen Sinn hat. Sittliche Werte sind wertvoll *an dem*, der sie hat; aber sinnvoll sind sie nur *für den*, der sich auf sie verlässt. Der personale Geist ist Sinngeber in der Sinnlosigkeit des bloßen Daseins der Welt. Die Welt gehört dem Geist, soweit er sich ihr öffnet. Damit tritt das geistige Eigentum in den Gegensatz zum ökonomischen Eigentum. Das wird sofort klar, wenn man sich die Frage beantwortet, wem ein Kunstwerk gehört. Geistig doch wohl dem, der sich dem Werk ganz geöffnet und es sich damit angeeignet hat.

Weit höher noch ist der moralische Anspruch des personalen Geistes an den Geist seinesgleichen. Die Anteilnahme am Leben des Mitmenschen ist Sinngebung. Während die der Welt entgegengebrachte Sinngebung eine zufällige ist, besteht seitens des Mitmenschen ein Anspruch auf Sinngebung. Das Ethos des an der Welt Teilhabens und des den Menschen Gerechtwerdens mittels der Wertantwort ist mit dem Ethos der Liebe verwandt.

Personale Liebe:[46] Die in der personalen Liebe sich ausdrückende Wertantwort hat Hartmann in seinem grundlegenden Werk *Ethik*[45] eingehend untersucht und beschrieben. Er bezeichnet die individuelle Person, der ein Wertcharakter zukommt, als „Persönlichkeit". In der schenkenden Tugend der persönlichen Liebe ist der Persönlichkeitswert des Liebenden auf den Persönlichkeitswert des Geliebten gerichtet. Dies im Unterschied zur Nächstenliebe, in der die persönlichkeitsunabhängige Hilfe im Vordergrund steht. Dies auch im Unterschied zur Tugend der Gerechtigkeit, die vom spezifisch Persönlichen ausdrücklich absieht.

Persönlichkeit erfüllt sich nicht im reinen Für-sich-Sein. Sie sehnt sich danach, für eine andere Persönlichkeit da zu sein. Sie richtet sich nicht auf die unzulängliche, empirisch erfahrene Einzelperson, sondern auf das dahinter erfühlte vollkommenere Ideal.

Dic persönliche Liebe schafft eine ethische Situation eigener Art, eine ausschließlich zweigliedrige Bindung zwischen Menschen. Die Bindung beschränkt sich nicht auf die je zwei empirischen Personen, sondern umfasst auch deren ideales Ethos. Sie schafft damit ein werthaltiges Gebilde höherer Ordnung, das über das Ethos der beiden Einzelpersonen hinausgeht.

Der engere sittliche Wert der Liebe liegt in der unbedingten Bejahung der geliebten Person. Diese Bejahung enthält aber auch einen Besitzanspruch. Der Liebende will die geliebte Person für sich haben. Er ist andererseits bereit, die eigene Person in den Dienst der geliebten Person zu stellen.

Neben diesem empirischen Bezug steht ein idealer, nämlich die Hinleitung auf das wahre sittliche Wesen des Geliebten. Die Liebe hat die Kraft, den Geliebten zu dem zu machen, was sie in ihm sieht. Hartmann formuliert:[46] „Das Werk der persönlichen Liebe ist recht eigentlich das sittliche Sein des Geliebten". Damit ist das Geheimnis der sittlichen Macht der Liebe angedeutet.

In der Liebe steht der Gefühlswert im Vordergrund. In ihrer idealen Form vermittelt sie das Hochgefühl des Zeitlosen oder Ewigen, gemeinhin als Glück bezeichnet. Tatsächlich steht aber der Gefühlswert jenseits von Glück und Unglück, denn es gibt auch die unglückliche Liebe. In der persönlichen Liebe erfährt der Mensch nicht die Seligkeit des Geliebtwerdens, sondern die des Liebens.

Neben dem Gefühlswert der Liebe steht deren Erkenntniswert. Das Erkenntnismoment ist in der Liebe von Anfang an enthalten. Es ist auf den sittlichen Wert der Persönlichkeit gerichtet. Die vollkommene ideale Persönlichkeit wird apriorisch gesehen, nicht die unzulängliche empirische Person. Die persönliche Liebe entdeckt die ideale Persönlichkeit in der empirischen Person. In Bezug auf den Persönlichkeitswert ist allein der Liebende ein Sehender. Er muss die ideale mit der empirischen Sicht verbinden. So kann die persönliche Liebe den letzten Sinn des Lebens vermitteln.

Personaler Gottesbegriff: Monotheismus, Trinität, Dilemmata

Mit den vorangegangenen Ausführungen in der Reihenfolge Individualität, Subjektivität, Personalität und Liebe wurden die phänomenologischen und ontologischen Gegebenheiten des Menschen als sittliches Wesen beschrieben. Die Darstellung folgte zunächst einem Gedankengang von Hans Jonas, der die Unerklärbarkeit der Subjektivität im Sinne von Innerlichkeit im evolutionären Geschehen der Natur hervorhebt. Daran anschließend wurden die grundlegenden Bestimmungen von Nicolai Hartmann zur sittlichen Persönlichkeit und zur persönlichen Liebe wiedergegeben.

Dies ist ein Begründungsgang vom Einfachen zum Komplexen, von der Materie zum Geist, vom Sein zum Sollen, vom innerweltlich Gegebenen zum transzendent Geschauten. Jetzt soll in umgekehrter Richtung, vom transzendenten Sakralen ausgehend, die sittliche Verantwortung des Menschen begründet werden. Tatsächlich haben die Begriffe Person und personale Liebe im jüdischen und christlichen Glaubensbereich ihren Ursprung.

Personaler Gott der Juden: Schon die früheste Gottesvorstellung der vorisraelitischen Hirten ist personal bestimmt. Gewisse Züge wirken dämonisch. Machthaltig sind Gottes Wort und Gottes heiliger Name. Zum Gott der Israeliten als Volk wird dieser Gott durch Moses, der die Israeliten herausführt aus der Knechtschaft in

Ägypten und am Berge Sinai den unaufkündbaren Bundesschluss zwischen dem Gott namens Jahwe und dem von ihm erwählten Volk vermittelt. Gott sagt zu, sein Volk zu beschützen und zu erhöhen. Das Volk sagt zu, die Gebote Gottes, das Gesetz, die Thora, einzuhalten und sich allein zu Jahwe zu bekennen. Beim Bundesschluss verstehen sich die Partner personal, Gott als Herr und das Volk als Knecht.

Neben dem Bund Jahwes mit den Israeliten stehen weitere Bünde zwischen Gott und herausgehobenen Menschen. Gott beansprucht durchweg die alleinige Herrschaft. Dem Urvater Noah wird versprochen, dass hinfort keine Flut mehr die Erde heimsuchen wird. Dem Patriarchen Abraham wird Kanaan, das heutige Palästina, als künftiges Siedlungsland zugesagt (das Gelobte Land). Mit König David wird ewige Dauer von Königtum und Geschlecht vereinbart. Das personale Gottesverhältnis, das diesen sakralen Rechtsakten zugrunde liegt, ist ein Merkmal der israelitischen Religion, das allen anderen seinerzeitigen Religionen fremd ist. Es begründet das besondere Vertrauensverhältnis zwischen Mensch und Gott, wie es in vielen Psalmen zum Ausdruck kommt. Der besondere Bund mit Gott ist auch den Juden der nachexilischen Zeit das Wichtigste.

Das personale Element im israelitischen bzw. jüdischen Gottesbild weist gewisse Unterschiede zum christlichen Verständnis auf. Sie betreffen den sittlichen Charakter und die irdische Funktion Gottes.

Juden und Christen sehen den Menschen als Ebenbild des unsichtbaren personalen Gottes. Im jüdischen Verständnis ist damit aber nicht nur die Lichtseite, sondern auch die Schattenseite Gottes gemeint. Dem entspricht nach jüdischer Auffassung der gute und böse Trieb im Menschen. Der Mensch kann dem bösen Trieb nachgeben, er kann aber auch in freier Willensentscheidung sich zu einem gottgefälligen Leben bekehren. Das Christentum verneint dagegen die Schattenseite Gottes, sieht den Menschen der Erbsünde unterworfen und auf Gottes Gnade angewiesen.

Die jüdische Religion ist auf den diesseitigen Lebensvollzug gerichtet, auf die Erfüllung der Anforderungen von Volk und Familie, auf das Einhalten der Thora, des von Gott gestifteten Gesetzes. Die Gerechtigkeit ist höchster sittlicher Wert. Gott belohnt den Gerechten und bestraft den Frevler. Im babylonischen Exil entsteht die Erwartung des Messias als diesseitiger Idealkönig der Juden. Erst die spätere Apokalyptik sieht im Messias den zukünftigen kosmischen Heilsbringer. Anders die christliche Religion, die Gottes Liebe und Barmherzigkeit hervorhebt und in Christus den bereits erschienenen himmlischen Messias zu erkennen glaubt.

Da der personale Gott der Juden in der nachexilischen Zeit immer mehr in die Transzendenz rückt, werden hypostatisierte Mittlerkräfte zwischen Gott und Mensch beschrieben: das schöpferische Wort Gottes, der Logos, als erstgeborener Sohn Gottes, die Weisheit als vorweltliche Tochter Gottes, die Engel als Boten Gottes einschließlich des Satans als gefallener Engel, der die Menschen zum Bösen verleitet.

Monotheismus der Juden: Das personale Gottesbild der Juden ist mit der monotheistischen Gottesauffassung verbunden. Diese kommt eindrucksvoll in dem von gläubigen Juden täglich rezitierten Bekenntnis zum Ausdruck: „Höre, Israel! Jahwe, unser Gott, Jahwe ist einzig" (*Dtn* 6,4). Der jüdische Monotheismus ist Grundlage des Bundes zwischen Gott und seinem Volk. Es ist dies zunächst kein weltumfassender Monotheismus, sondern lediglich ein solcher, der die Israeliten bzw. Juden gegenüber anderen Völkern mit anderen Göttern abgrenzt. Obwohl die Redaktoren der Bibel sich große Mühe gegeben haben, einen reinen Monotheismus hervortreten zu lassen, ist ihnen das nicht vollständig gelungen. Es wird von göttlichen Wesen berichtet, die zwischen Gott und Mensch vermitteln. In den nichtkanonischen Apokryphen der nachexilischen Zeit setzen sich derartige Berichte fort.

Diese, den Monotheismus einschränkenden, göttlichen Wesen werden nachfolgend kurz beschrieben, weil sie die spirituellen Anknüpfungspunkte der im Christentum zentralen Trinitätslehre bilden. Insbesondere das Johannesevangelium, das die Menschwerdung des Gottessohnes, des Logos, verkündet, und die Christologie des Apostel Paulus bereiten der Trinitätslehre den Weg. In beiden Fällen war die altjüdische Vorstellung von zwei Mächten im Himmel, personifiziert als „alter Gott" und „junger Gott", der Ermöglichungsgrund. Es gibt nicht den radikalen Bruch zwischen einem „rein monotheistischen" jüdischen und dem trinitarischen christlichen Gottesbild, den der jüdische Religionsphilosoph Martin Buber sehen will.

Als gottähnliche Gestalt neben Gott tritt in der Vision Daniels der „Menschensohn" auf (genauer übersetzt: „der aussieht wie ein Mensch", *Dan* 7,13–14). Ihm wird die Königsherrschaft im Himmel und auf Erden übertragen. Vermutlich handelt es sich um den in einen gottähnlichen Status erhobenen Erzengel Michael. Eine weitere Gestalt neben Gott ist die als „Tochter Gottes" personifizierte Weisheit, die schon vor Erschaffung der Welt inthronisiert war (*Sprüche Salomos*). In den Qumran-Texten tritt der dem Menschensohn ähnelnde „Sohn Gottes" oder

„Sohn des Höchsten" auf, der als Messias die endzeitliche Rettung des Volkes Israel verbürgt.[47]

Im rabbinischen Judentum (ab 70 n.Chr.) setzt sich die Menschensohn-Tradition fort. Ein zweiter junger Gott neben dem ersten altehrwürdigen Gott wird im babylonischen Talmud und in den Schriften der jüdischen Mystik (Hekhalot-Literatur) beschrieben. Ausgezeichnete Menschen wurden im Himmel aufgenommen. Der Patriarch Henoch wird in den gottähnlichen Engel Metatron verwandelt. David wird zum himmlischen Messiaskönig erhoben. Der Prophet Elias fährt gen Himmel.[47]

Das aus dem Judentum sich lösende Christentum (ab 90 n.Chr.) hat den dargestellten unreinen Monotheismus des rabbinischen Judentums fortgeführt, während das Judentum selbst, auch in Abgrenzung zum Christentum, den reinen Monotheismus restituierte. Anleihen des Christentums beim Judentum, die den Monotheismus einschränken, sind die Glaubensvorstellungen von Christus als Erstgeborener vor aller Schöpfung, als Gottessohn, der Menschengestalt annahm und als Menschensohn und Messias, der zur Rechten Gottes inthronisiert wurde. Auch der Islam vertritt in Abgrenzung zum Christentum einen reinen Monotheismus.

Personaler Gott der Christen: Mit der geglaubten Erlösung durch Jesus Christus wird nach christlicher Auffassung der Alte Bund zwischen Gott und den Israeliten in übergreifender Form als Neuer Bund fortgesetzt. Bündnispartner sind nunmehr Gott und jener Teil der gesamten Menschheit, der Christus nachfolgt. Das personale Gottesbild ist dabei etwas verändert. Anstelle von Gesetz und Gerechtigkeit (ohne Ansehen der Person) im Alten Bund werden Liebe und Barmherzigkeit (mit Ansehen der Person) im Neuen Bund hervorgehoben. Die auf das Diesseits bezogenen Verheißungen des Alten Bundes sind im Neuen Bund durch Verheißungen ersetzt, die sich erst im Jenseits erfüllen. Gott tritt gegenüber der Erlösergestalt Christi zurück. Der personale Charakter des Bundes bleibt jedoch erhalten.

Die Hervorhebung der Liebe kommt in den Seligpreisungen der Bergpredigt zum Ausdruck (*Mt* 5,3–12). Selig sind demnach die vor Gott Armen, die Leidtragenden, die Sanftmütigen, die nach Gerechtigkeit Strebenden, die Barmherzigen, die Reinherzigen, die Friedfertigen und die um Christi willen Verfolgten. Von Vertrauen und Liebe getragen ist das dem Neuen Bund zugehörige Gebet, das Vaterunser (*Lk* 11,1–4). Gottes personale Liebe ist allumfassend: „Gott hat die Welt so sehr geliebt, dass er seinen einzigen Sohn hingab, ..." (*Joh* 3,16). Der Mensch soll dem Liebesangebot Gottes uneingeschränkt folgen.

Trinitarische Gottheit der Christen: Im Zentrum des Christentums steht keine Idee oder Weltanschauung, sondern die Person Jesus Christus. Die zum Gottessohn erklärte menschliche Person Jesus von Nazareth gilt nach Kreuzestod und Auferstehung als zur göttlichen Person erhöht: Christus, der von Gott zum Himmelskönig Gesalbte, der himmlische Messias, nunmehr als „Herr" (*Kyrios*) angeredet. Christlicher Glaube gründet sich auf der Einzigartigkeit der personalen, liebenden Beziehung zwischen Gott und Gottessohn. Der Gläubige ist zur Nachfolge Jesu Christi aufgerufen. Sie gelingt im Glauben an den Heiligen Geist, auch „Geist der Wahrheit" genannt. Dieser ermöglicht es dem Menschen, das in Christus offenbarte Wort Gottes zu vernehmen und gläubig anzunehmen.

Die innergöttliche Beziehung zwischen Vater, Sohn und Geist ist im Trinitätsdogma der orthodoxen Ostkirche bzw. der römisch-katholischen Westkirche festgeschrieben. Zur Trinitäts- oder Dreifaltigkeitslehre und deren Entstehung sind gelehrte theologische Werke verfasst worden. Aus der Zusammenfassung des Reformtheologen Hans Küng werden nachfolgend nur die wichtigsten Eckdaten der Entwicklung angegeben.[48]

Trinitätsdogma von Konstantinopel: Auf dem zweiten ökumenischen Konzil von Konstantinopel (381) wurde das Trinitätsdogma für die christliche Gesamtkirche verabschiedet und durch kaiserliches Dekret in Kraft gesetzt. Das Dogma fußt auf der Trinitätslehre der drei großen Kappadokier Basilios der Große, Gregor von Nazians und Gregor von Nyssa. Diese Lehre besagt: Der eine Gott (die eine Substanz, das eine Wesen, die eine Natur) tritt auf in drei Hypostasen (in drei Erscheinungsweisen, Personen, Subsistenzen). Jeder der drei Hypostasen hat ihre eigene Existenzweise, unerzeugt der Vater, erzeugt der Sohn, hervorgegangen („gehaucht") der Heilige Geist. Dies ist der dreieinige Gott, der von den Christen verehrt und angebetet wird.

Die im Dogma verwendeten Begriffe bedürfen der Erläuterung: Substanz ist das Beharrende, das Für-sich-Bestehende; Wesen (gr. *usia*, lat. *essentia*) ist das Bleibende, das Eigentliche; Natur (gr. *physis*) ist das ursprüngliche Wesen, der Kern der Sache; Hypostase ist die Vergegenständlichung oder Personifizierung eines abstrakten Begriffs; Subsistenz ist das Bestehen durch und für sich selbst. Letzte begriffliche Klarheit über das Trinitätsdogma lässt sich nicht gewinnen, denn die verwendeten Begriffe überschneiden sich teilweise und haben im Griechischen,

Lateinischen und Deutschen etwas unterschiedliche Bedeutung. Eine kirchenamtliche Festlegung gibt es nicht.

Hellenistisches Glaubensparadigma: Bevor auf die spätere Abwandlung des Trinitätsdogmas in der westlichen, römisch-katholischen Kirche eingegangen wird, werden zum besseren Verständnis der Dogmatisierung die dem Konzil von Konstantinopel vorangegangenen Auseinandersetzungen dargestellt.

Diese Auseinandersetzungen markieren die Ablösung des urchristlich-apokalyptischen Glaubensparadigmas durch das altkirchlich-hellenistische Glaubensparadigma.[48] Gemäß dem erstgenannten Paradigma wird der Mensch Jesus nach Leiden, Kreuzigung und Auferweckung als Gottessohn himmlisch erhöht und als wiederkehrender Erlöser inthronisiert (Erhöhungschristologie). Gemäß dem zweitgenannten Paradigma ist Christus als Logos mit Gott präexistent, steigt irdisch inkarniert zur Erde ab und kehrt als Gottessohn und Erlöser in den Himmel zurück (Inkarnations- oder Logoschristologie) Anstelle der Erhöhung zum Himmel ist der Abstieg zur Erde getreten. Die Menschwerdung Gottes verbürgt die Vergottung des Menschen.

Entsprechend der Seinsphilosophie des Hellenismus stellte sich jedoch das Problem, wie mit dem Gottessohn neben Gott der Monotheismus bewahrt werden kann.

Gleichrangigkeit von Vater und Sohn (Nikaia): Der Lehre des großen Theologen Origines folgend nahm der alexandrinische Presbyter Arius drei klar unterscheidbare Hypostasen in Gott an: zunächst Gott in absoluter Transzendenz, ungeschaffen, ungeworden, immer seiend; dann der Sohn Gottes, sein vornehmstes Geschöpf, aber ihm untergeordnet, geschaffen zur Weltschöpfung, erstgeboren vor aller Schöpfung, Mittler zwischen Gott und Welt, nicht wesensgleich mit dem Vater, keine gemeinsame Natur (*physis*); und schließlich der Heilige Geist auf rein menschlicher Ebene. Der Wesensungleichheit von Vater und Sohn widersprach der alexandrinische Diakon Athanasios. Nur in vollkommener Wesensgleichheit mit Gott könne Christus vom Tode erlösen. Gott wurde Mensch, um den Menschen zu vergotten.

Die Auffassung des Athanasios wurde auf dem ersten ökumenischen Konzil von Nikaia (325) bestätigt, die Auffassung des Arius verdammt. Die Gleichrangigkeit von Gott-Vater und Christus-Sohn wurde dogmatisiert, Gott habe sich in Christus rückhaltlos offenbart, Christus sei wesens- und substanzgleich dem Vater, es gebe nur eine Substanz und nur eine Hypostase in Gott: „Licht von Licht, Gott von Gott".

Über die Stellung des Heiligen Geistes hatte man sich auf dem Konzil von Nikaia noch keine Gedanken gemacht. Vielen galt er lediglich als „Diener" bzw. „Geschöpf". Dem wurde mit dem Trinitätsdogma von Konstantinopel (381) widersprochen. Der Heilige Geist sei wie Christus wesensgleich mit Gott. Es gebe demnach drei Hypostasen in Gott bei nur einer Substanz. Diese sind folgendermaßen wirksam: Der Vater gibt sein Licht dem Sohn, der Sohn wiederum gibt sein Licht dem personifizierten Geist. Das Geschöpf sieht nur das Licht des Geistes, jedoch in diesem Licht den Sohn und im Licht des Sohnes letztendlich Gott (veranschaulichbar durch drei Sterne in einer Linie mit dem Geschöpf).

Abwandlung des Trinitätsdogmas in der Westkirche: Ausgehend von dem grundlegenden Werk *De Trinitate* (400–416) des Augustinus ist das Trinitätsdogma der Ostkirche später in der Westkirche abgewandelt worden (im Glaubensbekenntnis erst 1014 eingeführt). Augustinus wollte die Einheit der Gottheit in der Liebe gegenüber den drei Hypostasen betonen. Da aber die Liebe ein Gegenüber voraussetzt, werden von Augustinus die innergöttlichen Beziehungen (lat. *relationes*) zwischen Vater, Sohn und Geist hervorgehoben. Sie treten allerdings nach außen nicht in Erscheinung.

Psychotheologisch wird die Trinität als Selbstentfaltung Gottes gedeutet.[48] Der Sohn wird in einem göttlichen Denkakt aus der Substanz des Vaters gezeugt. Er ist dessen personifiziertes Wort. Der Geist wiederum ist die personifizierte Liebe zwischen Vater und Sohn. Er ist aus Vater und Sohn (lat. *filioque*) in einer einzigen Hauchung (lat. *spiratio*) hervorgegangen. Veranschaulichbar ist dies durch die drei Sterne in Dreiecks- statt Linienanordnung. Alle Tätigkeit der Gottheit geht nach diesem Modell von den drei göttlichen Personen gemeinsam aus.

Das „*filioque*" im Trinitätsdogma der Westkirche steht trotz zahlreicher tiefgründiger theologischer Analysen nicht im Einklang mit den Aussagen der Bibel. Gemäß dem Zeugnis der Schrift sind Vater, Sohn und Geist eigenständige Personen. Nicht deren Relationen stehen im Vordergrund. Auch kann nicht von einer grundsätzlich gemeinsamen Tätigkeit der drei göttlichen Personen gesprochen werden, etwa bei Schöpfung, Menschwerdung, Kreuzestod und Auferweckung. Die Ostkirche fordert daher nach wie vor die Rücknahme des „*filioque*" durch die Westkirche. Der katholische Dogmatiker Karl Rahner hat kritisch angemerkt, man spekuliere im Trinitätsdogma darüber, wie es im Innern Gottes zugehe.

Christus, wahrer Gott und wahrer Mensch (Chalkedon): Der Streit um die Trinität setzte sich nach den Konzilen von Nikaia (325) und Konstantinopel (381) hinsichtlich der Festlegung fort, der Sohn sei eines Wesens mit dem Vater: Wie verhalten sich dann göttliches und menschliches Wesen in dem einen Christus?

Der alexandrinische Patriarch Kyrill verfocht die vollständige Einheit und Gottheit der Person Christi (daher Maria die „Gottesgebärerin“ und nicht „Christusgebärerin“). Der Patriarch von Konstantinopel Nestorios hingegen vertrat die Auffassung, in Jesus Christus sei zwischen göttlicher und menschlicher Natur zu unterscheiden. Die Streitfrage wurde auf dem vierten ökumenischen Konzil von Chalkedon (451) zugunsten einer von der Westkirche vorgetragenen Formel entschieden, die zwischen den Extrempositionen von Kyrill und Nestorios zu vermitteln suchte: „Der eine und selbe Herr Jesus Christus ist vollkommen der Gottheit und vollkommen der Menschheit nach, ist wahrer Gott und wahrer Mensch“; „Der eine und selbe Christus besteht in zwei Naturen, unvermischt, unverwandelt, ungetrennt und ungesondert“ (Zitat stilistisch geglättet).

Die vorstehende Kompromissformel kann die Widersprüchlichkeit des Ausgesagten nicht beseitigen. Insbesondere das Personsein Christi wird nur verbal erfüllt, denn „Person ist die unteilbare Substanz eines rationalen Wesens“ (Boethius, 524). Jesus Christus kann demnach als Person nicht gleichzeitig Gott und Mensch sein.

Wie die vorstehenden Ausführungen zur Trinität insgesamt zeigen, weist deren kunstvolle, religionspolitisch geprägte Theologie Widersprüche auf, die zu weiteren Streitereien, bis hin zu Kirchenspaltungen geführt haben. Dennoch scheinen die Widersprüche eher in Unzulänglichkeiten der Sprache als in der Sache selbst begründet zu sein. Dem modernen, aufgeklärten Menschen dürfte die Trinitätsfestlegung des Konzils von Konstantinopel, insbesondere auch deren Veranschaulichung über die Linienanordnung der drei göttlichen Sterne („Licht von Licht, Gott von Gott“), vermittelbar sein. Dies ist aber, wie bereits angemerkt, Spekulation zu den innergöttlichen Beziehungen. Die geglaubte Offenbarung Gottes in Jesus Christus bleibt davon unberührt.

Gott, primär Person: Mit dem für den christlichen Glauben zentralen Trinitätsdogma ist unabhängig von den festgestellten Widersprüchen die überragende Bedeutung der Personalität im innergöttlichen Bereich hervorgehoben. Sie gilt konsequenterweise auch im Außenaspekt der Gottheit, also in der Beziehung zwischen Gott und Mensch. Ein personaler Gott tritt Adam und Eva im Paradies gegenüber, ein personaler Gott leitet die biblischen Patriarchen und Moses, ein personaler Gott offenbart sich in den Propheten und in Jesus Christus. Das Evangelium, die „frohe Botschaft", lautet, der Mensch könne durch den Kreuzestod des Gottessohnes erlöst werden, sofern er in die Nachfolge Christi eintritt.

Gottes Personsein kommt darin zum Ausdruck, dass er sein Wort an den Menschen richtet, nicht an den Menschen allgemein, nicht an ein Kollektiv von Menschen, sondern an jeden einzelnen Menschen, vermittelt über die biblischen Berichte und vernehmbar als „innere Stimme" des Gewissens. Und Gott ist für den Menschen ansprechbar, er hat seinen Namen preisgegeben (JHWH: „Ich bin da"). Der personale Gott ist daher zugleich ein lebendiger Gott.

Dem jüdischen Philosophen Martin Buber folgend wird die personale Beziehung durch das Grundwort Ich-Du ausgedrückt.[49] Jede derartige Beziehung ist einzigartig. Der Ort der Beziehung ist die Sprache. Eine untersprachliche Ich-Du-Beziehung des Menschen besteht zur lebenden Natur, die aber mit keinem Du antwortet. Eine übersprachliche Ich-Du-Beziehung des Menschen besteht zu den geistigen Wesenheiten, auf die der Mensch bildend, denkend und handelnd einwirkt. In allen drei Beziehungen erreicht der Mensch zugleich das ewige, göttliche Du. Dem Grundwort Ich-Du steht das Grundwort Ich-Es gegenüber. Das Es bezeichnet die gewusste und erfahrene Welt, die ebenfalls nicht antwortet.

Die sprachliche Kommunikation ermöglicht die Geistteilhabe des Menschen. Sprache ist die höchste Ausdrucksform des Geistes. Die Geistteilhabe des Menschen zeigt sich in seinem Vermögen, das Wahre, Gute und Schöne zu erkennen. Über die Sprache ist der Mensch personal mit Gott verbunden.

Die an Jesus Christus sich orientierenden Menschen werden darüber hinaus in der Gottes- und Nächstenliebe das wesentliche Moment der personalen Beziehung zwischen Mensch und Gott sehen.

Ausgehend vom primären Personsein Gottes ergibt sich sekundär die nach christlichem Glauben von Gott geschaffene sittliche Ordnung, das Reich der Werte. Ohne eine sittliche Ordnung, der sich auch Gott selbst unterwirft, sind personale Beziehungen unmöglich. Ebenso wird die Erschaffung von Welt und Mensch als personal fundierte Liebestat Gottes angesehen. Sittliche und natürliche Ordnung werden Gott als Person zugeschrieben.

Die vorstehenden Ausführungen zur Personalität Gottes folgen der geschichtlichen Entwicklung der abendländischen Theologie und Philosophie, die mit der Etablierung der christlichen Kirchen eng verknüpft ist. Eine von der offiziellen Linie der Kirchen abweichende personale Gotteslehre hat Friedrich W. Schelling tiefgründig ausgearbeitet. Seine in Anlage 2 dargestellte Theosophie ist eine bedenkenswerte theologische Variante der christlichen Erlösungslehre.

Prädikate des personalen Gottes: Der personale Gottesbegriff der Bibel in der von Jesus Christus offenbarten Form ist in der weiteren Glaubensentwicklung, ausgehend insbesondere von neuplatonischen Vorstellungen, philosophisch untermauert worden. Dabei wurden folgende Aussagen (Prädikate, Attribute) über Gott hervorgehoben:

- Gott ist nicht sinnlich, sondern nur geistig wahrnehmbar;
- Gott ist das Sein selbst (*ipsum esse*), während alles Seiende daran nur Anteil hat;
- Gott ist das vollkommenste Wesen (*ens perfectissimum*);
- Gott ist transzendent, absolut, einzig, ewig, allmächtig, allwissend, allgegenwärtig;
- Gott ist Urgrund der Welt, Erst- und Letztursache, Erstbeweger;
- Gott ist Urgrund der Werte, ist Wahrheit und Liebe;
- Gott ist Ursache seiner selbst (*causa sei*);
- Gott ist der Urgute, der Gnadenvolle, der Allerbarmer.

Diese philosophische Lobeshymne auf Gott, die im Einklang mit der offiziellen Verkündigung der Kirchen steht, bedarf der Erläuterung in den aufgeführten Einzelpunkten. Dies würde aber den Rahmen dieses Abschnitts zu den Prädikaten des personalen Gottes übersteigen. Dennoch muss ein Einzelpunkt angesprochen werden, nämlich die Allmacht Gottes, die zum christlichen Grundverständnis von Gott gehört, jedoch der menschlichen Erfahrung widerspricht. Wenn Gott Allmacht und Güte zugesprochen wird, verlangt die tatsächliche Existenz der den Menschen bedrängenden Gegenmächte des natürlich Leidvollen und des menschlich Bösen nach einer Erklärung. Die Erklärung des Bösen wird nachfolgend auf einer theologischen Basis gegeben, die allerdings mit der kirchlichen Dogmatik unverträglich ist. Die Existenz des natürlich Leidvollen, insbesondere von Krankheit und Tod, bleibt dabei weiter unerklärt.

Theologisches Dilemma der Allmacht Gottes: „Allmacht Gottes" will besagen, dass Gott alles ausführen kann, dass es keine andere Macht gibt, die ihn daran hindern oder ihm dabei Grenzen setzen könnte. Daraus folgt sofort, dass Gott uneingeschränkt Herr des Kosmos und der Natur sowie Herr der Weltgeschichte ist. Aber auch das Schicksal jedes einzelnen Menschen liegt demnach in Gottes allmächtiger Vorsehung. Der Allmachtsglaube steht jedoch im Widerspruch zu den täglich erfahrbaren Übeln in der von Gott geschaffenen Welt. Die Übel sind mit Gottes Güte nicht vereinbar, sofern es in Gottes Macht steht, sie abzustellen.

Man kann darin ein theologisches Dilemma sehen, das es aufzulösen gilt. Wenn in christlicher Grundüberzeugung an der Güte Gottes festgehalten wird, muss auf die Zuschreibung von Allmacht verzichtet werden.

Nach jüdischem Gottesbild ist der Ausschluss der Allmacht weniger zwingend, denn Jahwe trägt auch dämonische Züge, das Tremendum des Heiligen dominiert. Dennoch hat auch der jüdische Philosoph Hans Jonas in seiner Spekulation zur Shoah die Allmacht Gottes ausgeschlossen.[50]

Der Theologe Paul Tillich hat vorgeschlagen, Allmacht nicht als „kausale Alltätigkeit", sondern als „Wirksamkeit in allen Wesen gemäß ihrer jeweiligen Natur" zu interpretieren, was ebenfalls einer Annullierung der Allmacht gleichkommt.

Unter Bezug auf die biblische Schöpfungsgeschichte lässt sich Gottes Verlust der Allmacht folgendermaßen veranschaulichen. Als Gott die sichtbare und die unsichtbare Welt schuf, den Menschen und die Engel, ließ er seine Geschöpfe am eigenen personalen Wesen teilhaben, schenkte ihnen mit dem sittlichen Gesetz auch die Willensfreiheit. Damit ging er das Wagnis ein, dass sich Menschen oder Engel auch gegen ihn stellen konnten. So gelangte das Böse erst in den Himmel und dann in die Welt. Einige Engel stellten sich gegen Gott, zusammengefasst in der Gestalt des Satans oder Teufels, der von da an den Menschen in die Versuchung führt, sich selbst an die Stelle Gottes zu setzen, auf Gottes Wort nicht zu hören, sein Liebesangebot auszuschlagen. Tatsächlich verfiel der Mensch der Sünde, von Adam als Erbsünde weitergegeben und in jedem Menschenleben erneut aktiviert, sodass Satan auf Erden mächtig werden konnte.

Trotz des Abfalls des Menschen von Gott und der dadurch ermöglichten irdischen Macht des Satans ist Gott seinen Geschöpfen treu geblieben – so die biblische Botschaft. Das Leiden und Sterben des Gottessohnes als Sühneopfer für die Sünden der Menschen hat die Macht des Satans in der irdischen Welt gebrochen. Das Himmelreich, ein Reich ohne Satan, ist inmitten des Erdenreichs bereits angebrochen. Ein neuer Himmel und eine neue Erde sind verheißen. Satan, der gefallene Engel, wird vernichtet werden. Der Mensch kann erlöst werden, wenn er Gott vertraut. Gott wird dann wieder alles in allem sein.

Der Machtverlust Gottes in der irdischen Welt bedeutet, dass nicht Gott der Herr der Weltgeschichte ist, wie es Juden und Christen bekennen. Der Mensch unter den Versuchungen des Satans macht die Geschichte. Damit erübrigt sich die herkömmliche Theodizee, die Rechtfertigung Gottes angesichts der Übel in der Welt. Nicht Gott, sondern der Mensch hat die Geschichte zu verantworten. Der Mensch hat sich vor Gott zu rechtfertigen, nicht umgekehrt Gott vor dem Menschen. Gott muss den Menschen fragen, etwa hinsichtlich der Shoah, wie er so tief fallen konnte (Papst Franziskus anlässlich eines Besuchs der Gedenkstätte Yad Vashem in Jerusalem, 2014).

Gott ist also nicht allmächtig, wohl aber unendlich mitleidend und dem Menschen nahe. Das ist die Auflösung des theologischen Dilemmas und eine tröstliche Botschaft für den Menschen auf Erden.

Mit den vorstehenden Ausführungen wird das theologische Dilemma von Allmacht und Güte aufgezeigt, das beim Abstieg vom christlichen Sakralen in die Niederungen des diesseitigen Weltlichen entsteht. Die Betrachtung setzt den theistischen christlichen Glauben voraus, der nicht Jedermanns Sache ist. Insbesondere Atheisten lehnen die christlichen Glaubensbasis ab, und anvertrauen sich stattdessen wissenschaftlichen Erkenntnissen, etwa der Evolutionstheorie oder der Psychoanalyse.

Es kann jedoch gezeigt werden, dass auch bei diesen säkularen atheistischen Betrachtungen das Dilemma in gewandelter Form auftritt. Ein kulturell-biologisches Dilemma ergibt sich aus der Übertragung der biologischen Evolutionsprinzipien auf die kulturelle Evolution. Ein entsprechendes psychologisches Dilemma wird in der Freudschen Psychoanalyse beschrieben. Auf diese beiden säkularen Dilemmata wird nachfolgend eingegangen.

Kulturell-biologisches Dilemma der Evolution: Die Evolution von Kosmos und Natur ist eine naturwissenschaftlich weitgehend bestätigte Hypothese, die die heutige säkulare Welterklärung beherrscht. Sogar die katholische Kirche anerkennt dieses Modell der hypothetischen Weltentwicklung, soweit es auf Kosmos und Natur beschränkt bleibt. Nach der Evolutionstheorie sind Kosmos und Natur im Zusammenwirken von Zufall und Notwendigkeit entstanden. Der Zufall birgt die Möglichkeit des Entstehens von gänzlich Neuem, ein Merkmal von Höherentwicklung. Die Notwendigkeit erscheint in Form des „Kampfes ums Dasein", demzufolge der Tüchtigere im Konkurrenzkampf oder in der Symbiose überlebt. Dieses Selektionsprinzip gilt nicht nur in der belebten, biologisch beschriebenen Natur, für die es von Charles Darwin erstmals formuliert wurde, sondern ebenso in der evolutionär vorausgegangenen unbelebten, physikalisch oder chemisch beschriebenen Natur. So finden die Vielfalt und die Höherentwicklung der physikalischen, chemischen und biologischen Welt ihre Erklärung. Nach der biologischen

Evolutionstheorie ist der Mensch ein hochentwickeltes Tier. Er ist der Familie der Hominiden (Menschen und Menschenaffen) zugehörig und als *homo sapiens* der Gattung *homo* und der Art *sapiens* zugeordnet.

Es hat nicht an Versuchen gefehlt, die auf der natürlichen, biologischen Evolution aufsetzende kulturelle Evolution des Menschen, nach demselben Prinzip der Selektion des Tüchtigeren zu erklären. Diesen Versuchen fehlt jedoch die Strenge der naturwissenschaftlichen Beweisführung. Sie haben als Sozialdarwinismus gefährlichen Ideologien den Weg geebnet, darunter das Postulat der Herrschaft des Starken über den Schwachen (Friedrich Nietzsche) und die daraus gespeiste Rassentheorie. Die kulturelle Evolution kann eben nicht über die Kategorien und Prinzipien der biologischen Evolution beschrieben werden. Das in der biologischen Evolution Gute, weil nützlich fürs Überleben, ist in der kulturellen Evolution vielfach das Ungute, weil unmoralisch bzw. wertwidrig. Damit stellt sich die kulturelle Evolution des Menschen als ein kulturell-biologisches Dilemma dar.

Der Schöpfungsbericht der Bibel bringt das Dilemma wie folgt zur Anschauung (nicht als religiösen Text zu lesen). Gott hat den Menschen als sein vornehmstes Geschöpf beseelt, hat ihn dadurch zur Person gemacht, hat sein Wort an ihn gerichtet, hat ihm die Werteerkenntnis ermöglicht, also die Erkenntnis insbesondere des Guten, Schönen und Wahren. Damit wurde der ursprünglich nur biologisch konditionierte Mensch zur gottähnlichen Person erhoben. Aber der Sündenfall des Menschen hat diese Erhebung zum Verhängnis werden lassen. Der der Beseelung folgende Abfall von Gott führte zum Leiden als elementare Gegebenheit menschlichen Daseins.

Psychologisches Dilemma der menschlichen Existenz:[51] Das durch den Sündenfallbericht der Bibel veranschaulichte kulturell-biologische Dilemma der Evolution des Menschen wird durch die psychoanalytisch fundierten Erkenntnisse von Sigmund Freud bestätigt. Das Schichtenmodell der Freudschen Psychoanalyse unterteilt die Psyche in das Es, das Ich und das Über-Ich. Das Ich ist nach diesem Modell keine autonome Instanz, sondern ist ständig bedroht, einerseits vom Es mit seinem Reservoir an weithin unbewussten Trieben und andererseits vom Über-Ich mit seinen Persönlichkeitsansprüchen. Das Es beinhaltet duale Triebstrukturen, Sexualtrieb versus Selbsterhaltungstrieb, Objektlibido versus Ichlibido, Lebenstrieb versus Todestrieb. Zum Über-Ich gehören das Gewissen, die Selbstkontrolle sowie die sittlichen Werte und sozialen Normen. Seine Funktion besteht darin, die triebhaften Ansprüche des Es unter Kontrolle zu halten bzw.

Ansprüche abzuwehren, die gegen die im Über-Ich verinnerlichten Werte und Normen verstoßen. Zu strenge Kontrolle verursacht psychische Störungen, die als Neurosen und Psychosen bekannt sind. Zu lasche Kontrolle macht den Menschen zu einem triebhaften Chaoten.

Zwischen den naturhaften Trieben und den kulturellen Anforderungen besteht demnach ein unaufhebbarer Konflikt. Am Beginn der Kulturentwicklung des Menschen sieht Freud eine Untat. In der Urhorde töteten die Söhne gemeinsam den Vater, um in den Besitz von dessen Frauen zu gelangen. Da aber der Vater von den Söhnen verehrt und geliebt worden war, entsprang dieser Untat ein dauerhaftes Schuldgefühl mit der Folge von Tabus, Moralvorschriften und schlechtem Gewissen. Die daraus resultierenden Verbote und Zumutungen trieben den Menschen in die Neurose.[52]

Die Hypothese des kollektiv begangenen Vatermords in der Urhorde überträgt Freud auf den Ursprung der mosaischen monotheistischen Religion. Moses habe die aus Ägypten durch die Wüste Sinai geführten Israeliten mit den Forderungen des verbündeten einen Gottes überfordert. Daher töteten die Israeliten Moses. Auch dieser Vatermord, am Beginn des jüdischen Monotheismus kollektiv verübt, wurde anschließend bereut. Das wiederum lasse die jüdische Religion als kollektive Neurose erscheinen.[53]

Es liegt nahe, das Freudsche Vatermordmodell auf die Shoah, den kollektiv begangenen Mord der Deutschen an den Juden, anzuwenden. Die übertriebene Moralisierung und Tabuisierung im wiedervereinigten Deutschland wären dann als kollektive Neurose einzustufen.

Während die von einem personalen Gott kündende Bibel im Hinblick auf Sündenfall und Erlösung eine tröstliche Botschaft übermittelt, kann Freud, der einen personalen Gott methodisch ausschließt, nur das Dilemma der menschlichen Psyche feststellen. Die Einheit der Person ist offenbar nur im Glauben an den personalen Gott bewahrbar.

Kapitel IX
Überpersonale Gottheit

Gedankengang

In den vorangegangenen Ausführungen wurde Gott in christlicher Sicht als absolute Person aufgefasst. Dem absoluten personalen Sein Gottes ist alles real und ideal Seiende zugeordnet, darunter auch die apersonalen Gegebenheiten. Das personale Sein Gottes überwindet das Nichts, so wie das Licht über die Finsternis siegt.

Das dabei vermittelte ideal überhöhte Gottesbild – man denke an die aufgeführten Prädikate des personalen Gottes – ist für einen rational sich abstützenden Glauben nicht kritiklos hinnehmbar. Es ergeben sich in dreierlei Hinsicht Einwände.

Erstens besteht der bereits erörterte Widerspruch zwischen der behaupteten Allmacht des gütigen Gottes und der Zulassung des abgründig Bösen in der Welt. Dieser Widerspruch gilt auch hinsichtlich der natürlich verursachten Leiden in der Welt. Wie bereits gezeigt, kann ein gütiger Gott nicht als allmächtig angesehen werden.

Zweitens gibt es eine Reihe ungeschaffener Gegebenheiten, die sich nicht einseitig von Gott ableiten, sondern ebenso dem Menschen zukommen und somit ein überpersonales Bindeglied zwischen Mensch und Gott darstellen: die Vernunft, die Mathematik, die Logik und in gewissem Grade die Naturgesetze.

Drittens gibt es das überpersonale Sittengesetz und Wertesystem, das nicht nur gegenüber dem Menschen, sondern auch gegenüber Gott Gültigkeit beansprucht – eine Lektion, die Gott in der Hiobsgeschichte der Bibel noch zu lernen hatte.

Naturgesetz und Sittengesetz auf einen göttlichen Willen zurückführen, ist keine das Denken anregende, sondern eine das Denken abschneidende Hypothese.

Dem zweiten und dritten Einwand folgend ist das rein personale Sein Gottes rational nicht vertretbar. Eine überpersonale Gottheit ist realistischer, in der die personalen und apersonalen Aspekte gleichermaßen vertreten sind. Mit „überpersonal" ist also nicht etwa die trinitarische Gottheit gemeint, in der sich drei Personen zu einer göttlichen Einheit verbinden.

Der Schlüssel für die Bestimmung der überpersonalen Gottheit wird in der Gleichstellung von Sein und Nichts gesehen. Das Nichts wird nicht nur im Sinne von Nicht-Sein verstanden, sondern als ein absolutes Nichts, das Sein und Nicht-Sein übersteigt.

Die christlich-abendländische Denktradition hat das Sein gegenüber dem Nichts einseitig hervorgehoben. Dies hat sich besonders auch im Gottesbild niedergeschlagen: das Licht, das die Finsternis überwindet. Ganz anders die buddhistische Denktradition, die um das Wesen des Nichts oder der „Leere" kreist, aus dem das lebendige Sein hervorgeht. Dieses wiederum ist nach buddhistischer Auffassung einem allumfassenden, apersonalen Weltgesetz, dem Dharma unterworfen, was der christlich-abendländischen Auffassung widerspricht.

Die Ausführungen des vorliegenden Kapitels beginnen mit der Begriffsbestimmung zu Sein und Nichts. Dabei wird auch das Verhältnis von Sein und Werden, von Sein und Zeit und von Sein und Sollen angesprochen. Der widersprüchlich erscheinende Begriff des Nichts wird einer eingehenden Analyse unterzogen, die sich im Rahmen des abendländischen Denkens bewegt. Die buddhistische Denkweise kommt erst später, bei Nishitani Keiji, zum Tragen.

Innerhalb der abendländischen Philosophie gibt es keine systematischen Untersuchungen zum Wesen von Sein und Nichts sowie zu der daraus abzuleitenden überpersonalen Gottheit. Das liegt einerseits an der angenommenen Herrschaft des Seins über das Nichts und andererseits an den Unzulänglichkeiten des sprachlichen Ausdrucks in diesem Grenzbereich des Denkens. Nur wenige abendländische Philosophen haben das Thema überhaupt beachtet, ohne dabei zu abschließenden Aussagen zu gelangen. Diese Philosophen und deren Lehre werden zunächst gewürdigt.

Der Scholastiker Meister Eckhart ist der bedeutendste Philosoph auf dem Denkweg von Sein und Nichts zur überpersonalen Gottheit. Seinen Denkansatz hat Nikolaus Cusanus weiterverfolgt. In der Barockzeit präsentiert ein einfacher Schuster, Jakob Böhme, eine den „Ungrund" Gottes reflektierende mystische Theologie, die später von Schelling aufgegriffen wird. Schließlich ist das Denken von Martin Heidegger für den angeschnittenen Themenkreis bedeutsam.

Die vorstehend genannten Auszüge aus der abendländischen Philosophie werden durch Denkansätze des japanischen Philosophen Nishitani Keiji abgerundet, in denen das buddhistische Denken mit christlichen Vorstellungen verbunden wird. Die Konvergenzen zu einem überpersonalen Gottesbegriff, die sich aus den dargestellten Philosophien ergeben, werden dargelegt.

Abschließend werden die Grenzen des philosophischen und religiösen Sprechens von Gott aufgezeigt. Die Grenzen der Sprache sind nicht die Grenzen Gottes.

Am Ende des Kapitels wird die Sinnfrage erörtert.

Das Sein und das Nichts

Zunächst werden die Inhalte der Begriffe *Sein* und *Nichts* nach abendländischer Denktradition bestimmt. Diese Begriffe spielen bei der Argumentation zugunsten einer überpersonalen Gottheit eine zentrale Rolle.

Begriff des Seins: Sein bedeutet Da-Sein, nicht So-Sein. Sein (lat. *esse*) ist das Identische im mannigfaltig Seienden (lat. *ens*). Heidegger nennt die Unterscheidung von Sein und Seiendem „ontologische Differenz". Das Sein ist demnach der Grund des Seienden. Das Seiende deckt sich nicht mit dem sinnlich Wahrnehmbaren, wie die Positivisten meinen. Neben dem *realen* Sein, das auch als Existenz bezeichnet wird, steht das *ideale* Sein, auch Essenz oder Wesen genannt. Reales Sein ist sinnlich wahrnehmbar, ist räumlich und zeitlich sowie individuell verfasst, wird Gegenständen, Abläufen und Lebewesen zugesprochen. Ideales Sein ist nur geistig fassbar, steht jenseits der räumlichen und zeitlichen sowie der individuellen Bestimmungen, ist unveränderlich und zeitlos, wird den Ideen, Werten und logischen Urteilen zugeordnet. Reales Sein umfasst neben dem aktuellen Sein auch das nur mögliche Sein.

Das Seiende sagt aus, dass einem Etwas ein Sein zukommt. Der Begriff des Seins ist transzendent, weil alle besonderen inhaltlichen Bestimmungen überstiegen werden. Er ist dennoch keineswegs mit dem Begriff des Nichts gleichzustellen, wie Hegel meinte, ganz im Gegenteil, das Sein, und damit jedes Seiende, hebt sich vom Nichts positiv ab. Dabei gibt es nach neuplatonisch-christlicher Auffassung gestufte Seinsgrade, aufsteigend von den unbelebten Körpern, über die unbewusst lebenden Pflanzen, die sinnlich bewussten Tiere, die geistig und sinnlich bewussten Menschen bis zum reinen Geist, aufgefasst als intuitive Schau Gottes.

Die Frage nach dem Sein als innerster Grund des Seienden trifft den Kern der abendländischen Philosophie seit der Antike. Diesen Grund aufzuzeigen, bemüht sich wesenhaft der Geist. Dabei geht es darum, den Schritt vom endlich Seienden zum unendlichen Sein zu vollziehen. Während das endlich Seiende (Platon folgend) am Sein nur teilhat, ist das unendliche Sein in seiner Fülle das Sein selbst (lat. *ipsum esse*). Neben dem Sein gibt es nichts; dem Sein kommt daher Vollkommenheit zu.

Das Sein gilt als Urbegriff, der nicht auf anderes zurückgeführt werden kann, auf den aber alles andere zurückgeführt wird. Demnach ist auch das Werden auf das Sein zurückzuführen; ohne ein Sein gibt es kein Werden. Dem steht die Auffassung von Hegel entgegen, der das Sein und das Nichts im Werden „aufgehoben" sieht, also dem Werden unterordnet (Hegels dialektischer Dreischritt). Heidegger wiederum gibt der Seinsfrage im Hinblick auf die Existenz des Menschen „ontischen Vorrang", auch wenn er in der Zeit „den möglichen Horizont des Seinsverständnisses" sieht.

Die vorstehende Aussage, dass alles andere außer dem Sein selbst auf ein Sein zurückgeführt werden kann, ist allerdings unzutreffend. Wie Hume gezeigt hat, kann nämlich das Sollen nicht auf ein Sein zurückgeführt werden (Sein-Sollen-Dichotomie). Sollensaussagen sind normativ, Seinsaussagen dagegen deskriptiv. Zwischen ihnen besteht keine analytische Beziehung. Es ist unschwer zu erkennen, dass sich das apersonale Gottesbild auf die Seinsebene beschränkt. Es gibt jedoch die personale Beziehung zwischen Sein und Sollen. Das Sollen gründet im personalen Dasein von Mensch und Gott. Es steht unter dem Anspruch der Werte, denen ein ideales Sein zukommt.

Begriff des Nichts: Nichts ist der Gegenbegriff zu Sein, umgekehrt steht Sein im Gegensatz zu Nichts. Mit Leibniz und Heidegger ist zu fragen: „Warum ist überhaupt Seiendes und nicht vielmehr Nichts?".

Zwischen absolutem und relativem Nichts ist zu unterscheiden. Nichts im *absoluten* Sinn ist die Verneinung von jeglichem Seienden, als Wirklichkeit ebenso wie als Möglichkeit. Schon in der antiken Philosophie galt die Aussage: „Aus Nichts entsteht Nichts" (lat. *ex nihilo fit nihil*). Daraus leiteten sich die Erhaltungssätze ab, ebenso wie die Annahme der Ewigkeit der Welt. Nichts im *relativen* Sinn ist die Verneinung nur eines wirklich Seienden, während dessen Möglichkeit offenbleibt. Gott hat die Welt aus einem relativen Nichts geschaffen. Ein relatives Nichts ist auch das Fehlen von Eigenschaften, Zuständen oder Vorgängen an einem Seienden.

Eine tiefgründigere Analyse des Begriffs des Nichts hat Klaus Riesenhuber vorgelegt, auf die wie folgt zurückgegriffen wird.[54]

Als Erstes wird die *begriffliche Gestalt des Nichts* betrachtet, wobei von den konkreten Erscheinungsweisen des Nichts zunächst abgesehen wird. Das Nichts als

Gegenbegriff zum Sein weist zwar die Richtung, es fehlt ihm aber die Eigenständigkeit. Diese soll nunmehr gewonnen werden, wobei Aporien im Wesen des Begriffs des Nichts liegen. Im Begriff des Nichts trifft die Intentionalität des Gegenständlichen („Nichts meint Etwas") auf den von allem Gehalt entleerten Sinn. Die uneingeschränkte Behauptung des Nichts widerlegt sich selbst, denn der Denkakt, der das Nichts behauptet, ist kein Nichts.

Der dem Denken unentbehrliche Begriff des Nichts scheint der Wirklichkeit fremd zu sein. Die Fülle des Seienden begründet das Sein in reiner Positivität. Für das Sein in reiner Unbedingtheit gibt es kein Nichts. Der Sein-Nichts-Gegensatz besteht nur im Bereich des Denkens. Dennoch könnte das Denken nicht verneinen, wenn nicht auch die Negativität des Nichts in der Anschauung und Erfahrung vorgegeben wäre. Zwar *ist* das Nichts nicht, aber es *scheint* zu sein. Das Nichts umgibt das Seiende gleichsam als Schatten. Das Sein gewinnt aus dem Nichts seine Begreifbarkeit für das Denken.

Als Zweites werden die *Erscheinungsweisen des Nichts* betrachtet. Das einzelne Seiende ist in der Ganzheit der Realität von anderen Seienden durch deren Andersheit abgegrenzt. Das Nichts als gegenstrebige Fügung hält die endlichen Seienden auseinander. Das Nichts erscheint somit positiv als Weise des Seins. Andererseits bedroht das Nichts das Seiende als Mangel an Vollkommenheit, als Werden, Wandel und Vergehen in der Zeit sowie als indifferente Leere am Grund des Seienden.

Gegenüber diesem relativen Nichts der Existenz steht das absolute Nichts, das als Negation auf das Wesen des Seienden gerichtet ist. Nach Heidegger ist die Frage nach dem Nichts eine Frage nach dem Wesen von Sein. In der abendländischen Denktradition werden gegenübergestellt: das Sein als Wahrheit dem Nichts als Schein oder Falschheit, dem Sein als Gutheit das Nichts des Bösen, dem Sein als Beständigkeit das Nichts des unsteten Wandels, dem Sein als Sinnerfüllung das Nichts der Vergeblichkeit und Sinnlosigkeit.

In besonderer Weise nimmt sich der Mensch subjektiv als ein Ort des Nichts wahr. Das Nichts wird erfahren, wenn im Bemühen um Wahrheit sich der Irrtum einstellt, wenn im Handeln das Unvermögen erfahren wird, wenn im Streben das Mögliche nicht erreicht wird. Der Mensch ist vom Nichts durchsetzt, solange eine Kluft zwischen seiner wahren Bestimmung und seinem tatsächlichen Zustand besteht, solange er sich selbst entfremdet ist. Schließlich siegt im Tod das Nichts über das Streben nach Selbsterhalt. Auch im Wissen um eigene Schuld, also um eigene Unwertigkeit, wird das Nichts subjektiv erfahren.

Nach den vorstehenden Angaben hat im abendländischen Denken die Positivität des Seins unbedingten Vorrang vor der Negativität des Nichts. Es wird sich zeigen, dass im buddhistischen Denken diese Unsymmetrie nicht gilt.

Als Drittes kann ein *allumfassendes Feld des Nichts* als der Grund der genannten Erscheinungsweisen des Nichts angesehen werden. Der Grund des Seins wird durch den Aspekt des Nichts aufgehellt. Das Nichts erweist sich als operativer Hilfsbegriff. Was am Sein positiv nicht adäquat darstellbar ist, gibt durch Negation des Bekannten die Richtung zum Unbenennbaren vor.

Der allumfassende Grund des Seins erscheint in der vertrauten Begriffswelt des endlichen Seins als ein Nichts, weil er alle Begriffe des endlichen Seins übersteigt. Er erscheint als gegenstandslos und leer. Er wird nach Heidegger als Abgrund wahrgenommen, begleitet von der Angst als Grundbefindlichkeit.

Wenn sich jedoch der Mensch aus der dualistisch geprägten Begriffswelt des endlichen Seins und seiner Subjekt-Objekt-Unterscheidung löst, kann er zur „offenen Weite" begrifflicher und realer Indifferenz vorstoßen. Diese übersteigt alle Weisen des Seins und des Nichts. Als absolutes Nichts birgt es zugleich die Fülle des Seins. Dies ist der buddhistische Gedankengang, auf den nachfolgend bei Nishitani Keiji eingegangen wird.

Rückblickend erörtert Riesenhuber die grundlegende Frage, wie dem endlichen Geist Negativität erscheinen und er daher vom Nichts sprechen kann, wenn Nichts seinem ursprünglichen Sinn nach gar nicht ist. Die Antwort lautet, dass der endliche Geist zwar zu allem hin vernehmend geöffnet ist, jedoch seine Aufmerksamkeit immer nur bestimmten Aspekten des allumfassenden Seins zuwenden kann. Sobald ihm dies bewusst wird, erscheint das nicht Erfasste zunächst nur als negativer Kontrast zum Bekannten, als „Schatten des Seins", als relatives Nichts.

Meister Eckhart: Wüste der Gottheit

Meister Eckhart (1260–1327) aus dem Geschlecht der Ritter von Hochheim, geboren bei Gotha in Thüringen, Mitglied des Ordens der Dominikaner, war ein bedeutender Philosoph, Theologe, Prediger und Mystiker in der Tradition der Scholastik. Mit einem Ordensstipendium konnte er in Paris studieren. Er wurde Prior des Predigerklosters in Erfurt und Generalvikar der böhmischen Ordensprovinz.

Daran anschließend war er Magister in Paris (1302/03), Prior der Ordensprovinz Saxonia und erneut Magister in Paris (1311–1313). Als Generalvikar in Straßburg (1314–1323) oblag ihm die Aufsicht über die süddeutschen Frauenklöster des Ordens. Schließlich hatte er den theologischen Lehrstuhl des Generalstudiums der Dominikaner in Köln inne.

Eckharts Lebensspanne fällt in eine Zeit politischer, sozialer und geistiger Umbrüche, mit denen er in führenden Positionen konfrontiert war. Seine Predigten und Lehren ließen Bedenken an seiner Rechtgläubigkeit entstehen, nicht nur bei den konkurrierenden Franziskanern, sondern auch bei einzelnen Mitgliedern des eigenen Ordens. Daraufhin leitete der Erzbischof von Köln auf Basis einer Irrtumsliste einen kirchlichen Prozess gegen Eckhart ein, der dann vom Papst in Avignon übernommen wurde. Eckhart konnte sich, zuletzt in Avignon, verteidigen, aber er starb während des Prozesses. Zwei Jahre nach seinem Tod wurden 28 Sätze aus seinen Schriften als häretisch bzw. als der Häresie verdächtig verurteilt, wobei anerkannt wurde, dass er *bona fide* gewesen sei, also sich nicht gegen die Kirche aufgelehnt hätte. Studium und Lehre der Schriften Eckharts wurden daraufhin von der Kirche untersagt.

Die meisten Werke Eckharts sind lateinisch geschrieben, aber man kannte bis in neuerer Zeit nur die deutschen Predigten.[55] Dadurch entstanden Fehldeutungen. Eckhart galt als deutschnationale Identifikationsfigur. Erst die neuere Forschung hat dieses falsche Eckhartbild revidiert. Die nachfolgende Darstellung fusst auf den neueren Forschungsergebnissen, die zunächst von Kurt Ruh[56] und später von Kurt Flasch[57] einem breiteren Publikum vermittelt wurden.

Folgende Werke Eckharts sind hervorzuheben: die an die jüngeren Mitbrüder im Kloster Erfurt gerichteten *Reden der Unterweisung* (1298), die *Predigten* 101–104 zur Gottesgeburt in der Seele (1305), die *Quaestiones Parisienses* I–III (1303) sowie IV–V (1313) mit Schwerpunkt Erkennen und Sein, das Hauptwerk *Opus tripartitum* (1311) mit philosophischen Bibelerklärungen zu den Büchern Genesis und Exodus sowie zum Johannesevangelium, die *Reden zu Jesus Sirach* (lat. *Ecclesiasticus,* 1311), ein Weisheitskommentar, die *Deutschen Predigten* (1314–1326) und schließlich der *Liber benedictus* mit dem *Buch der göttlichen Tröstung* und dem Traktat *Vom edlen Menschen* (1318).

Die Ausführungen zu Eckhart und ebenso die daran anschließenden Ausführungen zu Cusanus bedürfen vorab der Klärung der Wortbedeutungen von „Verstand“ und „Vernunft“. In der Philosophie der Scholastik wurden aufsteigend drei

Erkenntnisvermögen unterschieden: die Sinneswahrnehmung (lat. *sensatio*), die Vernunft (lat. *ratio*) und der Verstand (lat. *intellectus*). Die Vernunft war das niedere, diskursive Erkenntnisvermögen, mit dem die Sinneswahrnehmungen auf Begriffe gebracht werden. Der Verstand war das höhere Erkenntnisvermögen, mit dem die Ideen erfasst, die Ganzheit gesehen und Gott geschaut wird. Kant kehrte die Bedeutung von Vernunft und Verstand um, was sich im späteren Sprachgebrauch durchgesetzt hat (Ausnahmen: Schelling und Schopenhauer). Nachfolgend werden, um ein Missverständnis auszuschließen, die dem Lateinischen angeglichenen Bezeichnungen Ratio und Intellekt bevorzugt.

Eckharts Philosophie und Theologie ist eingebettet in die philosophische Epoche der Scholastik, die sich auf Autorität und Ratio gründet. Als Autoritäten gelten in der Scholastik die Aussagen der Bibel, der Kirchenväter (besonders Augustinus), der Konzilien und namhafter Philosophen (besonders Aristoteles). Eckhart hat den gängigen scholastischen Lehren vielfach widersprochen; er wollte Neues bieten. Auch sind seine Lehren in den frühen und späten Schriften nicht immer übereinstimmend. Der nachfolgende Abriss der wichtigsten philosophischen und theologischen Aussagen Eckharts stützt sich bei der vorangestellten allgemeinen Deutung auf Hirschberger[42] und bei den daran anschließenden Themengruppen auf die neueren Eckhart-Darstellungen von Ruh[56] und Flasch[57].

Neuplatonische Deutung von Eckharts Philosophie: Eckhart ist als Philosoph in hohem Maße Ontologe. Aussagen zum Sein durchziehen sein gesamtes Werk. Der Autor folgt zunächst der neuplatonischen Deutung von Eckharts Ontologie durch Hirschberger[42, S.548]. Nicht nach dem Sein überhaupt wird gefragt, sondern, ganz im Sinne Platons und der Neuplatoniker, nach dem reinen („lauteren") Sein (lat. *esse purum*). Dieses ist ein zeitlos Erstgegebenes, von dem sich das räumliche und zeitliche Sein ableitet bzw. an dem es teilhat. Der Gute, soweit er gut ist, ist gut durch die Gutheit, der Gerechte, soweit er gerecht ist, ist gerecht durch die Gerechtigkeit – also nicht durch Gnade oder eigenes Vermögen. Die zeitlose Ratio ordnet, deutet und verallgemeinert die Sinneswahrnehmungen, sieht ab vom Dies und Das und stößt zum immerseienden Wesenhaften vor. Das wahre Sein ist immer schon vorausgesetzt. Das Frühere und Obere empfängt nichts vom Späteren und Unteren.

Die Gewinnung des Seins von oben nach unten kommt auch in der Axiomatik und Didaktik des *Opus tripartitum* zum Ausdruck: erst das Thesenwerk (*Opus propositionum*), dann die Problemerörterungen (*Opus quaestionum*) und schließlich das (Bibel-)Auslegungswerk (*Opus expositionum*).

Eckhart hebt wiederholt den Unterschied zwischen endlichem zeitlichem und unendlichem ewigem Sein hervor. Die endlichen zeitlichen Dinge sind ihm „nichts", womit er nicht deren Existenz leugnet, sondern lediglich diese auf Teilhabe einschränkt. Im Verhältnis der Allgemeinbegriffe zu den Erscheinungen sieht er zugleich Einheit und Verschiedenheit. Im Allgemeinbegriff besteht Einheit, in den Erscheinungen jedoch Verschiedenheit: Der Gute und die Gutheit sind Eines, aber der Gute, soweit er gut ist, wird aus der Gutheit geboren. Beide zusammen bilden ein Sein, ebenso der Wahre und die Wahrheit, der Weise und die Weisheit, der Gerechte und die Gerechtigkeit. In gleicher Weise steht auch Gott als Ursache der Welt als dem Verursachten zugleich immanent und transzendent gegenüber.

Hirschbergers neuplatonische Deutung von Eckharts Ontologie erfasst den Grundzug Eckhartschen Denkens, bedarf aber der Erläuterung im Einzelnen, zumal Eckhart in der Seinsfrage im Hinblick auf Gott uneinheitlich zu argumentieren scheint. Die nachfolgenden Ausführungen, die sich bevorzugt an Flasch[57], gelegentlich auch an Ruh[56] orientieren, sind nach Themengruppen geordnet.

Verhältnis von Denken, Sein und Gott: Am Anfang der abendländischen Philosophie steht die Aussage des Parmenides: „Dasselbe ist Denken und Sein". Auch Aristoteles lehrte die Einheit von Erkennendem und Erkanntem. Dies hat Eckhart am Beispiel des Sehvorgangs veranschaulicht. Er spricht von „Erkenntnissein". Dennoch hat er innerhalb dieser Einheit zwischen Denken und Sein unterschieden und das Verhältnis von Denken und Sein im Hinblick auf Gott erörtert.

Eckhart steht in der Tradition der negativen Theologie, wie sie von Plotin vertreten wurde. Er betont, dass von Gott eher gesagt werden kann, was er nicht ist, als was er ist. Deshalb will er Gott noch nicht mal das Sein zuordnen. Gott sei primär Intellekt. Albert der Große hatte in Gott den *intellectus universaliter agens* gesehen, der die erste *seiende* Intelligenz erzeugt. Das lautet bei Eckhart unter Bezug auf den Prolog des Johannesevangeliums so, dass durch Gottes *Wort* alles aus dem Nichts ins Sein gerufen wurde: „Am Anfang war das Wort, und das Wort war bei Gott und das Wort war Gott" (*Joh* 1,1). Gott sagt also nicht: „Am Anfang war das Sein". Gott erkennt nicht, weil er ist, sondern, weil er erkennt, ist er. In diesem Sinn ist Gott „lauteres" Sein (lat. *esse purum*), ein von allem Geschöpflichen freies Sein.

Einerseits wird also das Sein Gottes bestritten, andererseits wird Gott reines Sein zugesprochen. Gelegentlich wird auch, außer vom „Erkenntnissein", vom

„Übersein" Gottes gesprochen. Eckhart sind die Grenzen des sprachlichen Ausdrucks zur Seinsfrage bewusst. Er versucht zu erklären: Wie ein materiell existentes Bild eine immaterielle Erkenntnis vermittelt, so bewirkt Gott das Sein, ohne selbst im Sein zu sein. Wenn das Geschöpfliche seiend genannt wird, dann ist dies analoges Sprechen. Das Sein ist im seienden Geschöpflichen ebenso wenig anwesend wie die Gesundheit in der gesunden Medizin. Demnach ist das geschöpfliche Sein ein Nichts.

Eckhart vertritt also den Primat des Intellekts und Denkens (lat. *intellectus et intelligere*). Grundlage des Denkens und Erkennens sind die „Erstbestimmungen". Die univeralen Erstbestimmungen gehen als Grundlage des Denkens und der Realität den Einzeldingen voraus. Beim Denken gemäß der Ratio muss alles Vorstellen (lat. *imaginare*) aufgegeben werden. Eckhart gibt die Erstbestimmungen als Gegensatzpaare an, ausgenommen die gegensatzlose Erstbestimmung „Gott". Folgende Rangordnung wird mitgeteilt: Sein und Nichts, Einheit und Vielfalt, Wahrheit und Falschheit, Gutheit und Schlechtheit, Liebe und die Sünde gegen die Liebe. Dabei werden Sein und Einheit in Wechselwirkung gesehen. Sie sind Voraussetzung der Wahrheit und Gutheit. Erstbestimmungen sind nicht teilbar. Sie können nur als Ganzheiten auftreten.

Der Rangordnung der Erstbestimmungen folgend ist Gott Sein, Einheit, Wahrheit, Gutheit, Gerechtigkeit und Weisheit – jeweils ohne personale Komponente. Außerhalb Gottes gibt es nichts. Eckharts Theologie ist demnach eine Alleinheitslehre. Aber er versteht dieses Sein und die weiteren Erstbestimmungen als Vollzug des Intellekts, als zeugendes Wort, als formhafte Selbstmitteilung.

Zur Trinität der Gottheit, dem Zentralbegriff christlichen Glaubens, führt Eckhart aus, dass die drei eins sind, denn Gott ist in jeder Hinsicht eins, und die Zahl gehört in die Körperwelt, nicht zum Erkenntnissein. Vater und Sohn haben dieselbe Natur, aber innerhalb der Identität ist der Vater der Zeugende, der Sohn der Gezeugte und der den Heiligen Geist Weiterzeugende (die Auffassung der Ostkirche). Für Eckhart ist dies kein Glaubensakt, sondern eine Denknotwendigkeit.[57, S.217]

Verhältnis von Mensch, Seele und Gott: Eckhart sieht den Menschen über dessen Seele mit Gott verbunden und zur Einheit mit Gott aufgerufen. Die Einheit wird über den Intellekt, nicht über Vorstellungen oder Gefühl hergestellt. Die Formulierungen Eckharts als Prediger zum Verhältnis von Mensch und Gott sind von großer Eindringlichkeit. Dazu der folgende inhaltliche Auszug (keine wörtlichen Zitate).[57, S.237]

Gott und die Seele sind in Wechselbeziehung zu denken. Der Mensch kann Gott in der Seele gebären, kann ihn aber auch in der Seele töten. Der Intellekt muss alle Vielheit durchbrechen; er muss auch Gott durchbrechen, um in die Wüste der stillen Einheit zu kommen. Der demütige Mensch zwingt Gott, sich ganz zu geben. In der Einheit ist die Seele nicht geringer als Gott. Der Mensch muss Gottes ledig werden, sofern zwischen Gott und Mensch noch ein Unterschied besteht.

Das zentrale Thema der Predigten Eckharts ist die Gottesgeburt in der Seele des vergotteten Menschen. Nach gängiger Lehre der Scholastik nimmt der Heilige Geist in der Seele des Gerechten Wohnung, er wird in ihr „geboren", dies als Gnadenakt Gottes. Eckhart geht darüber hinaus. Er spricht davon, dass die Seele, soweit sie rein ist, die Stätte jener Gottesgeburt ist, die sich zeitlos in Gott selbst vollzieht, also der trinitarische Prozess, gemäß dem der Vater den Sohn als das Wort zeugt, gebiert, hervorbringt. Er formuliert gar, dass Gott ohne den Menschen nicht wäre.

Eckharts neuplatonische Sicht auf die Gottesgeburt kommt darin zum Ausdruck, dass die geistige Geburt des Sohnes in der Seele Vorrang hat vor der leiblichen Geburt durch Maria. Auch in Maria selbst ging die geistige der leiblichen Geburt voraus.

Drei Grundgedanken bestimmen Eckharts trinitarischen Prozess der Gottesgeburt in der Seele.[56, S.139]

Erster Grundgedanke: Wie der Vater den Sohn von Ewigkeit zu Ewigkeit gebiert – im trinitarischen Prozess – so gebiert er mich als den eingeborenen Sohn. Er gebiert mich aus der Finsternis des reinen Seins am Ausgang zu seiner Selbsterkenntnis. Der Sohn ist das „Wort" (gr. *logos*, lat. *verbum*). Im Wort ist auch das Ich als Wesenheit eingeschlossen.

Zweiter Grundgedanke: Der Vater gebiert den Sohn im „Höchsten der Seele" (lat. *supremum animae*), im Seelenfünklein (lat. *scintilla animae*). Allein hier wird das Wort des Vaters empfangen und der Sohn in mir geboren.

Dritter Grundgedanke: Indem Gott seinen Sohn in mich gebiert, gebäre ich ihn zurück in den Vater. Diese Wechselwirkung erfolgt zugleich, außerhalb der Kategorien von Raum und Zeit.

Eckhart hebt zur Gottesgeburt in der Seele an anderer Stelle folgende Merkmale hervor:[57, S.89] Das göttliche Werk erreicht den Seelengrund unmittelbar. Beim Eintreten des Vaters in den Seelengrund verhält sich der Mensch empfangend, er hört und schweigt. Dabei wird das Wort eher im Nichtwissen als im Wissen aufgenommen.

Die Lehre von der Gottesgeburt in der Seele ist in der christlichen Denktradition verankert. Sie kann sich auf Paulus berufen und wurde durch Origines und Gregor von Nyssa in der Ostkirche weiterentwickelt. Sie erreichte Eckhart vermutlich über den Frühscholastiker Johannes Scotus Eriugena. Das Seelenfünklein ist eine Vorstellung, die auf die Stoa zurückgeht. Wie das Urfeuer des Intellekts den Kosmos erhält, so erhält ein Funke dieses Feuers den menschlichen Leib. Im „Höchsten der Seele" blieb das Urfeuer des Intellekts in ursprünglicher Reinheit erhalten. Dies wurde mit der neuplatonischen Vorstellung des Ausströmens aus dem Einen oder Gott und des darauf folgenden Zurückstrebens verbunden. Hinzu trat die Augustinische Auffassung, dass das „Höchste der Seele" als Intellekt wesensgleich mit der göttlichen Trinität ist. Das auch als „Haupt der Seele" oder „Seelengrund" bezeichnete „Höchste der Seele" ist nach Eckhart ungeschaffen, soweit es Intellekt ist, jedoch geschaffen, soweit es Liebe oder Wille ist.

Anleitung zum rechten Leben: Als Prediger und Seelsorger wollte Eckhart seine Mitmenschen – Ordensbrüder, Ordensschwestern, städtische Bürger – zum rechten Leben anhalten. Er ist mit Nonnenmystik, Brüdern des freien Geistes, Beginen und Begarden konfrontiert. Sein Ziel ist es, den Menschen zur Einheit mit Gott zu führen, ihn zu vergotten (lat. *homo divinus*), aus ihm einen Gerechten (lat. *homo iustus*) werden zu lassen. Diese Verwandlung wird durch die Metapher der Gottesgeburt in der Seele ausgedrückt.

Eckhart unterscheidet dabei zwischen Glauben und Wissen. Glauben ist der Weg zum Sohnsein. Der Glaubende hat lediglich *gehört*, dass er Sohn Gottes werden kann. Er muss sich bemühen, die Gerechtigkeit zu leben. Wie das geschehen kann, wird nachfolgend dargelegt. Geschieht dann die Geburt als Sohn, so *weiß* er den Vater. Der Glaube ist in Wissen verwandelt. Im Vater wird das Ganze als Eines erkannt. Die wahre Erkenntnis Gottes beruht auf eigener Erfahrung, nicht auf fremdem Zeugnis. Glauben ist der Weg zum Sein, Wissen erfasst das Sein selbst. Dies geschieht im ewigen Jetzt.[57, S.217]

Es ist zu klären, was Eckhart unter dem anzustrebenden vergotteten bzw. gerechten Menschen versteht. Er versteht darunter einen Menschen in der inneren „Abgeschiedenheit". Der Mensch soll sich von allem Eigenen, von allen Dingen und Werken lösen, soll sich selbst aufgeben, soll selbst Gottes ledig werden, um über die „innere Einöde" in die „Wüste der Gottheit" einzubrechen. Vergottet bzw. gerecht ist der geistig arme Mensch, der nicht will, nicht weiß, nicht hat. Er bewirkt, dass allein Gott über ihn wirkt. Eckhart sagt vom Gerechten, dass er frei und ledig in allen seinen Werken ist und keiner Vermittlung bedarf. Die Tugenden sind für ihn bedeutungslos. Diese Einstellung ist nicht durch Denken zu gewinnen, sondern allein durch Einüben.

Die Frucht der Abgeschiedenheit ist die Gelassenheit. Der Mensch soll sich durch kein Ereignis, sei es freudvoll oder leidvoll, erschüttern lassen. So gewinnt er den inneren Frieden.

Welche Folgerung zieht Eckhart aus der einzuübenden Abgeschiedenheit für das praktische Leben? Ist das kontemplative Leben (lat. *vita contemplativa*) dem tätigen Leben (lat. *vita activa*) vorzuziehen? – eine zu Zeiten Eckharts hochaktuelle Frage. Sie ist Gegenstand der Predigt 86: *Intravit Jesus in quoddam castellum* …, die auf das Evangelium (*Lk* 10,38) Bezug nimmt. In einer kleinen Stadt wurde Jesus von einer Frau mit Namen Martha empfangen. Die Frau hatte eine Schwester mit Namen Maria. Maria saß zu Füßen von Jesus und lauschte seinen Worten, während Martha herumlief und Jesus bediente. Entgegen der Aussage des Evangelisten stellt Eckhart die rein kontemplative Haltung der (jüngeren) Maria als unzureichend dar. Ihre Innerlichkeit und Gottesnähe seien ohne Lebenserfahrung. Demgegenüber sei die (ältere) Martha den Anforderungen des Lebens nicht ausgewichen. Sie habe Tätigsein mit Kontemplation verbunden, um vollkommen zu werden. Jesus beruhigt Martha: Maria werde noch lernen, im Leben vollkommen zu sein.

An anderer Stelle drückt sich Eckhart noch deutlicher aus. Es sei besser, einem Bedürftigen in Liebe zu dienen, als sich der religiösen Ekstase hinzugeben.

Wie zu erwarten, lehnt Eckhart einen Verdienst allein auf Grund eines äußeren guten Werkes (Werkgerechtigkeit) ab. Gott achte nicht auf das Werk selbst, sondern auf die Intention beim Werk. Nicht um gerecht zu sein, soll man das gute Werk vollbringen, sondern allein um der Gerechtigkeit willen. In der Neuzeit wurde dafür die Bezeichnung „Gesinnungsethik“ eingeführt.

Das Verhältnis des Einzelnen zur Gemeinschaft wird von Eckhart wie folgt bestimmt. Jedes Glied der Gemeinschaft dient zugleich sich selbst und den anderen. Eckharts Konzept der lebendigen Ganzheit hebt den Gegensatz zwischen Eigennutz und Gemeinschaftsanliegen auf.

Schließlich geht Eckhart in seinem Spätwerk *Buch der göttlichen Tröstung* auf die spirituelle Bedeutung des Leidens ein. Zunächst wird die Bedeutung der Lehre von der Gottesgeburt in der praktischen Seelsorge hervorgehoben. Philosophische Einsicht und Einübung der Abgeschiedenheit sollen wahren Trost im menschlichen Leid vermitteln. Alles Leiden komme allein daher, dass der Mensch am

Kreatürlichen hänge. Daher ist alles Kreatürliche, Zeitliche, Materielle im Vollzug der Gottesgeburt aufzugeben.

Es wird aber auch auf eine zweite Art der Leidensbewältigung hingewiesen, nämlich auf die im Christentum traditionell verankerte Leidensspiritualität. Gott leidet mit den Menschen. Er hat seinen Sohn in die Welt geschickt und leiden lassen, um die Menschen zu erlösen. Deshalb kommt der Mensch im Leiden Gott besonders nahe. So kann Leiden Wonne und Trost sein.

Philosophische Auslegung der Bibel: Eckhart hat die von ihm vertretene Philosophie – Ontologie, Erkenntnislehre, Ethik – zur Grundlage einer neuartigen Auslegung der Bibel gemacht. Die in sich schlüssige philosophische Lehre soll Grundlage der Theologie sein, nicht umgekehrt die offenbarte Wahrheit Grundlage der Philosophie. Demnach werden die historischen Ereignisse, von denen die Bibel berichtet, als Ausdruck verborgener Wahrheit aufgefasst, die philosophisch aufgedeckt werden kann. Eckhart hat dies für die Bücher *Genesis* und *Exodus* getan. Viele gegenständliche Angaben der Bibel werden als Metapher aufgefasst, deren abstrakter Gehalt bestimmt wird. Man spricht von allegorischer Auslegung, d. h. Auslegung als Sinnbilder. Allegorische Auslegungen sind ein Merkmal neuplatonischen Denkens, dem die Philosophie Eckharts zugerechnet werden kann. Schließlich präsentieren einzelne Schriften der Bibel direkt philosophische Aussagen, auf die sich Eckhart beruft, etwa das *Evangelium des Johannes* im Neuen Testament oder das *Buch der Weisheit* im Alten Testament.

Zu den vorstehend genannten vier Büchern der Bibel hat Eckhart ausführliche philosophische Kommentare verfasst. Die Kerngedanken dieser Kommentare werden nachfolgend in gebotener Kürze dargestellt.

Zwei Kommentare zum *Buch Genesis*:[57, S.143] Im ersten Kommentar deutet Eckhart die Weltschöpfung im Sinne des Johannesevangeliums als übergöttliches Wort (Logos). Das Wort ist dem Wissen und Sein übergeordnet. Intellekt bzw. Ratio ist das oberste Prinzip, gemäß dem Gott die Welt erschafft. Zugleich zeugt Gott seinen Sohn, Urbild und Vernunftgrund von allem. Dies geschieht im ewigen Jetzt.

Der Mensch ist nach Gottes Bild geschaffen. Seine rationale bzw. intellektuale Natur erhebt ihn „über Steine, Pflanzen und Tiere". Da der Menschengeist den gesamten Kosmos enthält („Mikrokosmos"), ist er dem Schöpfungsbericht entsprechend als Letztes im ewigen Jetzt erschaffen.

Im zweiten Kommentar zum *Buch Genesis* erhebt Eckhart den Anspruch, den verhüllten Sinn der biblischen Berichte zu bestimmen, eine allumfassende Welterklärung zu bieten, indem er die Bibel als Parabel (Gleichnisrede) liest. Er will die göttlichen, natürlichen und ethischen Wahrheiten der Schrift aufdecken. Beispielsweise deutet er „Gott schuf Himmel und Erde" als „Gott schuf in allem ein aktives und passives Prinzip". Beim Bericht über den Sündenfall sieht er die drei Prinzipien der Seele angesprochen: die Sinnlichkeit durch die Schlange, die niedere Vernunft durch die Frau, die wesenhafte Vernunft durch den Mann.

Kommentar zum *Buch Exodus:*[57, S.172] Das *Buch Exodus* berichtet über die dramatischen Ereignisse im Zusammenhang mit dem Auszug der Israeliten aus Ägypten und der Gesetzgebung Gottes auf dem Berg Sinai. All dies übergeht Eckhart in seinem Kommentar. Er konzentriert sich ausschließlich auf den Namen, den sich Gott auf Befragen durch Moses selbst gibt: „Ich bin, der ich bin" (*Ex* 3,14). Scholastischem Denken entsprechend versucht Eckhart, über den Namen das Wesen zu ergründen. Was sagt also Gottes Name über Gottes Wesen aus?

Zunächst ist Gott im „ich bin" reines Subjekt, dem reines Sein zukommt. Sodann kennzeichnet „der ich bin" Gottes Dasein. In Gott sind also Wesen und Dasein identisch. Die Wiederholung des „ich bin" hat nach Eckhart eine zweifache Bedeutung. Einerseits wird Gottes reines Sein ohne ein Nichtsein hervorgehoben. Andererseits kommt der Rückbezug Gottes auf sich selbst zum Ausdruck – er ist in sich bewegt, sich selbst gebärend, in sich hineinleuchtend, ein Ausströmen und Zurückströmen, also lebendige Gottheit, dem trinitarischen Prozess entsprechend.

Eckharts Schlussfolgerung aus den weitläufigen Erörterungen zum Gottesnamen im Hinblick auf Gottes Sein ist, dass alle positiven Sätze über Gott nichts in Gott selbst setzen, sondern lediglich unsere Konzeptionen von Gott wiedergeben. Wer sich Gott nähert, gerät in die Finsternis Gottes (*Ex* 20,21).

Kommentar zum *Buch der Weisheit:*[57, S.160] Hier befasst sich Eckhart mit Themen der allgemeinen Ontologie – Sein und Wesen, Einheit und Vielheit, Weisheit und Gerechtigkeit sowie weitere Erstbestimmungen. Da diese Themen in den Abschnitten *Neuplatonische Deutung von Eckharts Philosophie* und *Verhältnis von Denken, Sein und Gott* bereits angesprochen worden sind, wird auf erneute Erörterung verzichtet.

Kommentar zum *Evangelium des Johannes:*[57, S.199 u. 212] Das Johannesevangelium unterscheidet sich von den drei vorangehenden „synaptischen" (gr. „verbundenen") Evangelien durch seinen geistigen („pneumatischen") Gehalt. Es enthält die Selbstoffenbarung Jesu als Gottes Sohn und die Offenbarung des Heiligen Geistes als dritte göttliche Person. Es spricht jedem Menschen die Macht zu, Kind oder

Sohn Gottes zu werden, also in die Einheit mit Gott einzutreten. Das Johannesevangelium hat die christliche Theologie in besonderem Maße geprägt. Es hat Eckhart und andere Scholastiker zur Kommentierung angeregt.

Mit dem relativ spät verfassten Kommentar stellt Eckhart die Grundgedanken seiner Lehren dar. Zunächst erklärt er sein Programm. Er wolle die Wahrheit, die der christliche Glaube behauptet, Welterschaffung, Sündenfall, Menschwerdung Gottes, Erlösung, philosophisch beweisen. Die metaphysisch gedeutete Bibel enthalte auch die Grundlinien der Naturphilosophie. Dabei übergeht Eckhart die in der Bibel geschilderten historischen Fakten oder „schiebt sie ineinander".

Der inhaltliche Schwerpunkt von Eckharts Kommentar ist eine Metaphysik des Wortes (lat. *verbum*), ist Logosmetaphysik.[57, S.213] Der Wortcharakter als Urgrund der Welt wird hervorgehoben. Das Wort ist universale Formmitteilung. Im Wort bilden Sprechender und verstehend Hörender eine Einheit. Die Metaphysik des Wortes ist die Grundlage von Eckharts Gottesverständnis, seiner Trinitätsphilosophie und der von ihm vertretenen Einheit des Erkennenden und Erkannten.

Nishitanis buddhistische Auslegung von Eckharts Philosophie:[58, S.120] Der neuzeitliche japanische Philosoph Nishitani hat Eckharts Philosophie aus buddhistischer Sicht wie folgt kommentiert. Meister Eckhart unterscheidet zwischen Gott und Gottheit. Als Gottheit bezeichnet er das „Wesen Gottes", Gott in sich selbst seiend, gleichzusetzen dem absoluten Nichts. Das absolute Nichts meint den Ort, an dem jegliche göttliche Seinsweise transzendiert ist. Gott als Schöpfer, Gott als Liebe oder Gott als das Gute wird nur vom Standpunkt der Kreatur so gesehen.

Wenn gesagt wird, im Menschen sei das „Bild Gottes" gegeben, so ist in diesem Bild das absolute Nichts der Gottheit eingeschlossen. Wenn das Bild Gottes kraft des Heiligen Geistes in der Seele des Menschen wirkt, dann wird der Mensch zum „Sohn Gottes". Eckhart nennt das die „Geburt Gottes in der Seele".

Das historische Ereignis der Inkarnation Christi in der Menschenwelt wird somit in das Innere der Seele des Einzelmenschen verlegt. Wenn der Mensch in dieser Weise zum Ebenbild Gottes wird, erschließt sich ihm der Weg in die Tiefe des Wesens des dreieinigen Gottes, um schließlich mit ihm eins zu werden.

Der Vorgang der Einswerdung besagt, dass die egozentrische Seinsweise der Seele, also deren „Selbstheit", vom Innern der Seele her, in der sich Gott offenbart, durchbrochen wird. Eckhart versteht dies zugleich als Durchbruch der Seele durch Gott hindurch. Damit wird das Wesen Gottes als absolutes Nichts, der Ort der „Wüste der Gottheit" erreicht.

An diesem Ort, dem Seelengrund, der zugleich Gottesgrund ist, ist die Seele ihrer Selbstheit vollständig beraubt, kann aber gerade dadurch sie selbst sein. Für die Seele ist hier der absolute Tod und zugleich das „aus sich selbst quellende Leben". In dieser Quelle sind Seele und Gott eine lebendige Einheit.

Aus den vorstehenden Ausführungen zum Verhältnis von Gott und Seele ergibt sich folgendes Gesamtbild: Das „Wesen Gottes" oder die Gottheit ist nur dort zu finden, wo der personale Gott transzendiert wird. Die Gottheit erscheint als absolutes Nichts, das sich als Ort von absolutem Leben-*sive*-Tod erweist. Daher kann der Mensch allein in der Offenheit des absoluten Nichts seine Freiheit bzw. Unabhängigkeit erlangen. Diese kommt in seiner Subjektivität, seinem „Selbst", aufgefasst als freies bzw. unabhängiges Ich-sein, zum Ausdruck.

Erst wenn Gott ins absolute Nichts der Gottheit transzendiert ist, wird der Seelengrund der Subjektivität erreicht. Diese besteht von Ewigkeit her in der Gottheit, noch ehe Gott sein „Wort" spricht. Im Seelengrund wird Gott wesenhaft offenbar. Der Ort dieser Vorgänge ist das praktische Leben. Soweit Nishitanis buddhistische Auslegung von Eckharts Philosophie.

Überpersonalität ohne Person: Eckhart stößt zwar zur überpersonalen Gottheit vor, aber die dabei überschrittenen personalen Bestimmungen Gottes fehlen in seiner apersonal strukturierten Ontologie und Erkenntnislehre. In der Liste der von ihm erörterten Erstbestimmungen fehlt das Gegensatzpaar von Ich und Du, in dem sich die personale Beziehung ausdrückt, vermittelt durch das Sprechen und Hören des Wortes. Dies ist erstaunlich, denn Eckhart hebt das Wort als Seinsgrund hervor. Auch der Logos als wirkmächtiges Wort setzt einen göttlichen Willen voraus, der nur personal gedacht werden kann.

An dieser Stelle ist folgende sprachhistorische Eigenheit zu beachten. Personalität zur Zeit Eckharts bedeutet etwas anderes als Personalität heute. Für Eckhart galt die Definition des Boethius: „Person ist die unteilbare Substanz eines rationalen Wesens". In heutiger Zeit wird dagegen die sittlich fundierte Ich-Du-Beziehung als kennzeichnend angesehen. Anstelle der rationalen Person ist die sittliche Person getreten. Diese sittliche Person ist in der überpersonalen Gottheit Eckharts nicht erfasst.

Aus diesem Grund kommt auch die Bibel als das an den Menschen gerichtete „Wort Gottes" bei Eckhart nicht in den Blick. Seine allegorische Schriftauslegung verwandelt alles Weltgeschehen in einen fiktiven raum- und zeitlosen Bewusstseinsimpuls – fiktiv deshalb, weil auch Bewusstseinsimpulse, wie man heute weiß, örtlich und zeitlich gebunden sind. Raum und Zeit sind für Eckhart ontologisch bedeutungslos. Die biblisch verkündete Erlösung in der Zeit ist für ihn kein Thema. Der Mensch ist bereits erlöst, weil er über den Intellekt mit Gott verbunden ist. Er muss es sich nur durch das Einüben geistiger Armut bewusst machen.

Die Negation des wesenhaft Personalen in der Beziehung zwischen Mensch und Gott steht im Einklang mit Eckharts neuplatonisch geprägtem Begriffsrealismus. Bekanntlich wurde in der Scholastik um die Ontologie der Allgemeinbegriffe, der „Universalien", heftig gestritten. Die Begriffsrealisten, zu denen Scotus und Eckhart gehören, setzten Platon folgend den Allgemeinbegriff vor die Sache (lat. *universalia ante res*). Eine vermittelnde Stellung nahmen Aristoteles folgend Abaelard und Thomas ein: Der Allgemeinbegriff wohnt der individuellen Sache als dessen Wesen ein (lat. *universalia in rebus*). Schließlich vertraten die „Nominalisten", zu denen Ockham gehört, die Auffassung, die Allgemeinbegriffe seien nur Namen, die Ähnliches zusammenfassen, also keine Wesenheiten, nicht etwas Wirkliches (lat. *universalia post res*).

Für Eckhart sind also alle Menschen wesenhaft gleich. Es gibt nur *den* Menschen in der Wirklichkeit und als Begriff. Die personalen Ausprägungen des Menschen sind unwesentlich und daher ontologisch irrelevant. Dies widerspricht christlichen Grundüberzeugungen, damals wie heute: Eckhart lehnt das Bittgebet ab, ebenso die Reue und die Werkgerechtigkeit.

Eckhart hat die Zusammenführung personaler und apersonaler Elemente in der überpersonalen Gottheit nicht geleistet. Die Kommentierung von Nishitani kommt diesem Ziel schon näher. Nishitanis Auffassung des Menschen als Person, wird im Unterkapitel über Nishitanis Philosophie erläutert.

Nikolaus Cusanus: Abgrund der Koinzidenz

Nikolaus Cusanus (1401–1464), bedeutender deutschstämmiger Philosoph, zwischen mittelalterlicher Scholastik und humanistischer Renaissance stehend, hat die personale Bindung zwischen Mensch und Gott auf eine apersonale Erkenntnisbasis gestellt, auf der sich „menschliches Maß" und göttliche Zuwendung treffen. Das in Gegensätzen strukturierte weltliche Viele hat seinen Grund im göttlichen Einen, in dem die Gegensätze zusammenfallen.

Nikolaus Cusanus, latinisierte Form von Nikolaus von Kues, eigentlicher Name Nikolaus Chrypffs (Krebs), wurde in Kues an der Mosel geboren. Aufgewachsen ist er in der Obhut der Brüder des Gemeinsamen Lebens in Deventer, einer Vereinigung von Geistlichen und Laien, die sich in praktischer Frömmigkeit besonders dem Schulunterricht widmeten. Sein Grundstudium (*liberales*) absolvierte er in Heidelberg (1416). Danach studierte er kanonisches Recht in Padua (1417–1423), wobei er mit den dortigen Humanisten in Kontakt kam. In Köln wurde er zum Priester geweiht (1425). Auf dem Konzil von Basel (1432–1437) vertrat er zunächst den Vorrang des Konzils vor dem Papst, wechselte dann aber zur Partei des Papstes. Daran anschließend war er Mitglied einer Gesandtschaft der Papstpartei, die sich in Konstantinopel beim oströmischen Kaiser und dem dortigen Patriarchen um die Vereinigung von West- und Ostkirche bemühten (1437/38). Weitere Legationsreisen führten ihn auf die Reichstage von Mainz, Nürnberg und Frankfurt (1438–1448).

Der neue Papst Nikolaus V., ein Humanist, ernannte Cusanus zum Kardinal und zugleich zum Bischof von Brixen (1450). Die dortigen Reformversuche von Cusanus führten zu gewalttätigen Auseinandersetzungen mit Herzog Sigismund von Tirol, vor denen Cusanus auf die im Fürstbistum abgelegene Burg Buchenstein (bei Canazei) floh (1453–1457). Vom nachfolgenden Papst Pius II., dem Humanisten Enea Silvio Piccolomini, nach Rom berufen, sollte er einen Kreuzzug gegen die Türken vorbereiten (1458). In Ausübung dieser Mission starb er im umbrischen Todi (1464). Cusanus wurde in seiner Kardinalskirche San Pietro in Vincoli in Rom beigesetzt. Seine umfangreiche Bibliothek konnte in Kues bewahrt werden.

Neben der bedeutsamen kirchenpolitischen Tätigkeit, die mit ruhelosem äußeren Lebensvollzug verbunden war, fand Cusanus dennoch Zeit zum Verfassen bedeutsamer Bücher, in denen sich auf scholastischer Basis das humanistische und naturwissenschaftliche Denken der Renaissance ankündigt. Sein erstes und zugleich wichtigstes Werk *De docta ignorantia* (1440, *Vom wissenden Nichtwissen*) umfasst die drei Abhandlungen über Gott, die Welt und den Menschen. Als weiterer wichtiger Titel sei genannt: *Idiota de sapentia, de mente, de staticis experimentis* (1450, *Der Laie über die Weisheit, den Geist und die Versuche mittels der Waage*). Erwähnt sei auch die von Cusanus im reifen Alter verfasste Schrift *De beryllo* (1458, *Über die Brille*), die als Einführung in sein Denken konzipiert ist. Die nachfolgenden Ausführungen orientieren sich an den Cusanus-Darstellungen von Hirschberger[42] und Flasch[59].

Das Eine und der Geist: Die Philosophie von Cusanus ist in hohem Maße Erkenntnistheorie. Erstes Prinzip ist das Eine (lat. *unum*), das im Sinne von Platon und Plotin alles Sein übersteigt. Das Eine kann auch „Gott" genannt werden. Alles Viele ist aus dem Einen herleitbar, aber das Eine kann nicht aus dem Vielen hergeleitet werden. Das Eine ist das Frühere, das Viele ist das Spätere. Die vielen Dinge sind zufällig, während das Eine notwendig ist. Dass das Eine und nicht das Sein die grundlegende Bestimmung ist, widersprach der in der Scholastik maßgebenden Lehre des Aristoteles.

Tatsächlich hat Cusanus den Intellekt (lat. *intellectus*) im Sinne von Geist oder Vernunft als erstes Prinzip (lat. *primum principium*) noch vor das Eine gesetzt. Er ist der Welt Urheber (lat. *conditor intellectus*), also Weltgrund. Die Welt ist das Sichzeigen ihres Urhebers, des Intellekts. Den Weltgrund „sehen" heißt, mathematisch veranschaulicht, durch Maximum und Minimum hindurchsehen. Es gibt Wahrheit in sich und „Wahrähnlichkeit" in anderem. Nur diese beiden verbürgen ein Sein. Erkenntnis beruht auf der Wechselwirkung von Erkennen und Erkennbarem.

Der menschliche Geist ist Abbild des göttlichen Geistes. Der göttliche Geist als das absolute Eine ist die Zusammenfaltung (lat. *complicatio*) aller weltlichen Dinge in Gott. Andererseits sind die weltlichen Dinge die Selbstentfaltung (lat. *explicatio*) Gottes, also Gott in allem Endlichen. So ist die Zahl die Entfaltung der Einheit, die Bewegung die Entfaltung der Ruhe, die Zeit die Entfaltung des Augenblicks (*sive* Ewigkeit), die Verschiedenheit die Entfaltung der Identität.

Das ist platonisches Denken. Erkenntnis setzt die unvergänglichen Urbilder oder Ideen voraus. Erkenntnisziel sind die Dinge an sich, denen sich nach Cusanus der Mensch in vielen Schritten grenzwertig nähern kann, ohne genau zu erkennen. Alle Wesenserkenntnis ist so konditioniert. Als geometrisches Beispiel dient die Annäherung des Kreises durch ein einbeschriebenes Vieleck. Platon hat die nur angenäherte Erkenntnis durch den Begriff der Teilhabe ausgedrückt.

Erkenntnis nach menschlichem Maß: Cusanus erhebt den Menschen zum Maß aller Erkenntnis. Er unterscheidet Sinneserkenntnis, Vernunfterkenntnis und Erkenntnis dessen, was die Vernunft (lat. *intellectus*) übersteigt. Alle drei Erkenntnisarten beinhalten ein Setzen des Maßes, also nicht nur das Messen mit vorgegebenem Maßstab, sondern auch das Festlegen des Maßstabes selbst. Die Sinneserkenntnis setzt das Maß für das mit den Sinnen Erkennbare, die Vernunfterkenntnis setzt das Maß für das mit der Vernunft Erkennbare und was die Vernunft übersteigt, kann im Überstieg berührt werden (lat. *attingere*). Das setzt voraus, dass die Welt so geschaffen ist, dass wir sie erkennen können. Cusanus geht darüber noch hinaus, indem er sagt, die geschaffene Welt *wolle* erkannt werden. Erkenntnis ist dem Menschen allerdings nur in Annäherung möglich, wie bereits erwähnt.

Cusanus macht in der Erhebung des Menschen einen weiteren Schritt. So wie Gott die Realwelt geschaffen hat, schafft der Mensch als „zweiter Gott" die Kultur- und Begriffswelt. Der menschliche Intellekt ist daher im Erschaffen dem göttlichen Intellekt ähnlich. Insofern ist der Mensch auch ein Maß Gottes. Aber er ist dies nur als Bild Gottes, also in Ähnlichkeit zu Gott. Eine schwerwiegende Folgerung ist dennoch, dass es keine Begriffe außerhalb des menschlichen Intellekts gibt, was im Widerspruch zu Platon steht. So ist etwa der ideale Kreis bei Cusanus ein Produkt des menschlichen Geistes (lat. *mens*). Über das Verhältnis von menschlichem und göttlichem Intellekt bei Cusanus, wird in der Forschung heftig gestritten.

Die Hervorhebung des Zählens, Messens und Wägens haben Cusanus zum methodischen Vorläufer der neuzeitlichen Naturwissenschaft gemacht. Seine philosophischen Spekulationen zur Koinzidenz im absoluten Einen führten ihn zu der Auffassung, dass das Weltall unendlich ausgedehnt und die Erde nicht Mittelpunkt ist (lange vor Kopernikus). Schließlich ist seine Auffassung, die Wahrheit lasse sich nur grenzwertig annähern, im Einklang mit den Wahrscheinlichkeitsgesetzen der modernen Physik.

Docta ignorantia, coincidentia oppositorum: Gelehrtes Nichtwissen (lat. *docta ignorantia*) ist die durch die Wissenschaft selbst gewonnene Einsicht, dass das Unendliche bzw. Göttliche nicht genau, wohl aber grenzwertig erkennbar ist über den Zusammenfall der Gegensätze (lat. *coincidentia oppositorum*) im absoluten Einen bzw. in Gott. Die grenzwertige Annäherung erfolgt in beliebig vielen Schritten.

Wenn aus dem absoluten Einen das durch Gegensätze (lat. *contraria*) gekennzeichnete endliche Viele hervorgeht (die Selbstentfaltung Gottes), dann fallen im absoluten Einen die Gegensätze zusammen (die Zusammenfaltung der endlichen Dinge). Im vereinenden Betrachten der Gegensätze sah Cusanus die Möglichkeit einer Universalwissenschaft. Er veranschaulichte die Vorgehensweise geometrisch am Zusammenfall der Grenzwertlinien spitzer und stumpfer Winkel (Minimum und Maximum). Ähnlich argumentierte er hinsichtlich Zentrum und Peripherie von Kreis und Kugel. Als weitere Beispiele werden Vergangenheit und Zukunft, Ruhe und Bewegung, Licht und Finsternis, Sein und Nichtsein genannt.

Vorstehend wird der Zusammenfall der Gegensätze ontologisch interpretiert. Cusanus ist noch einen Schritt weiter gegangen. Er lässt auch widersprüchliche

Aussagen (lat. *contradictiones*) im absoluten Einen bzw. in Gott zusammenfallen. Damit wird der Satz des (zu vermeidenden) Widerspruchs, der oberste Grundsatz der aristotelischen Logik, aufgehoben. Cusanus argumentiert, dieser Grundsatz gelte nur für den Verstand (lat. *ratio*), aber nicht für die Vernunft (lat. *intellectus*). Dem Verstand erscheint als Abgrund des Denkens, was der Vernunft als Koinzidenz einsichtig ist.

Im Erstlingswerk von Cusanus, *De docta ignorantia*, ist die Koinzidenzlehre noch nicht ausgearbeitet, aber deren Inhalt ist in den verwendeten gegensätzlichen Bestimmungen bereits gegenwärtig. Cusanus führt aus, dass alle gegensätzlichen Bestimmungen, die wir einer gegensatzfreien Einheit zuschreiben, ihr sowohl zukommen als auch nicht zukommen. Was wir an einer (gegensatzfreien) Sache verneinen, ist an ihr ebenso zu bejahen. Einheit ist zugleich Nicht-Einheit. Gott ist und ist nicht im Einen.

Cusanus hat aufgezeigt, dass die zweiwertige Logik des Aristoteles einen schwerwiegenden Mangel aufweist, den er, Cusanus, durch die Koinzidenzlehre glaubte überwinden zu können. Im Rahmen der buddhistischen Denktradition ist von Nāgārjuna eine vierwertige Logik vertreten worden, die in etwa dort aufsetzt, wo der Mangel der zweiwertigen Logik auftritt, den Cusanus durch die Koinzidenzlehre zu überwinden sucht. Zur buddhistischen Denktradition sind nachfolgend im Unterkapitel über Nishitani Keiji weitere Angaben gemacht.

Trinitätslehre: Cusanus hat eine Trinitätslehre eigener Art vertreten, die er aus der Koinzidenzlehre und deren geometrischer Veranschaulichung ableitet. Auf die von seiner Auffassung abweichende herkömmliche Trinitätslehre wird dabei nicht verwiesen, wohl aus kirchenpolitischer Rücksichtnahme. Stattdessen werden die Lehren der griechischen Philosophen Anaxagoras, Platon und Aristoteles herangezogen. Demnach ist der Grund von allem Sein und aller Vernunft die absolute Einheit. Diese Einheit ist jedoch nicht leer, sondern umfasst gemäß der Koinzidenzlehre die Verbindung (lat. *nexus*) von gegensätzlicher Einheit und Vielheit. Die abstrakte Trinität von „verbindender absoluter Einheit", „gegensätzlicher Einheit" und „Vielheit" ersetzt also die herkömmliche anthropomorphe Trinität von „Vater", „Sohn" und „Heiligem Geist".

Gottesbegriff des Cusanus: Im Hinblick auf das Thema des vorliegenden Buches stellt sich die Frage, inwieweit Cusanus den personalen bzw. apersonalen Gottesbegriff vertreten hat, und ob sich daraus ein Ansatz für den überpersonalen Gottesbegriff ableiten lässt.

Gott in Relation zur Welt wird von Cusanus wie folgt gesehen. Gott ist die absolute Einheit (lat. *unitas absoluta*), der nichts entgegensteht, in der alle Gegensätze und Widersprüche zusammenfallen. Dies drückt sich im „ersten Prinzip" der einen Vernunft (lat. *intellectus*) aus, über die Gott erkannt werden will. Wer die absolute Einheit denken will, muss erst alles „ausspeien" (lat. *evomere*), was der sinnlichen Wahrnehmung oder dem in Gegensätzen strukturierten Glauben entstammt. Gott ist und ist nicht im Einen.

Die Welt ist Selbstentfaltung Gottes (lat. *explicatio Dei*) in die Vielheit der Dinge. In Gott ist umgekehrt die Zusammenfaltung (lat. *complicatio*) der weltlichen Vielheit. Die Welt geht aus Gott hervor, ist aber nicht mit Gott identisch. Cusanus ist nicht Pantheist, wohl aber Panentheist: Gott ist in allen Dingen gegenwärtig. Die Welt als Makrokosmos ist ein Gleichnis Gottes. Um gleichzeitig die Schöpferkraft Gottes zu erfassen, verwendet Cusanus die Bezeichnung „Können-Ist" und ordnet Gott das „Können und Sein selbst" zu.

Gott in Relation zum Menschen bestimmt sich aus der Einheit der Vernunft, über die Gott und Mensch verbunden sind. In seiner Schöpferkraft ist der Mensch Gott ebenbildlich. Cusanus hat den Menschen einen „zweiten Gott" genannt. Jeder Mensch ist als Individuum ein Mikrokosmos, der dem Makrokosmos gegenübersteht. Dem Menschen ist aufgetragen, seinen Weg zum absoluten Einen zu finden, ganz im Sinne neuplatonischen Denkens. Dabei wird die Individualität des „reinen Ichs" als Träger der Vernunft hervorgehoben. Glaube ist für Cusanus das, was den Gläubigen von der sinnlichen Welt ablöst und ihn in die Einheit der intelligiblen höheren Welt erhebt.

Wenn Cusanus von Gott spricht, meint er die Einheit der Vernunft. Sie ist das Primäre, die Offenbarungen Gottes im christlichen Glauben sind sekundär. Nur soweit sich die Offenbarungen durch die Vernunft stützen lassen, werden sie von Cusanus anerkannt. Das wird an der vorstehend beschriebenen Trinitätslehre besonders deutlich. Eine abstrakte Begriffslogik zum Gegensatz von Einheit und Vielheit ist anstelle der von der Kirche gelehrten innergöttlichen Liebesbeziehung zwischen Vater, Sohn und Heiligem Geist getreten. Da sich Logik und Liebe nicht zur Deckung bringen lassen, sind die beiden Trinitätsauffassungen nicht miteinander verträglich.

Auf Basis des beschriebenen Gottesbegriffs des Cusanus kann die Ausgangsfrage beantwortet werden, inwieweit dieser Begriff personal oder apersonal aufzufassen ist, und ob sich daraus ein Ansatz für einen überpersonalen Gottesbegriff ableiten lässt.

Auch wenn Cusanus die Eigenständigkeit des menschlichen Individuums hervorgehoben hat – er spricht von Erkenntnis nach menschlichem Maß – so ist er doch nicht bis zu den Persönlichkeitswerten vorgestoßen, die im Zentrum des christlichen Glaubens stehen. Seine Logik bzw. „Überlogik" ist mathematisch bzw. geometrisch fundiert. Einstein, dessen Relativitätstheorie hochentwickelte Mathematik beinhaltet, hätte in Cusanus mehr noch als in Spinoza sein philosophisches Leitbild sehen können. Alle drei Denker verehren einen apersonalen, abstrakt definierten Gott, Cusanus in kalter Rationalität, Spinoza in geistiger Liebe und Einstein in tiefer Ehrfurcht. Zum personalen Gott schweigt der geweihte Priester und weltliche Diplomat Cusanus. Spinoza lässt ihn zumindest als Ausgangsbasis für eine adäquatere Gottesvorstellung zu. Einstein lehnt den personalen Gott kategorisch ab.

Der apersonale Gott des Cusanus wird durch die übergegensätzliche Vernunft überwunden: Gott ist und ist nicht. Eine überpersonale Position, die das Personale einschließt, ist damit aber nicht gewonnen.

Jakob Böhme: Gottes Ungrund

Jakob Böhme (1575–1624), bedeutender Mystiker protestantischer Herkunft und deutsch schreibender Philosoph der beginnenden Neuzeit („*Philosophus Teutonicus*") hat die Einheit von Gott und Welt in der eigenen Seele gefunden. Gott gebiert sich selbst in einem apersonalen „Ungrund". Er entfaltet sich personal zur Licht- und Dunkelwelt.

Böhme war ein einfacher Schuhmachermeister in Görlitz (Oberlausitz). Als wandernder Geselle hatte er die Lehren des Arztes und Philosophen Paracelsus sowie weitere Strömungen der seinerzeitigen deutschen und kabbalistischen Mystik kennen gelernt. Als er einst in seiner Werkstatt arbeitete (im Jahre 1600), sei ein Sonnenstrahl auf ein Zinngefäß gefallen, und er habe plötzlich über die „äußere Signatur" in den innersten Grund der Dinge hineinsehen können. Dieser Erleuchtungszustand ließ ihn „bis in die innerste Geburt der Gottheit durchbrechen" und „an allen Kreaturen sowie Kraut und Gras Gott erkennen". Auf Drängen seiner Freunde schrieb er diese Gedanken nieder (Titel: *Morgenröte im Aufgang*), was ihm erhebliche Schwierigkeiten mit der lutherisch-protestantischen Kirchenbehörde und in Folge mit dem Magistrat der Stadt Görlitz eintrug. Böhme wurde ein Schreibverbot auferlegt. Tatsächlich schwieg er zehn Jahre lang, aber dann erschienen in rascher Folge bedeutsame Schriften, darunter *Von den drei Prinzipien des göttlichen Wesens* und *Mysterium magnum*. Da die Anfeindungen zunahmen, suchte und fand Böhme Unterstützung beim kurfürstlichen Hof in Dresden. Bald nach seiner Rückkehr von dort ist Böhme in Görlitz gestorben.[15, 38]

Alle Mystik strebt das Einswerden der Seele mit der Gottheit im menschlichen Bewusstsein an. Dies wird im Allgemeinen mit der Auffassung verbunden, dass Gott in allen Dingen und Prozessen, in allem Sein und Werden in Erscheinung tritt. So bekennt Böhme: „Ich bin auch nicht in den Himmel gestiegen und habe alle Werke und Geschöpfe Gottes gesehen, sondern derselbe Himmel ist in meinem Geiste offenbart, dass ich im Geiste erkenne die Werke und Geschöpfe Gottes“[15, S.34] Dabei sieht Böhme Gott und Welt als Einheit, wie das beschriebene Erleuchtungserlebnis aufzeigt.

Die Verbindung von Panentheismus und Alleinheitslehre wirft allerdings ein schwerwiegendes Problem auf. Demnach ist nicht nur das Gute, sondern auch das Böse in Gott begründet. Böhme hat zeitlebens mit diesem Problem gerungen. Ohne letzte Klarheit zu gewinnen nahm er an, dass am Grund des alleinen Seins zwei „Qualitäten“ oder „Kräfte“ wirken: der Trieb zum Guten und der Trieb zum Bösen. Das gilt für den Menschen ebenso wie für die als beseelt angesehenen Tiere, Pflanzen und Steine. Die Gut-Böse-Zweiheit verallgemeinernd stellt Böhme fest, dass alles in der Welt des Gegenteils bedarf, um sein zu können.

Eine die Tiefenregionen des „menschlichen Gemüts“ ergründende Schau führt Böhme aufgrund der Ebenbildlichkeit von Mensch und Gott zu der Vorstellung, dass Gott sich selbst gebiert. Erst ist nur der „Ungrund“. Ein drängender Wille im Ungrund führt zu einem reichen innertrinitarischen Leben, das aber noch ganz in sich ruht („ewige Stille“, „lichte Wonne“, „ewiges Gemüt“, „freie Lust des Nichts“). Um sich ins Einzelne zu entfalten, um vom „Nichts“ ins „Etwas“ zu kommen, muss sich der drängende Wille verfinstern („Begehren“) und sich in feindliche Gegensätze aufspalten („ewige Natur“, „Finsterwelt“ ohne negative Wertung). Im Durchbruch zum „Licht“ werden die sich befeindenden Kräfte in ein „Liebesspiel“ verwandelt, in dem sich „Freiheit“ offenbart. Wo der Durchbruch nicht gelingt, verkrampft sich die Finsterwelt zum „höllischen Reich“.[23]

Böhme stellt also fest, dass der Gegensatz von Gut und Böse die innerste Triebkraft der Welt ist, dass Himmel und Hölle bereits im göttlichen Grund angelegt sind. Was in Gottes Grund nur Möglichkeit ist, wird im Menschen Wirklichkeit. Der

Mensch hat die Freiheit, sich zwischen Gut und Böse zu entscheiden, zwischen dem „feuerigen Liebeswillen" und dem „finsteren Zornwillen" Gottes. Böhme formuliert:[38, S.310] „So der Mensch freien Willen hat, so ist Gott über ihn nicht allmächtig, dass er mit ihm tue, was er wolle. Der freie Wille ist aus keinem Anfange, auch aus keinem Grunde, in nichts gefasst oder durch etwas geformt. Er ist sein selbereigener Urstand aus dem Worte göttlicher Kraft, aus Gottes Liebe und Zorn."

Man kann in Böhme einen Vorläufer jener religiösen Bewegungen des 17. und 18. Jahrhunderts sehen, die sich gegen protestantische Orthodoxie, Kultfrömmigkeit und Staatskirche wendeten und den erlösenden Gott in der eigenen Seele suchten. In Deutschland wurde der von Holland ausgehende Pietismus besonders wirksam. In England und den Vereinigten Staaten waren die Quäker die treibende Kraft.

Die Werke Böhmes wurden schon bald nach dessen Tod ins Englische und Russische übersetzt, wodurch sie in England und Russland rasch bekannt wurden. In England nannten sich die Quäker *Behmists*. Besonderen Einfluss hatte Böhmes Schrift *Mysterium magnum*, ein Kommentar zum *Buch Genesis*, auf Isaac Newtons Bewegungsgesetze, die dieser in die Vorstellung des absoluten Raumes und der absoluten Zeit, gleichbedeutend mit Gottes Allgegenwart und Gottes Ewigkeit, einband. Böhmes Schrift war ihm von dem Philosophen Henry More empfohlen worden, der der Kabbalistik und dem Neuplatonismus nahestand.[11, S.113]

In Deutschland wirkte Böhme in der schlesischen Mystik um Angelus Silesius nach. In der Philosophie wurde er von Leibniz besonders geschätzt. In der Romantik wurde er von Baader und Oetinger wiederentdeckt und Schelling anempfohlen. Schellings Theosophie (siehe Anhang 2) ist von Böhmes Schriften stark beeinflusst.

Martin Heidegger: Grunderfahrung des Nichts

Martin Heidegger (1889–1976) ist einer der einflussreichsten Philosophen des 20. Jahrhunderts. Er wird der „Existenzphilosophie" zugeordnet, was nur hinsichtlich seines Frühwerkes zutrifft. Sein eigentliches Gebiet ist eine „Fundamentalontologie", die die Fragen nach dem Sinn von „Sein" stellt. Vom atheistischen „Existenzialismus" Sartres hat er sich ausdrücklich distanziert. Die Tatsache, dass Heidegger den Grenzbereich von Sein und Nichts zu erfassen sucht, ist der Grund, sein Denken hier im Hinblick auf die überpersonale Gottheit darzustellen.

Heidegger ist im südbadischen Meßkirch in katholischer Umwelt geboren. Er studierte an der Universität Freiburg im Breisgau zunächst Theologie, wechselte dann aber zur Philosophie. Ab 1915 war er Privatdozent an der Universität und ab 1918 gleichzeitig Mitarbeiter von Edmund Husserl, dem Begründer der „Phänomenologie". Von 1923 bis 1928 lehrte Heidegger in Marburg, wo er aufgrund seiner überzeugenden Vortragsweise als „heimlicher König der Philosophen" galt. 1928 kehrte er als Nachfolger von Husserl nach Freiburg zurück. Zugleich hatte er sich am Feldberg nahe Freiburg ein kleines Holzhaus errichtet, spartanisch ausgestattet, in das er sich häufig zum Arbeiten und Nachdenken zurückzog. Für knapp ein Jahr Rektor der Universität, bekannte er sich zur nationalsozialistischen Bewegung und begrüßte die Machtergreifung Hitlers, was 1945 den Verlust seines Lehrstuhls in Freiburg zur Folge hatte. In den späteren Jahren lebte Heidegger zurückgezogen, wirkte aber nachhaltig über Vorträge, Aufsätze und Seminare im kleinen Kreis. Heidegger ist in seinem Geburtsort Meßkirch katholisch gestorben.

Heideggers bedeutendes Erstlingswerk *Sein und Zeit* (1927), mit dem er der Existenzphilosophie zum Durchbruch verhalf, ist in seiner Marburger Zeit entstanden. Nur ein erster Teil wurde fertiggestellt und publiziert, während der geplante zweite Teil nie erschienen ist. Stattdessen sind zahlreiche weitere kürzere und längere Werke erschienen, die neben vielfältigen anderen Themen die in *Sein und Zeit* gestellte Frage nach dem Sinn von „Sein" fortführen. Die Vielfalt der angesprochenen Themen ist aus der nachfolgenden Aufstellung einiger Werkstitel ersichtlich: *Was ist Metaphysik?* (1929 u. 1949), *Vom Wesen der Wahrheit* (1930 u. 1943), *Erläuterungen zu Hölderlins Dichtung* (1944), *Holzwege* (Sammelband, 1950), *Unterwegs zur Sprache* (1959), *Nietzsche* (2 Bände, 1961), *Die Technik und die Kehre* (1962), *Zur Sache des Denkens* (1969).

Nachfolgend wird zunächst der Gedankengang in *Sein und Zeit* dargestellt, dem Grundlagenwerk des frühen Heidegger zur Existenzphilosophie. Es folgen die wesentlichen Gedanken der Fundamentalontologie, wie sie in den späteren Publikationen Heideggers zum Ausdruck kommt. In beiden Fällen wird von zusammenfassenden Referaten von Wilhelm Weischedel ausgegangen.[14, S.274 u. 60, S.458] Zu *Sein und Zeit* werden kritische Anmerkungen gemacht, die auf einer Stellungnahme der Philosophin Edith Stein fußen.[61, S.445] Zur Fundamentalontologie werden Kritikpunkte des Autors vorgetragen, auch im Hinblick auf die überpersonale Gottheit.

Gedankengang in „Sein und Zeit": Im Mittelpunkt des Werkes steht die Frage nach dem Sinn von „Sein". Was ist gemeint, wenn Gegenständen, Menschen oder Gott ein Sein zugesprochen wird? Den Ort des Verstehens von Sein sieht Heidegger im konkreten Menschen, der die Frage nach dem Sinn von Sein stellt. Der Mensch erfährt sich nicht einfach als vorhanden wie ein Ding, sondern als auf eigene Möglichkeiten hin entworfen. Nur dem Menschen kommt daher „Dasein" zu. Dementsprechend kann der Mensch die Welt offenlegen, die sonst verschlossen bliebe. Er kann die Welt erschauen, erkennen und erfühlen. Der Mensch hat immer schon alles Seiende im Hinblick auf das Sein überstiegen. Heidegger nennt das den „Einbruch in das Ganze des Seienden" oder auch die „Transzendenz des menschlichen Daseins".

Wesenhaft für das Dasein des Menschen ist das „In-der-Welt-sein", das das „Mit-anderen-sein" einschließt. Dies ist die „Existenz", die nach Heidegger ein „Hinausstehen" in das immer schon verstandene Sein beinhaltet. Die Existenz lässt sich nicht durch die herkömmlichen Kategorien erfassen. Ihr sind stattdessen „Existenzialien" (Formen oder Weisen des Daseins) zugeordnet.

Das „In-der-Welt-sein" als „Existenz" zeigt sich zunächst im alltäglichen Dasein des Menschen. Der Mensch ist im Alltag zumeist nicht bei sich selbst, sondern der Welt verfallen, in der „man" ist. Zugehörig ist die Grundstimmung der Sorge. Darin zeigt sich ein verfallenes Sein des Menschen. Aufgabe des Menschen ist es, zum eigentlichen Sein vorzustoßen. Das sagt ihm die „Stimme des Gewissens" in bestimmten Grundstimmungen, die ihn aus dem unreflektierten Dahinleben herausreißen. Ausschlaggebend ist die Grundstimmung der Angst, die ihn mit der Unausweichlichkeit des Todes und der möglichen Nichtigkeit der Welt konfrontiert. Der Mensch erfährt sich als „in den Tod geworfen" und „in das Nichts hineingehalten".

Das dem Menschen gegebene „Vorlaufen" zu seinen Möglichkeiten als „Ganzheit" ist durch den eigenen Tod unübersehbar begrenzt. Während aber das alltägliche Dasein den Tod flieht, besteht auch die Möglichkeit des „eigentlichen Seins zum Tode". In „todbereiter Entschlossenheit" kann der Mensch seine „nichtige Existenz" annehmen und erlangt dadurch die Freiheit, ganz er selbst zu werden.

Heidegger fragt nun, was die dargestellten Existenzverhältnisse für die Frage nach dem Wesen des Menschen bedeuten. Als Grundstruktur des menschlichen Daseins bestimmt er dessen Zeitlichkeit. Die Zeit ist ihm „der transzendentale Horizont der Frage nach dem Sein". Dabei ist die Zeit kein objektives Bezugsschema, sondern eine spezifische Gegebenheit des jeweiligen Menschen. Sie zeigt sich in einer dreifachen Struktur. In seinen Tod „vorlaufend", aber auch im alltäglichen Tun, ist der Mensch „sich vorweg". Er lässt seine Zukunft auf sich zukommen und sein gegenwärtiges Dasein bestimmen. Er entwirft sich auf seine zukünftigen Möglichkeiten hin. Zugleich ist der Mensch in jedem Augenblick von seiner „Gewesenheit" her bestimmt. Er findet sich ohne eigenes Zutun ins Dasein geworfen. Heidegger nennt das „schon sein in …". Schließlich vergegenwärtigt sich der Mensch in dem ihn umgebenden Seienden. Heidegger nennt das „sein bei …". Diese drei Momente machen die Zeitlichkeit des menschlichen Daseins aus. Es sind dies seine drei „Ekstasen". In ihnen verwirklicht der Mensch seine wesenhafte Endlichkeit.[14, S.278]

Von der Zeitlichkeit her als „Horizont eines jeden Seinsverständnisses" erschließt Heidegger nunmehr die Phänomene des alltäglichen Daseins, darunter der praktische Umgang mit dem „Zuhandenen", das theoretische Entdecken und das räumliche Wahrnehmen. Das Seiende zwischen Geburt und Tod zeitigt seine Möglichkeiten als persönliche Geschichte.

Edith Steins kritische Stellungnahme: Das Ziel von Heideggers Werk war es, die Frage nach dem Sinn von „Sein" richtig zu stellen. Inwieweit die Frage nunmehr richtig gestellt ist, hat die Philosophin Edith Stein in einer Stellungnahme unmittelbar nach Erscheinen des Werkes untersucht.[61, S.445] Die Stellungnahme, die von drei grundsätzlichen Anfragen ausgeht, wird nachfolgend zusammengefasst.

Erste Anfrage: Was ist das Dasein? Mit der Bezeichnung „Dasein" will Heidegger das menschliche Sein erfassen. Von ihm allein wird Aufschluss über den Sinn des Seins erhofft. Ein höheres, göttliches Sein wird nicht in Betracht gezogen. Das Dasein gehöre wesenhaft zum Menschen. Über das Dasein sei sich der Mensch selbst erschlossen und auf ein „Dort" gerichtet. Von Leib und Seele wird abgesehen.

Zweite Anfrage: Ist die Analyse des Daseins wirklichkeitsgetreu? Heideggers Analyse erhebt nicht den Anspruch auf Vollständigkeit. Die Grundbestimmungen des menschlichen Seins, darunter Befindlichkeit, Geworfenheit und Verstehen, halten sich in unbestimmter Allgemeinheit, weil die Eigenheiten des leiblich-seelischen Seins unberücksichtigt bleiben.

Wenn das menschliche Sein als „geworfen" bezeichnet wird, ist damit ausgedrückt, dass der Mensch aus dem eigenen Sein keinen Aufschluss über sein Woher erwarten kann. Aber die Frage nach dem Woher ist damit nicht aus der Welt geschafft.

Das alltägliche Dasein des Menschen ist nach Heidegger „zunächst und zumeist" Mitleben und Mit-sein mit anderen als „man", bevor das eigene und eigentliche Sein zum Durchbruch kommen kann. Jedoch ist die Scheidung der Existenzialien „man-Selbst" und „eigentliches Selbst" unzureichend begründet. Die ausgezeichnete Rolle, die dem Selbst in der Seinsverfassung des Menschen zukommt, wird von Heidegger zurückgewiesen. Er lehnt es ab, von „Ich" oder „Person" zu sprechen, obwohl doch die Person der Träger der Existenzialien ist. Auch ist es nicht angemessen, das „man" des Gemeinschaftslebens lediglich als Verfallsform des eigentlichen Selbst einzuführen. Nach Heidegger ruft die Stimme des Gewissens das Sein aus der Verlorenheit des „man" im Mit-sein in das eigentliche Sein zurück. Wie soll das Sein aus sich heraus seine Seinsweise ändern können?

Die dem Gewissensruf zum eigentlichen Sein entsprechende „Existenzialie" ist die Entschlossenheit, mit der das eigentliche Sein als „Vorlaufen in den Tod" oder „Sein zum Tode" bewusst und positiv angenommen wird. Dabei ist der Tod als das Ende des Daseins aufgefasst. Irgendeine Seinsweise nach dem Tod wird nicht in Betracht gezogen, denn Heidegger leugnet die leiblich-seelische Beschaffenheit des Menschen. Wie soll aber aus einem derart missverstandenen Tod der Sinn des Daseins ergründbar sein?

Die Zeitauffassung Heideggers mit den drei „Ekstasen" der Zeitlichkeit bedarf einer Abwandlung. Die Art, wie Endliches am Ewigen Anteil gewinnt, bleibt ungeklärt. Der Bezug auf die Zukunft besteht nicht nur aus der Sorge um Seinserhaltung, sondern ebenso aus dem Abzielen auf noch ausstehende Erfüllung des ewigen Seins. Auch die Gegenwart hat ein Recht, als Seinsweise der Erfüllung zu gelten, während die Vergangenheit als Seinsweise der Beständigkeit aufgefasst werden kann.

Heideggers Analyse deckt also nach Edith Stein nur die „unerlöste" Komponente des menschlichen Seins auf. Unerlöst ist sowohl das verfallene alltägliche Sein als auch die einseitige Entscheidung zugunsten des Nichtseins im Ausgang der Frage nach dem Sein. Die Fülle des Seins kommt so nicht in den Blick. Auch im alltäglichen Sein west das eigentliche Sein.

Dritte Anfrage: Ist die Analyse des Daseins ausreichend als Grundlage, um die Frage nach dem Sinn des Seins angemessen zu stellen? Ausgehend vom menschlichen Sein sollten auch andere Seinsweisen, insbesondere das Sein der Dinge, geklärt werden. Dies ist nicht gelungen, denn um den Sinn des dinglichen Seins zu klären, muss dieses selbst „befragt" werden. Es kann zwar nicht wie ein Mensch antworten, aber sein Sinn spricht sich in seiner Funktion und äußeren Erscheinung aus. Das kann Heidegger nicht zugeben, weil er keinen vom Verstehen unabhängigen Sinn anerkennt. Der Sinn des „Vorhandenseins" oder „Zuhandenseins" bleibt daher im Dunkeln. Somit ist Heideggers Vorhaben, das menschliche Sein als letztbegründend zu erweisen, nicht zum Ziel gelangt.

Heideggers Fundamentalontologie: Heideggers Erstlingswerk *Sein und Zeit* blieb unvollendet. Der angekündigte zweite Band wurde nicht verfasst. Stattdessen entwickelte Heidegger seine „Fundamentalontologie" anlässlich zahlreicher späterer Publikationen. Ihr liegt eine „Kehre des Denkens" zugrunde. Nicht mehr ausgehend vom menschlichen Dasein wird die Frage nach dem Sinn von Sein gestellt, sondern vom Sein selbst her soll nunmehr das menschliche Dasein in seiner Endlichkeit bestimmt werden. Die wesentlichen Komponenten des neuen Gedankengangs werden nachfolgend aufgezeigt. Dem liegt ein Übersichtsreferat von Weischedel zugrunde.[60, S.458]

Heideggers Ausgangsbasis ist eine Fundamentalkritik der traditionellen Metaphysik. Diese habe ein gebrochenes Verhältnis zum Sein. Sie habe immer nur das Sein eines Seienden behandelt, sei jedoch dem Sein selbst ausgewichen. Diese „Seinsvergessenheit" bedeutet, dass der Unterschied zwischen Sein und Seienden, die „ontologische Differenz", nicht beachtet wurde. Diesen Mangel will Heidegger beheben. Er will die traditionelle Metaphysik überwinden.

Besonders schroff kritisiert Heidegger die Metaphysik der Neuzeit, die die Subjektivität des Menschen hervorhebt. Das Wesen des Menschen werde fälschlicherweise nicht vom Sein her bestimmt, sondern das Wesen des Seins vom Menschen her. Die Seinsgeschichte in der abendländischen Philosophie ist vom Menschen her betrachtet die Geschichte der menschlichen Perspektive auf das Sein. Vom Sein her begriffen ist sie jedoch die Geschichte des Seins selbst.

Heideggers Fundamentalontologie lässt sich wie folgt schrittweise entwickeln: Begriff des Seins, fragliche Erfahrung des Seins und des Nichts, Kehre im Denken des Nichts und des Seins, vom Fragen zum Sagen.

Zum Begriff des Seins: Heideggers „Sein" ist nichts Seiendes, weder Gott noch Weltgrund, sondern „Unverborgenheit", „Lichtung", „Wesen der Wahrheit". Erst im Licht des Seins kann das Seiende erscheinen. Seiendes im Sinne Heideggers ist daher Unverborgenes. Das Sein ist nicht Zustand, sondern Sein im Vollzug: Ereignis, Geschehnis, Entbergung. Was sich ereignet, ist das Ereignis selbst. Der Mensch steht in Beziehung zum Sein, aber er ist in keiner Weise des Seins mächtig. Nicht der Mensch ist das Wesentliche, sondern das Sein. Dennoch bedarf das Sein des Menschen, damit das Seiende im Licht des Seins erscheinen kann. Der Mensch ist der „Wächter" oder „Hirt" des Seins. Im Denken und Sprechen des Menschen lichtet sich das Sein zur Wahrheit. Die eingangs angesprochene Seinsvergessenheit ist kein Versäumnis des Menschen, sondern ein Ausbleiben des Seins selbst.

Zur fraglichen Erfahrung des Seins: Das Sein kann nach Heidegger nicht schlussfolgernd bewiesen werden, denn es gibt keine dem Sein vorausgehenden Voraussetzungen. Anstelle des Beweisens tritt das Hinweisen oder Erblicken des Seins, oder auch das „Horchen auf den Anruf des Seins". Das Sein muss also erfahren werden. Allerdings kann es nicht direkt erfahren werden, sondern nur als das im Nichts sich entziehende Sein.

Zur fraglichen Erfahrung des Nichts: Heidegger behauptet, in der Angst werde durch das Nichts hindurch indirekt das Sein erfahren. Die Frage nach dem Nichts sei ein ängstigendes Hinausfragen über das Seiende als Ganzes. Das Nichts erscheine in der Grundstimmung der Angst. Sie offenbare die Fraglichkeit von allem Seienden: „Warum ist überhaupt Seiendes und nicht vielmehr Nichts?"

Zu Heideggers Kehre im Denken des Nichts: Mit der Erfahrung des Nichts oder der Fraglichkeit des Seienden in der Angst ist die Erfahrung des Seins immer noch nicht hinreichend evident. An diesem Punkt vollzieht Heidegger eine Kehre des Gedankengangs. Er behauptet, das Wirksame in der Erfahrung der Angst sei nicht der sich ängstigende Mensch, sondern das Nichts selbst: „Das Nichts selbst nichtet".

Zu Heideggers Kehre im Denken des Seins: In Fortsetzung dieses Gedankengangs behauptet Heidegger, das Sein begegne dem Menschen in gleicher Weise wie das Nichts, sei also „Seinsgeschick": „Sein und Nichts gehören zusammen", „Das Nichts ist der Schleier des Seins". Das Seinsgeschick lässt sich nicht in der Erfahrung ausweisen, sondern ist in einem „Sprung des Denkens" begründet.

Vom Fragen zum Sagen: Mit der Kehre des Denkens des Seins ohne ausweisbare Erfahrung wird kein Wissen vom Sein gewonnen, wohl aber einen Ahnen. Ganz am Anfang von Heideggers Philosophieren stand das Fragen nach dem Sinn von

Sein. Das Fragen blieb auch in seinem späteren Denken als mögliche Erfahrung des Seins grundlegend. Nach der Kehre im Denken des Seins ist jedoch ein ahnendes Sagen an die Stelle des Fragens getreten. Heideggers anfängliches Ziel, die traditionelle Metaphysik zu überwinden, wurde damit aber nicht erreicht.

Die Fundamentalontologie abschließend wird nunmehr auf Heideggers „seinsgeschichtliche Theologie" eingegangen. Wenn die traditionelle Metaphysik wegen fehlender Erfahrungsbasis zum Sein selbst als nicht überwunden gelten muss, so gilt dies auch für die philosophische Theologie, die Bestandteil der traditionellen Metaphysik ist. Dennoch sei Heideggers Reden von Gott näher betrachtet.

Heidegger wendet sich gegen den Gottesbegriff der traditionellen Metaphysik, gegen den Gott als *causa sui* bei Aristoteles oder Spinoza ebenso wie gegen den Gott als höchstes Seiendes bei Thomas von Aquin. Zu den traditionellen Gottesbeweisen bemerkt er, dass ein Gott, der sich seine Existenz erst beweisen lassen muss, ein recht ungöttlicher Gott ist. Die Möglichkeit eines göttlicheren Gottes lässt Heidegger offen. Aber: „Auch der Gott ist, wenn er ist, ein Seiender, steht als Seiender im Sein". Und: „Zu bedenken bleibt, ob der Gott göttlicher ist in der Frage nach ihm oder dann, wenn er gewiss ist und als gewisser je nach Bedarf gleichsam auf die Seite gestellt werden kann, um bei Bedarf herbeigeholt zu werden".

Heidegger unterscheidet streng zwischen christlichem und philosophischem Fragen nach Gott. Christlich werde in der Unbedingtheit des Glaubens gefragt, philosophisch dagegen in der Fragwürdigkeit des Denkens. Die beiden Bereiche seien „abgründig verschieden". Es gebe keine „christliche Philosophie".

Eigentlich will Heidegger im Bereich des Denkens von Gott schweigen, aber dann macht er doch einige Andeutungen, die sich als „seinsgeschichtliche Theologie" erweisen. Dabei greift er den Gedanken Nietzsches vom Tod Gottes in der geschichtlichen Gegenwart auf: „Die Götter und der Gott sind entflohen". Entgegen Nietzsches Auffassung ist dies jedoch nicht Tat des Menschen, sondern Geschick des Seins. Nicht nur der Gott und die Götter bleiben aus, sondern die Gottheit insgesamt, einschließlich des sie umfangenden Heiligen.

Ob nun Gott tot bleibt, ist von der geschichtlichen Konstellation des Seins abhängig. Ein erneutes Erscheinen des Gottes oder der Götter ist möglich, indem sich das Sein in neuer Weise ereignet. Weischedel nennt das zutreffend einen eschatologischen Mythos, der jeglicher Ausweisbarkeit entbehrt.

Kritische Anmerkungen zu Heideggers Fundamentalontologie: Heidegger ist als philosophischer Denker umstritten. Seine Gegner werfen ihm vor, seinen oftmals dunklen Sätzen sei kein vernünftiger Sinn abzugewinnen. Andere wollen in ihm eher einen Schriftsteller und Philologen als einen Philosophen sehen. Seine Anhänger verehren in ihm den vermeintlichen Überwinder von zweieinhalb Jahrtausenden philosophischer Fehlentwicklung. Alle drei Positionen sind maßlos übertrieben. Heidegger hat große Philosophie geschrieben, die durchaus der Kritik auf Basis der Vernunft zugängig ist. Diese Auffassung liegt der vorstehend wiedergegebenen Stellungnahme zu *Sein und Zeit* der Philosophin Edith Stein zugrunde. Eine fundierte philosophische Kritik der Fundamentalontologie kommt in einem Referat über Heidegger von Hirschberger zum Ausdruck.[15, S.641] Zur Gottesfrage bei Heidegger hat der Reformtheologe Hans Küng kritisch Stellung genommen.[39, S.548] Nachfolgend werden zunächst einige Kritikpunkte des Autors vorgetragen. Abschließend wird die seinsgeschichtliche Theologie Heideggers kritisch betrachtet.

Zunächst wird eine sprachanalytische Betrachtung von Sein und Nichts den Auffassungen von Heidegger gegenübergestellt, um deren Einseitigkeit aufzuzeigen. Nach dualer Begriffslogik steht das Sein eines Seienden dem Nichts eines „Nichtenden" gegenüber. Ebenso steht das Sein als solches dem Nichts als solchem gegenüber. Die derart ausgedrückte Gleichwertigkeit der gegensätzlichen Begriffe wird in der abendländischen Philosophie so nicht gesehen. Das Sein hat Vorrang vor dem Nichts. Heidegger unterwirft das Sein dem Nichts, indem er behauptet, das Sein werde im Nichts erfahren oder sogar das Sein sei mit dem Nichts identisch. Auch das buddhistische Denken geht zunächst vom Nichts aus. Später werden aber das Sein und das Nichts als gleichwertig gegenübergestellt. Sie sind über den Begriff der „Leere" miteinander verbunden, wie nachfolgend bei Nishitani näher ausgeführt wird. Anstelle der Identität von Sein und Nichts tritt das Sowohl-als-auch der gegensätzlichen Begriffe. Dennoch ist festzuhalten, dass Heideggers Ansatz dem buddhistischen Denken relativ nahekommt.

Einseitig hervorgehoben ist auch Heideggers Grundstimmung der Angst hinsichtlich der Unausweichlichkeit des Todes, die er als empirische Ausgangsbasis der angestrebten Seinsbestimmung wählt. Das entspricht einem pessimistischen Blick auf die Zukunft. Dem Tod als Ende des Lebens in der Zukunft steht jedoch die Geburt als Beginn des Lebens in der Vergangenheit gegenüber. Die mit der

Geburt verbundene Grundstimmung ist der Lebensmut, also ein optimistischer Ausblick. Wenn außerdem Heidegger die Fraglichkeit des Daseins mit dem Nichts gleichsetzt, ist auch das nicht richtig. Fraglichkeit meint das Schwanken zwischen Sein und Nichts, das sowohl Angst als auch Mut auslösen kann. Der Vorrang der Angst als empirischer Zugang zum Sein ist daher unbegründet. Lebensmut ebenso wie Todesangst sind Grundstimmungen des Menschen. Sigmund Freud hat in der Psychoanalyse dem Lebenstrieb den Todestrieb gegenübergestellt, den Eros der Aggression.

Ein weiterer Kritikpunkt zu Heideggers Ontologie ist das allein mit einem „Sprung des Denkens“ begründete „Seinsgeschick“, das sowohl die Zeitlichkeit des einzelnen Menschen als auch die Abfolge der geschichtlichen Zeiten bestimmen soll. Damit wird der antike Schicksalsglaube wiederbelebt, der durch die abendländische Philosophieentwicklung überwunden wurde. Das Wort „Schicksal“ hat in der Neuzeit das von Heidegger verwendete ältere Wort „Geschick“ ersetzt. Das ist nicht „Überwindung der traditionellen Metaphysik“, sondern lediglich ein Zurückgehen an einen Punkt vor deren inhaltlicher Entwicklung.

Abschließend folgende kritische Anmerkungen zu Heideggers seinsgeschichtlicher Theologie, wobei Gedanken des Reformtheologen Hans Küng[39, S. 548] einfließen. Heidegger betrachtet den Gott oder die Götter als Seiende. Er unterstellt sie also dem Sein. Die „grundlose“ Seinsgeschichte ist das Geschick des Menschen. Im Rahmen der Seinsgeschichte ist auf Gott zu warten. Aber das Sein als Geschichtlichkeit weist über sich hinaus. Daher die Frage, woraufhin wirkt die Geschichte und von woher kommt sie? Könnte das Ereignis des Seins der „Schleier Gottes“ sein? Ist also Gott dem Sein vorangestellt und damit noch verborgener als das Sein selbst? Heidegger wehrt derartige Fragen damit ab, dass er das philosophische und das christliche Denken unterschiedlichen Bereichen zuordnet. Es kann aber doch wohl nur ein Sein und einen Gott geben.

Dem seienden Gott Heideggers fehlt das Personsein und damit alle Lebendigkeit. Ähnliches ist vom Menschen und dessen Geschichtlichkeit zu sagen. Das vielfach unsagbare Leiden des Einzelnen bleibt ausgeblendet. Die Widerwärtigkeiten der Weltgeschichte kommen nicht in den Blick. Heidegger hat auf derartige Einwände geantwortet, es ginge ihm einzig und allein um das Sein. Zur Frage nach der überpersonalen Gottheit hat er daher nicht beigetragen. Diesen Beitrag hat jedoch der japanische Philosoph Nishitani Keiji erbracht, der sich in den Jahren 1937–39 zu Studien bei Heidegger aufhielt.

Nishitani Keiji: Lebendiges absolutes Nichts

Nishitani Keiji (1900–1990), bedeutender japanischer Philosoph buddhistischer Herkunft, hat über den Zentralbegriff des absoluten Nichts eine Brücke geschlagen zwischen dem abendländisch-christlichen Gottesbegriff und dem fernöstlich-buddhistischen Denken. Sein und Nichts sind über die „Leere“ verbunden. Die Beziehung zwischen Mensch und Gott hat zugleich personale und apersonale Aspekte.

Nishitani wurde in der mitteljapanischen Präfektur Ishikawa geboren und verbrachte den größten Teil seines Lebens in Kyōto. Er ist Schüler und Nachfolger von Kitarō Nishida, dem Begründer der „Kyōto-Schule“, die erstmals japanische Denkansätze buddhistischer Herkunft mit der zeitgleichen europäischen Philosophie zu verbinden suchte. Nishitani promovierte 1924 mit dem Thema „Das Ideale und das Reale bei Schelling und Bergson“ an der Kaiserlichen Universität Kyōto. Hier wurde er 1935 zum außerordentlichen und 1943 zum ordentlichen Professor für Religion und Philosophie berufen. Den Lehrstuhl hatte er bis zu seiner Emeritirung 1964 inne. Ein Studienaufenthalt bei Martin Heidegger in Freiburg 1937–39 unterbrach diese Tätigkeit. Nach seiner Emeritierung unterrichtete er an der buddhistischen Otani-Universität in Kyōto. Zugleich war er Präsident der „Eastern Buddhist Society“.

Nishitani ist ein Philosoph mit Weltgeltung, der sich in die Geistesbewegung der zeitgenössischen europäischen Philosophie und Theologie eingeschaltet hat. In jungen Jahren war er von den Schriften der Zen-Meister Hakuin und Takuan sowie des japanischen Literaten Sōseki, von Nietzsche und Dostojewski, von der Bibel und von Franz von Assisi besonders beeindruckt. Später standen neben den Studien bei Heidegger Kontakte mit den protestantischen Theologen Barth, Brunner und Bultmann. Er publizierte über die „Mystiker“ Eckhart und Böhme. Aus den vorstehenden Hinweisen geht hervor, dass Nishitani wichtige Teile der europäischen Denktradition aufnahm und dem Christlichen in dieser Tradition aufgeschlossen gegenübertrat. Sein Anliegen war aber auch die Auseinandersetzung mit der modernen Wissenschaft, Technik und Politologie. Zu seiner Zeit bemühte sich Japan um den Anschluss an westliche Technologie und Wirtschaftskraft, was die Bereitschaft einschloss, sich mit der westlichen Geisteswelt vertraut zu machen.

Die gesammelten Werke Nishitanis in japanischer Sprache umfassen 26 Bände. Auszüge liegen in englischer Sprache vor. In die deutsche Sprache wurde das bekannte Werk *Religion – was ist das?* (*Shūkyō towa nanika*, 1961) übersetzt.[58] Es hat zum Ziel, den europäischen Nihilismus durch die Religion im Sinne der buddhistischen Denktradition zu überwinden. Es ist dies kein systematischer Abriss von Nishitanis Philosophie, sondern der Versuch, Religion aus der Existenz des Menschen als einem in der Gegenwart lebenden Subjekt zu verstehen. Dies geschieht in sechs immer wieder neu gestalteten denkerischen Anläufen, den sechs Kapiteln des Buches entsprechend. Als abschließender Hauptgedanke erscheint der buddhistische Begriff der Leere. Eine auf breiterer Publikationenbasis verfasste Zusammenfassung der Philosophie Nishitanis hat Hans Waldenfels vorgelegt, eingebunden in einen Dialog zwischen Buddhismus und Christentum.[62] Eine weitere deutschsprachige Quelle sind zwei Aufsätze Nishitanis, die von Ohashi Ryōsuke herausgegeben worden sind.[63] Auf eine Einführung in die japanische Philosophie von Lydia Brüll und auf eine Publikation des Autors zum buddhistischen Denken sei ergänzend hingewiesen.[64, 65]

Nachfolgend werden die für ein überpersonales Bild der Gottheit wichtigen Ausführungen Nishitanis zum Wesen der Person, zum Wesen der Begegnung und zum Wesen der Leere erklärend zusammengefasst. Abschließend wird Nishitanis Sicht auf den christlichen Gottesglauben dargestellt.

Wesen der Person:[58, S.130] Nishitani stimmt mit dem abendländischen Denken darin überein, dass er in der Person die höchste Idee vom Menschen und zugleich die höchste Idee von Gott sieht. Bei diesem Denken steht die Subjektivität mit ihrem Selbstbewusstsein im Vordergrund. Jedoch vertritt Nishitani eine über das abendländische Denken hinausgreifende Sicht, die sich an buddhistischen Denkansätzen zum Wesen des Nichts orientiert.

In der abendländischen Tradition wird das Ich aus der egozentrischen Perspektive seines Selbstseins begriffen (Descartes: *ego cogito*). Ebenso wird die Person allein personzentrisch reflektiert. Dies ist eine Voreingenommenheit, eine Art Gefangenschaft.

Allgemeiner betrachtet ist die Person ein Phänomen, das aus demjenigen in Erscheinung tritt, das selbst nicht „Person" genannt werden kann und daher keine Selbstverfangenheit enthält. Auch wenn *persona* dem lateinischen Wortsinn nach als „Maske" aufgefasst wird, so gibt es doch nicht irgendetwas hinter der Maske. Hinter der Person oder Maske liegt allein das absolute Nichts. Dieses drückt die absolute Negation der Person aus. Das absolute Nichts bringt in der Einung mit dem „Person" genannten Sein die Person ins Dasein. Das heißt jedoch nicht, dass es hinter der Person irgendein Nichts als ein Etwas gibt.

Im abendländischen Denken wird das Nichts dem Sein gegenübergestellt. Es drückt auf diese Weise relative Negativität aus. Damit wird es als etwas begriffen, das ein Nichts „ist", als ein Nichts allein im Denken. Erst wenn auch dieses gedachte „Nichts ist" negiert wird, wird das absolute Nichts realisiert. Die Realisation geschieht nicht durch Denken, sondern durch leibliches Leben und Erleben des Nichts. Letzteres setzt eine existentielle Umkehr voraus, weg von der Seinsweise der personzentrierten Person, hin zu einer Selbstöffnung der „genichteten" Person. So erweist sich das absolute Nichts als das eigentliche und ursprüngliche Selbst. Es ist das wahre und lebendige Nichts, das sich im Selbstsein und als das Selbstsein selbst bezeugt. Es wird nicht jenseits, sondern diesseits der Person erschlossen.

Zum Bild der Person als „Maske" gibt Nishitani weitere Erläuterungen:[58, S.134] Im ursprünglichen Wortsinn ist Person eine Maske, die der Schauspieler aufsetzt, um seine Rolle auf der Bühne zu kennzeichnen. Auch im heutigen Wortsinn ist Person eine Maske, die jedoch vom absoluten Nichts getragen wird. Sie kann auch als angenommenes „Gesicht" oder als zeitlich begrenzter und vorläufiger Schein gelten. Das bedeutet jedoch nicht, dass die Person eine bloß trügerische Erscheinung wäre. Die Person ist ganz und gar real. Sie ist die einzig wirkliche Seinsweise des Menschen, die nicht die geringste Täuschung enthält. Zugleich aber ist sie zeitlich begrenzt und vorläufig, weil sie nur in eins mit dem absoluten Nichts ins Dasein treten kann. Nichts-sive-Sein ist der Ursprung des personalen Daseins.

Dies ist nicht mehr die der Person in herkömmlicher Weise zugeschriebene Subjektivität. Es ist vielmehr deren Negation, die die personzentrierte Sichtweise der Person aufhebt. Die Negation bricht die in sich selbst verfangene herkömmliche Person von innen heraus auf. Dadurch werden ursprüngliche Subjektivität und wahre absolute Selbstheit freigelegt. Der Ort dieses inneren Geschehens ist die alltägliche Außenwelt. Die absolute Selbstheit ist in jedem Augenblick des menschlichen Lebens das absolute Tod-sive-Leben.

Wesen der Begegnung:[58, S.258] Nachdem das Wesen der Person in vorstehender Weise als ursprüngliche Subjektivität und absolute Selbstheit erkannt ist, stellt sich die Frage nach dem Wesen der Begegnung von zwei Personen. Es geht um die Ich-Du-Beziehung, die Martin Buber als personal bestimmt hervorhebt. Zwei Tatsachen bilden nach Nishitani den Ausgangspunkt:[62, S.110] „Das Erste ist, dass das Ich ebenso wie das Du in ihrer je entsprechenden Subjektivität absolut sind. Das Zweite ist, dass andererseits das Ich und das Du direkt durch ihre Beziehung zueinander absolut relativ sind". Die Fortsetzung des Gedankengangs führt Nishitani zu folgender Aussage über das Ich-Du-Verhältnis:[62, S.112] „Ich kann Ich und Du kannst Du sein als absolute Individuen, weil jeder der beiden in der absoluten Identität gründet, in der Ich Du bin und Du Ich bist, und jede Form von Beziehung und Bezogenheit überholt ist. Hier *bin* ich mit dir, wobei ich in keiner Weise von Dir unterschieden bin, und Du *bist* mit mir, in gleicher Weise ununterschieden von mir". Also sind Ich und Du je für sich absolut und zugleich absolut relativ.

Das Wesen der Begegnung hat Nishitani an anderer Stelle vertiefend behandelt.[63, S.258] Er geht von einem bekannten Kōan aus, das von der Begegnung zweier Zen-Meister berichtet (*Bi-yän-lu*, Beispiel Nr. 68). Auf die Frage nach dem Namen des anderen gibt dieser den Namen des Fragenden an. Nach dem Einspruch des Fragenden („das bin doch ich") nennt der Angesprochene seinen richtigen Namen, worauf der Fragende in ein großes Lachen ausbricht.

Die gestellte Frage ist im Zen-Kontext alles andere als belanglos, zumal sich die beiden berühmten Meister namentlich kennen. Es kommt die im vorstehenden Text beschriebene Verbindung von absoluter Subjektivität und absoluter Relativität zum Ausdruck. Zugleich wird die eigentliche Realität durch das „Packen" und „Loslassen" der beiden Meister veranschaulicht.

Erneut wird als grundlegend hervorgehoben, dass Ich ebenso wie Du als Herr absolut gesetzt sind und dass zugleich Ich ebenso wie Du absolut relativ auftreten. Das absolute Herrsein beinhaltet uneingeschränkte Freiheit. Das absolut Relative drückt sich in der Unterordnung des einzelnen Menschen unter ein Allgemeines, allen Menschen Gleiches aus. Als Beispiele nennt Nishitani das gegensätzliche Verhältnis von eigennütziger Menschennatur und staatlichem Gesetz oder auch von menschlicher Eigenliebe und moralischem oder gar göttlich verfügtem Gesetz. Demnach stehen sich Freiheit und Gleichheit der Menschen zunächst unvereinbar gegenüber.

Die Unvereinbarkeit von Freiheit und Gleichheit kann jedoch ausgehend vom „absoluten Nichts" oder von der „Leere" überwunden werden:[63, S.262] „Das wahre Allgemeine muss die Gleichheit als absolute Negation des Einzelnen und seiner Freiheit in eins mit seiner absoluten Affirmation zustande kommen lassen".

Von diesem Standpunkt aus erläutert Nishitani nochmals den Dialog der beiden Zen-Meister. Indem er das absolute Gegeneinander der Gesprächspartner in den Bereich der „Leere" oder des „Nicht-Ich" verlegt, drückt sich in der absoluten Gegnerschaft zugleich absolute Harmonie aus, der Dialog gerät zum *Spiel*. Die absolute Harmonie ist keine bloße Indifferenz, es herrscht zugleich „Nicht-Eins" und „Nicht-Zwei". Jeder bewahrt seine Absolutheit und steht im Gegeneinander, jedoch ohne voneinander geschieden zu sein.

Wesen der Leere: Nishitani verwendet die Begriffe „absolutes Nichts" (jap. *kyōmu*, lat. *nihilum*) und „Leere" (jap. *kū*, skr. *śūnyatā*) synonym, wodurch dem absoluten Nichts der Bedeutungsinhalt der Leere gegeben wird, kenntlich an der für das abendländische Denken zunächst unverständlichen Wortkombination „lebendiges absolutes Nichts". Der Ausdruck „absolutes Nichts" wird von den Philosophen der Kyōto-Schule statt des Ausdrucks „Leere" bevorzugt.

Die Verständigungsschwierigkeiten beginnen bereits bei den Wortbedeutungen. Das buddhistische Sein (jap. *u*) ist nicht mit dem abendländischen Sein (jap. *yu*) identisch, folglich unterscheidet sich auch der jeweilige Gegenbegriff des Nichts (jap. *mu*). Während sich *u* und *mu* rückbezüglich bejahen und verneinen, ist das bei *yu* und *mu* nicht der Fall. Da im abendländischen Denken das Sein ontologische Priorität vor dem Nichtsein hat, ist das Sein der Ort der Befreiung. Wenn dagegen Sein *u* und Nichts *mu* gleichgeordnet rückbezüglich sind, dann muss das Heraustreten aus der Antinomie realisiert werden, was über die Leere *ku* geschieht. Als letzter Schritt ist dann noch die „Entleerung der Leere" zu vollziehen, was zur Gleichsetzung von Leere und Fülle führt.

Die „Leere" (skr. *śūnyatā*) ist ein Schlüsselbegriff der buddhistischen Philosophie des Mittleren Weges (skr. *mādhyamika*), die um 200 n.Chr. von Nāgārjuna begründet wurde und die den seinerzeit entstandenen Mahāyāna-Buddhismus bis hin zum Zen-Buddhismus bleibend geprägt hat. Es soll die Mitte zwischen Affirmation und Negation, zwischen Sein und Nichtsein eingehalten werden. Als „leer" (skr. *śūnya*) wird bezeichnet, was ohne ein Selbst ist, ohne Eigennatur, ohne beständige Substanz, also ohne eine Seele. Leer ist auch, was grenzenlos ist. Der Begriff der Leere ermöglicht es, Samsāra und Nirvāna als wesensgleich aufzufassen, die Leere absolut zu setzen, aus dieser Sicht allen Lebewesen die Buddha-Natur als latent gegeben zuzusprechen.[66, S.171]

Das Konzept der „Leere" ist in den Sūtras zum Weisheitsweg niedergelegt. Eine Kurzfassung dazu, das *Herz-Sūtra der transzendenten Weisheit*, wird in den Zen-Klöstern täglich rezitiert. Die zentrale Botschaft lautet: „Form ist Leere, Leere ist Form", wobei unter „Form" die fünf Aneignungsgruppen (skr. *skandha*) der empirischen Person, also Körper, Empfindungen, Wahrnehmungen, Geistregungen und Bewusstsein, zusammengefasst sind.

Zum Wesen der Leere im Verhältnis zum Sein und zum Nichts macht der bedeutende japanische Zen-Meister Dōgen Zenji (1200–1253) drei Aussagen über die universelle Buddha-Natur (jap. *busshō*), die gleichberechtigt nebeneinander stehen: die Affirmation „Sein der Buddha-Natur" (jap. *u-busshō*), die Negation „Nichts der Buddha-Natur" (jap. *mu-busshō*) und schließlich die Aussage „Vergänglichkeit der Buddha-Natur (jap. *mujō-busshō*).[67, S.62]

Zunächst ist also die Buddha-Natur immer ein konkretes Sein. Um es zu entgrenzen, wird ihm das Nichts der Buddha-Natur zur Seite gestellt; die Buddha-Natur ist immer auch ein Nichtsein. Der Begriff der Leere vermittelt zwischen Sein und Nichtsein: „Das Wesen der Buddha-Natur ist offen und weit, leer und licht".[67, S.63] Als Drittes wird die Vergänglichkeit der Buddha-Natur ausgesagt, womit neben Sein und Nichtsein das Entstehen und Vergehen einbezogen ist. Kein Beständiges gibt es außerhalb des Unbeständigen. An anderer Stelle wird Dōgen zitiert, dass Leere nicht „nicht" ist, sondern eine Kraft, die „nicht" aussagt.[67, S.64]

Bei Nishitani sind „Sein-*sive*-Nichts" und „Form-*sive*-Leere" parallel gestellt, sodass „Nichts" und „Leere" korrelieren.[58, S.170] Dies erweckt den unzutreffenden Eindruck, die Leere stünde allein dem Nichts nahe. Um die tatsächliche Nähe auch zum Sein hervorzuheben, wurde vorstehend die Bezeichnung „lebendiges absolutes Nichts" verwendet. Nishitani empfiehlt, sich bei „Sein-*sive*-Nichts" auf den Standpunkt des „*sive*" zu stellen, sodass Sein als Sein und Nichts als Nichts gesehen werden. Aber erst wenn dieses doppelte relative Verhaftetsein im absoluten Nichts aufgegeben wird, zeigt sich die Leere. Sie vermittelt also auch bei Nishitani zwischen Sein und Nichts.

Die Leere ist nach dieser Auffassung das absolute Nichts, aus dem heraus Gott alles geschaffen hat, aus dem aber auch er selbst hervorging. Auch in dieser Aussage ist das Nichts der Leere zugleich das volle Sein. Nach christlicher Auffassung schuf Gott alles aus einem relativen Nichts und steht selbst außerhalb von allem.

In der neueren abendländischen Denktradition hat der bekannte Philosoph Wilhelm Weischedel den Zustand zwischen Sein und Nichtsein als ein „Schweben" bezeichnet.[27, 60] Er sah darin den Grund der Fraglichkeit von Sein und Sinn der Wirklichkeit. Den Ausdruck „Grund" ersetzte er durch „Vonwoher", um den Geschehenscharakter gegenüber der Substanzhaftigkeit hervorzuheben. Die begriffliche Nähe von „Schweben" und buddhistischer „Leere" ist auffällig. Der abendländische Denkansatz Weischedels führt allerdings nicht zur erleuchtenden „Selbstwesensschau“, sondern verbleibt im rational Vertretbaren.

Hilfreich für ein Verständnis der buddhistischen Auffassung von Sein und Nichts dürfte auch der Hinweis auf die andersartige Seinslogik sein. Die abendländische, auf Aristoteles gründende, zweigliedrige Seinslogik kennt nur den Gegensatz von Sein und Nichtsein. Sie schließt ein Drittes ausdrücklich aus. Demgegenüber verfolgte Nāgārjuna einen viergliedrigen Ansatz: Sein – Nichtsein – Sein sowohl als Nichtsein – weder Sein noch Nichtsein. In der abendländischen Denktradition sind mehrwertige Logiken erst 1930 durch den polnischen Philosophen Lukasiewicz begründet worden.

Nishitanis Sicht auf den christlichen Gottesglauben: Nishitani hat sich als „werdend gewordener Buddhist“ und zugleich „werdender, nicht gewordener, Christ“ bezeichnet.[58, S.29] Er war demnach ein philosophischer Denker, der dem christlichen Gottesglauben aufgeschlossen gegenüberstand, ohne die eigenen buddhistischen Überzeugungen aufzugeben. Nishitani hat zentrale christliche Glaubensinhalte aus buddhistischer Sicht ausgelegt. Da seine christlichen Gesprächspartner (Barth, Brunner, Bultmann) ausschließlich der protestantischen dialektischen Theologie zugeordnet werden, ist seine Informationsbasis zum christlichen Gottesglauben jedoch einseitig.

Aus Sicht des Buddhismus ist der Grund der Existenz die Leere (skr. *śūnyatā*), aufgefasst als absolutes Nichts, aus dem das menschliche Selbst ebenso wie Gott hervorgegangen sind. Ansätze zu einem entsprechenden Gottesverständnis im Christentum sieht Nishitani in drei Bereichen christlicher Theologie, in Meister Eckharts „Wüste der Gottheit“, in der Ekkenosis-Lehre des Apostel Paulus und in der Bergpredigt Jesu.

Meister Eckharts Theologie sagt aus, die Seele erreiche Gott im absoluten Nichts, dem Wesen Gottes, der „Wüste der Gottheit“. Dieser Ort ist zugleich Seelengrund und Gottesgrund. Hier kann die Seele erstmals sie selbst und Gott zugleich in sich selbst sein. In dem vorangehenden Unterkapitel zu Meister Eckhart ist dies umfassender ausgeführt.

In der Lehre des Apostel Paulus zur Selbstentäußerung (gr. *ekkenōsis*) Christi sieht Nishitani ein „sich leer Machen“ des himmlischen Christus. Die Lehre besagt: Christus war Gott gleich, entäußerte sich, wurde Mensch, war gehorsam bis zum Tod am Kreuz und wurde danach über alle erhöht (*Phil* 2, 5–11). In der Selbstentäußerung Christi, buddhistisch gesprochen in seinem „Nicht-Selbst“ (skr. *anātman*, jap. *muga*), kommt Gottes alles verzeihende Liebe zum Ausdruck.

In der Aufforderung der Bergpredigt, man solle seine Feinde lieben (*Lk* 6, 27–36), sieht Nishitani die Manifestation entsprechender Selbstentäußerung des Menschen.

An anderer Stelle hat Nishitani seine Gottesvorstellung weiter präzisiert.[62, S.116] Der absolut transzendente Gott ist zugleich absolut immanent. Es ist dies eine Immanenz in Form absoluter Negativität: Das Sein der Geschöpfe gründet im Nichts. Es ist dies zugleich eine Immanenz in Form absoluter Positivität: Da das Nichts der Grund des Seins der Geschöpfe ist, ist Gott als absolutes Nichts in allen Geschöpfen gegenwärtig. Gottes Allgegenwart ist daher das Motiv der Umkehr von der absoluten Negativität zur absoluten Positivität. Sich diesem Motiv anzuvertrauen, sich selbst zu sterben und Gott zu leben, macht den christlichen Glauben aus.

Die Beziehung zwischen Mensch und Gott ist somit zugleich personal und apersonal geprägt.[62, S.181] Nishitani spricht auch von „Transpersonalität".

Mit Nishitanis Ausführungen zu einem überpersonalen Begriff der Gottheit ist das Ziel des vorliegenden Kapitels erreicht. Was die abendländische Philosophie nicht geleistet hat, ist durch den buddhistischen Ansatz Nishitanis möglich geworden. Die Grundstruktur der überpersonalen Gottheit kann als geklärt gelten.

Konvergenzen zum überpersonalen Gottesbegriff

Eine vereinheitlichende Darstellung der von den vorangehenden Philosophen angesprochenen personalen und apersonalen Aspekte der überpersonalen Gottheit ist nicht möglich. Dazu ist die zeit- und kulturabhängige Begriffswelt und Sprechweise dieser Philosophen zu unterschiedlich. Außerdem wird ein Grenzbereich berührt, der sprachlich nur noch widersprüchlich ausdrückbar ist. Dennoch gibt es bei überschlägiger Betrachtung Konvergenzen, die nachfolgend zusammengefasst werden, um auf die in diesem Buch in vielen Verästelungen behandelte Gottesfrage eine Antwort zu geben, die eine erste Orientierung ermöglicht. Dem Leser steht es selbstverständlich frei, einzelne Angaben zu verwerfen und stattdessen eigene Auslegungen zu bevorzugen. Der Autor hofft dennoch, dass seine Angaben ein zuverlässiges Referenzsystem für eine derartige Auseinandersetzung bieten.

Verstandeserkenntnis gegenüber Vernunfterkenntnis: Zwischen der niederen Erkenntnis des Verstandes (lat. *ratio*) und der höheren Erkenntnis der Vernunft (lat. *intellectus*) ist zu unterscheiden. Der Verstand ist der sinnlich wahrgenommenen Welt zugewandt. Er arbeitet mit gegensätzlichen Begriffen. Er beachtet den Satz vom (zu vermeidenden) Widerspruch. Er kann damit jenen Teil der weltlichen Wirklichkeit erfassen, der für den praktischen Lebensvollzug wichtig ist. Die Vernunft ist dem Grund der Welt (einschließlich des Verstandes) zugewandt. Sie berührt das Überweltliche, Übersinnliche, Göttliche, also (nicht nur nach Platon) die eigentliche Wirklichkeit. Sie kann die eigentliche Wirklichkeit aber nur in widersprüchlichen Formulierungen ausdrücken. Der Widerspruch entfällt, wenn eine vierwertige Sprachlogik zugelassen wird: wahr – falsch – sowohl wahr als auch falsch – weder wahr noch falsch.

Mensch als Person: Die Person ist die höchste Idee vom Menschen in der abendländischen Geistesgeschichte. Sie umfasst Denken, Fühlen und Handeln. Dem Menschen steht die Welt gegenüber, auf die sich sein Denken, Fühlen und Handeln richtet. Der Ursprung von Mensch und Welt ist eine höhere personale Macht, die den Namen „Gott" erhalten hat. Der Mensch als Person steht Gott als Person gegenüber. Die Vermittlung erfolgt über die Sprache. Der Mensch ist Schnittstelle zwischen weltlicher Immanenz und göttlicher Transzendenz.

Mensch und Gott: Mensch und Gott, beides Personen, haben einen gemeinsamen Grund. Ihm entstammt die absolute Freiheit Gottes ebenso wie die relative Freiheit des Menschen, Freiheit auch vor Gott. Der gemeinsame Grund ist das allumfassende Eine. Aus dem Einen lösen sich subjektives Denken und objektives Sein. Der Mensch denkt das Sein. Insofern sind Denken und Sein aufeinander bezogen. Dem Denken ist auf höherer Ebene die Vernunft, auf niederer Ebene der Verstand zugeordnet. Das Sein steht dem Nichts gegenüber.

Gott ist absolut, der Mensch ist relativ. Gott ist Schöpfer, der Mensch ist Geschöpf. Gott ist raum- und zeitlos bzw. räumlich und zeitlich allgegenwärtig, der Mensch ist in Raum und Zeit gestellt. Gott ist unendlich, der Mensch ist endlich. Gott ist im Menschen gegenwärtig, der Mensch hat teil an der Gottheit. Bindeglieder zwischen Mensch und Gott sind Vernunft und Liebe.

Welt, Mensch und Gott: In Welt und Mensch hat sich Gott „entäußert". Die kosmische und natürliche Welt ist das Werk Gottes. Die kulturelle, wissenschaftliche, technische und geschichtliche Welt ist das Werk des Menschen. Zugleich Werk Gottes ist sie nur dort, wo der Mensch dem Willen Gottes gefolgt ist. Der Gegensatz von Gut und Böse als innerste Triebkraft in der Welt des Menschen ist bereits im göttlichen Grund angelegt. Mensch und Gott sind gleichermaßen dem Reich der idealen Werte verpflichtet.

Personale, apersonale und überpersonale Gottheit: Personaler und apersonaler Gott lassen sich zur überpersonalen Gottheit verbinden. Personal bestimmt ist Gottes Liebe. Apersonal bestimmt ist Gottes Vernunft. Die Verbindung zur Überpersonalität gelingt durch Übersteigen der zugehörigen gegensätzlichen Bestimmungen. Der Gegensatz von Ich und Du wird durch die Liebe überwunden. Der Gegensatz von Sein und Nichtsein wird in der Leere (skr. śūnyatā) als lebendigem Nichts aufgehoben.

Grenzen des Sprechens von Gott

Die aufgeführten Konvergenzen zum überpersonalen Gottesbegriff beinhalten eine denkerische Annäherung an die Wirklichkeit der Gottheit. Damit dieser Erkenntnisgewinn jedoch nicht überschätzt wird, sollen nunmehr die Grenzen benannt werden, die beim Sprechen von Gott zu beachten sind. Als Ausgangsbasis dient die im Anhang 3 aufgenommene Übersicht zur Phänomenologie und Philosophie der Sprache.

Wesen und Funktion der Sprache: Sprache ist ein Mittel der Darstellung und Mitteilung von Gedanken. Sprache besteht aus Worten und Sätzen, die als mündliche Rede oder schriftlicher Text in Erscheinung treten. Worte und Sätze sind Zeichen, die mit Bedeutung verbunden sind. Die Bedeutung hängt nicht nur von der bezeichneten Sache ab, sondern ebenso vom sprachlichen Kontext, von den Umständen des Sprechaktes und von subjektiven Einstellungen des Sprechenden und Hörenden bzw. des Schreibenden und Lesenden. In der Sprache kommen also mediale, soziale und psychische Elemente zum Tragen. Die mit den sprachlichen Zeichen gegebene Information bedarf der Klärung ihrer Bedeutung im Einzelfall. Dabei ist außerdem die Frage nach der Wahrheit bzw. Richtigkeit des Ausgesagten gestellt.

Gedanken sind in Begriffe gefasste Abstraktionen von sinnlichen Anschauungen oder auch die ursprünglichen Begriffe selbst. Über die begriffliche Sprache wird die äußere und innere Welt des Menschen dem Denken verfügbar. Umgekehrt setzt Sprache Denken voraus. Der Mensch erfährt, erkennt und versteht die Welt über die begriffliche Sprache.

Die ältere Philosophie hat dem Denken gegenüber der Sprache Unabhängigkeit und Vormacht eingeräumt. Wirklichkeit wird demnach durch Sprache aufgedeckt, nicht neu geschaffen. Die neuere Philosophie ist dem nur teilweise gefolgt. Sie behauptet vielfach ein Erschaffen der Wirklichkeit durch die Sprache.

Grenzen der Sprache im Allgemeinen: Der vorstehend beschriebene Zusammenhang zwischen objektiver Wirklichkeit, subjektiven Gedanken, sprachlichen Zeichen und deren Bedeutung, zusammen mit den vielfältigen Einflussgrößen auf die Bedeutung, lassen die natürliche Sprache als ein recht ungenaues Unternehmen erscheinen, dessen Genauigkeit aber im Einzelfall, etwa durch Begriffsdefinitionen, erheblich gesteigert werden kann. Man hat auch erfolglos versucht, die natürliche Sprache zu mathematisieren, also strenger Logik zu unterwerfen. Dies gelang nur bei einseitig funktionalisierten künstlichen Sprachen, etwa den Computersprachen.

Das sprachlich Bezeichnete stimmt nur überschlägig mit der Wirklichkeit überein. Dabei spielen subjektive und kollektive Momente eine Rolle. Sprache zeigt Wirklichkeit auf, darf mit dieser aber nicht gleichgesetzt werden.

Die sprachlichen Zeichen und ihre Bedeutung sind insbesondere abhängig von der völkisch bestimmten Sprachgemeinschaft. Damit stellt sich das Problem der Sprachübersetzung, das nur unvollkommen lösbar ist.

Sprachlich bzw. denkerisch erfasst werden nur die Teile der Wirklichkeit, die der sinnlichen oder geistigen Anschauung zugängig sind und im Rahmen von Kommunikation besondere Aufmerksamkeit erlangen. Sprache schafft nicht neue Wirklichkeit, sondern deckt latent bestehende Wirklichkeit auf. Sprache zeigt an, was man glaubt, verstanden zu haben.

Die Grenzen der Sprache im Allgemeinen bestehen also in der nur überschlägigen Erfassung der Wirklichkeit und im Bedeutungsspielraum der sprachlichen Zeichen.

Grenzen der philosophischen Sprache: Philosophische Sprache ist primär Begriffssprache. Allgemeinbegriffe mit abstraktem Inhalt werden zueinander in Beziehung gesetzt, um Aussagen über das Sein der Welt und die Existenz des Menschen zu machen. Die Begriffe der Philosophie sind überaus vieldeutig, wie der Blick in philosophische Lexika zeigt. Zu jedem Begriff gibt es unterschiedliche Auslegungen, die je nach Kontext gültig sind und sich im Laufe der Geschichte verändert haben. Also sollte der Philosoph, um hinreichend genau verstanden zu werden, die von ihm verwendeten Begriffe definieren.

Die Praxis des Philosophierens hat unterschiedliche Formen des Umgangs mit der Unschärfe und Vieldeutigkeit der Sprache entwickelt. Auf Sokrates und Platon geht der philosophische Dialog zurück, die Entwicklung eines philosophischen Gedankens in Rede und Gegenrede. Das dialogische bzw. dialektische Verfahren umfasst Begriffsbildung, Begriffszergliederung und Begriffsverknüpfung. Der Dialog oder Diskurs als literarische Gattung ist auch in der späteren Philosophie wiederholt verwendet worden.

Strengere Formen der philosophischen Abhandlung wurden in der mittelalterlichen Scholastik entwickelt. Im Rahmen der *artes liberales* wurden Grammatik, Dialektik und Rhetorik gelehrt. Einerseits wurden „Kommentare" zu den philosophischen Werken anerkannter Autoritäten verfasst, die in den freier verfassten „Summen" aufgingen. Andererseits wurden die „Quaestionen" niedergeschrieben, die die an den Universitäten regelmäßig stattgefundenen Disputationen zusammenfassten. In beiden Fällen wurden die Argumente *pro* und *contra* systematisch gegenübergestellt.

Angeregt durch die streng axiomatische Darstellung mathematischer Sachverhalte in dem bekannten Werk *Elemente* von Euklid hat Spinoza sein philosophisches Hauptwerk *Ethica* „in geometrischer Ordnung" dargestellt. Aus vorangestellten Axiomen und Definitionen folgen Lehrsätze und deren Beweise, ergänzt durch Folgesätze und Anmerkungen. Die kausale Definition der Begriffe verbürgt die Wirklichkeit der bezeichneten Gegenstände („genetische Methode"). Die beklagte Vieldeutigkeit und Unschärfe in der Sprache wird vermieden, aber dies geschieht auf Basis eines streng deterministischen Systems, das der Wirklichkeit nur teilweise gerecht wird.

Die Philosophie in der Zeit nach Spinoza fährt fort, dialektisch zu argumentieren. Kant verwirft die bisherige, allein auf der Vernunft gründende „Scheindialektik" und setzt an ihre Stelle eine „transzendentale Dialektik", die die Erfahrung einschließt. Hegel macht die geistige Bewegung der herkömmlichen Dreischritt-Dialektik erneut zur Basis von Denken und Wirklichkeit, um Widersprüche vor der Vernunft zu überwinden. Heidegger ordnet der Sprache die „Lichtung des Seins" zu. Allein die dichterische Sprache offenbart nach Heidegger eigentliche Wirklichkeit.

Die Grenzen der philosophischen Sprache sind also durch die Vielfalt der Begriffsbedeutungen und durch die Unauflösbarkeit der dialektischen Prozesse gegeben. Nur die durch Denken erfasste Wirklichkeit kommt in der Philosophie zur Sprache, während die gefühlte Welt sprachlos bleibt. Dies gilt auch für die philosophische Theologie.

Grenzen der religiösen Sprache: Die Religion tritt ebenso wie die Philosophie mit dem Anspruch auf, die gesamte Wirklichkeit von Mensch und Welt zu erfassen.

Während die Philosophie dabei auf Sprache und Denken beschränkt bleibt, zeigt die Religion ein wesentlich breiteres Spektrum von Ausdrucksweisen, die sich den Oberbegriffen Sprache und Bild zuordnen lassen. Das Bild bietet eine Fülle sprachunabhängigerer Ausdrucksmöglichkeiten zwischen erzählenden und symbolischen, konkreten und abstrakten Darstellungsweisen. Auch Gebärde, Pantomime und Tanz sind dem bildhaften Bereich zuzuordnen, Hier soll nur auf den sprachlichen Ausdruck von Religion im Vergleich zur Philosophie eingegangen werden. Dabei wird die jüdische und christliche Religion zugrunde gelegt.

Das Merkmal der jüdischen und christlichen Religion und Sprache ist der Bezug auf den personalen Gott. Das Wort wird von Gott an den Menschen gerichtet. Der Mensch antwortet Gott mit dem Wort. Als Verkünder des Wortes Gottes treten Propheten und Prediger auf, am bedeutendsten die biblischen Gestalten Moses, Jesus und Paulus. Der Mensch spricht zu Gott im Gebet, im Lobpreis, in der Klage.

Die dabei gebrauchte religiöse Sprache ist anschaulich, alltags- und volksnah. Geistige Gegebenheiten werden bildhaft dargestellt. Metaphorik ist bedeutsam. Hinsichtlich des Zusammenspiels von Geist und Bild ähnelt die religiöse der literarischen Sprache. Teile der Bibel gelten als literarische Kunstwerke, so das Buch Hiob, die Psalmen, das Hohelied, das Buch der Weisheit, die Gleichnisse Jesu, die Offenbarung des Johannes.

Die begriffliche Basis wird dagegen in der Bibel selten reflektiert. Das Johannesevangelium ist eine Ausnahme. Es stellt die Verbindung zur Philosophie her.

Die Grenzen religiöser Sprache sind demnach durch die Vielfalt sprachlicher Ausdrucksmögichkeiten weit hinausgeschoben, darunter die gleichnishafte und die bildhafte Sprache. Religiöse Sprache wird außerdem in der Praxis der Religionsausübung durch Bilder und rituelle Handlungen ergänzt.

Grenzen des Sprechens von Gott: Gott ist der Zentralbegriff der jüdischen, christlichen und muslimischen Religion. Die philosophische Fassung des Gottesbegriffs stößt auf erhebliche denkerische und sprachliche Schwierigkeiten, kommt aber auf Basis der dargestellten Reflexion über Sein und Nichts zu einem gewissen Abschluss. Dennoch ist damit nur ein begrenzter Aspekt der Wirklichkeit von Mensch und Welt erfasst, nämlich der dem Denken und der begrifflichen Sprache zugängige Bereich.

Streng philosophisch betrachtet kann Gott durch keinen Begriff erfasst werden, weil er alle Begriffe übersteigt. Das sagt die Mystik und das sagt auch die verneinende Theologie, die *theologia negativa*. Aber Religion geht über strenge Philosophie hinaus. Die philosophische Theologie spricht daher positiv von Gott, kann dies jedoch nur innerhalb der Grenzen begrifflicher Sprache. Die Grenzen der Sprache sind aber nicht Grenzen Gottes.

Demgegenüber sind dem religiös Gläubigen weitere, über das Begriffliche hinausgehende, bild- und gleichnishafte Weisen des Sprechens von Gott verfügbar. Der Gläubige wendet sich an einen Gott, der sich umgangssprachlich offenbart hat. Diese umgangssprachliche religiöse Sprechweise ist jedoch erheblichen Gefährdungen ausgesetzt. Sie gleitet allzu leicht ins Gefühlsduselige oder gar Heuchlerische ab.

Will man die Einseitigkeit der philosophischen Begriffsbildung vermeiden, muss vom lebendigen Gott als Person gesprochen werden. Wenn aber Gott Person ist, kann er als anthropopatisch beschrieben werden, also als ein Geistwesen mit den ins Positive gekehrten menschlichen Eigenschaften und Fähigkeiten. Nicht Gott wird auf diese Weise vermenschlicht, sondern der nach dem Bilde Gottes geschaffene Mensch verwendet die ihm geschenkte Erkenntnis- und Sprachfähigkeit, um sich der Wirklichkeit Gottes zu nähern.

Die Sinnfrage

Mit den vorstehenden Ausführungen zum überpersonalen Gottesbegriff wurden über Grund, Wesen und Wirken der Gottheit rational vertretbare Aussagen gemacht. Sie stützten sich auf die christlich-abendländische Philosophie, ergänzt durch buddhistische Denkansätze. Weitgehend unbeantwortet blieb dabei die Frage nach dem Sinn von Welt, Mensch und Gott bzw. nach der Möglichkeit von Sinngebung.

Der Begriff des Sinns bezeichnet keine gegebene oder mögliche Sache wie das Sein, sondern ist Inhalt einer Frage an diese Sache und die der Sache dann beigelegte Antwort. Der Sinn gehört nicht zur Sache selbst, sondern zu der Person, die die Frage stellt und die Antwort gibt. Philosophisch ist daher zunächst der Beweggrund des Fragenden zu betrachten.

Als Grunderfahrung des Menschen tritt neben der Fraglichkeit des Seins die Fraglichkeit des Sinns auf. Diese lässt sich nach Weischedel als ein Schweben zwischen Sinn und Sinnlosigkeit veranschaulichen.[27, 60] Diese Veranschaulichung gilt auch für den hier betrachteten Bereich von Mensch, Welt und Gott.

Für die Struktur des Sinns ist kennzeichnend, dass jeder Sinn seine Begründung in einem übergeordneten Sinn findet. Die aufeinander folgenden Stufen von Sinn sind hierarchisch geordnet. Den Abschluss bildet der absolut gesetzte Gesamtsinn, also Gott oder einer der abstrakteren Alternativbegriffe wie absoluter Geist, absolutes Sein oder absolutes Nichts. Auch das Gute, Wahre und Schöne wird in platonischer Weltsicht als Gesamtsinn ausgegeben. Unabdingbar ist in allen Varianten finaler Sinngebung der personale Aspekt der Gottheit, denn die menschliche Person setzt den Sinn, und wie sollte ein höchster Sinn gedacht werden, der nicht mindestens auf der Höhe der menschlichen Person steht.

Der sinngebende personale Aspekt der Gottheit drückt sich nach christlicher Überzeugung im Umgang mit den Mitmenschen aus, begleitet vom Vertrauen auf Gott im eigenen Lebensvollzug.

Die seit Beginn der Neuzeit auftretenden humanistischen Strömungen sehen von der Sinngebung durch Gott ab und heben stattdessen die Würde und Freiheit des Menschen als sinnstiftend hervor. Der Gottesbezug wird dabei nicht aufgegeben. Erst im Rahmen des dialektischen Materialismus kommt ein atheistischer Humanismus zum Zuge, der den Sinn im politischen Diesseits sieht.

Unabhängig von dieser geistesgeschichtlichen Entwicklung hat jeder Einzelne die Sinnfrage seines Lebens individuell zu beantworten. Nur er selbst kann seinem Leben und seiner Welt einen Sinn geben. Bei dieser Sinngebung wird er ohne Bezug auf die Gottheit nicht auskommen. Die angesprochene Fraglichkeit von Sein und Sinn kann er im Glauben an den personlen Gott überwinden. Spinozas und Einsteins apersonale Gottheit leistet das nicht.

Das heißt jedoch nicht, dass ausgehend von Spinozas Philosophie keine personale Sinngebung entwickelt werden kann. Der Spinozist und Humanist Goethe hat gezeigt, dass dies möglich ist. Er lässt das „irrende Streben“ seines Protagonisten Faust in einen Aufstieg zur erlösenden Gottheit einmünden.

Anhänge

Anhang 1: Goethes Naturphilosophie

Monismus von Natur und Geist: Goethes Naturphilosophie vertritt einen Monismus von Natur und Geist. Natur ist dabei das in jedem Seienden von seinem Entstehen her Wesenhafte, im Unterschied zum Künstlichen im Menschenwerk. Natur ist der Inbegriff aller unmittelbaren Wirklichkeit, aller Dinge und Geschehnisse in ihrem ganzheitlichen Zusammenhang, formal das Sein überhaupt – Goethe: „Sie ist alles". Der Gegenbereich der Natur ist der Geist mit allen seinen Erscheinungsformen in Kultur und Geschichte. Im Menschen greifen beide Bereiche ineinander – Goethe: „Wer das Höchste will, muss das Ganze wollen, wer vom Geist handelt, muss die Natur, wer von der Natur spricht, muss den Geist voraussetzen". Den Menschen sieht Goethe in der Mitte zwischen Natur und Geist. Jeder Einzelne in unterschiedlichem Maße ist ein „Organ" der Bewusstwerdung der Natur. Die Einzelorgane zusammen bilden die Gottheit.[23]

Goethe hat die pantheistische Rangerhöhung der Natur mit Spinozas *Ethica* begründet, die er nach eigenem Bekunden stets bei sich trug. Diese Schrift habe ihm die „freie Aussicht über die seelische und sittliche Welt" eröffnet. Außerdem schätzte Goethe Spinozas Affektenlehre, die die „alles ausgleichende Ruhe" als Gegenwelt zum eigenen „alles aufregenden Streben" bewusst mache. Schließlich bekannte er: „Ich fühle mich ihm [Spinoza] sehr nahe, obgleich sein Geist viel tiefer und reiner ist als der meinige."[24]

Neben dem Monismus von Natur und Geist, der auf Spinoza verweist, steht bei Goethe der Einfluss der ebenfalls monistische Emanations- und Wiedervereinigungslehre der Neuplatoniker in der von Plotin gegebenen Fassung: Das transzendente „Erste" oder Ur-Eine entlässt aus sich den Weltgeist (gr. *nous*), Inbegriff aller Ideen, den Urbildern des Realen. Dieser entlässt wiederum die Weltseele, die in die trügerische Sinnenwelt hinabreicht. Die Weltseele spaltet sich auf in Einzelseelen und bringt die Materie als Negation des Ur-Einen hervor, mit dem Auftrag an die Einzelseelen, wieder zum Ur-Einen aufzusteigen. Anzumerken ist allerdings, dass Goethe im Unterschied zu Plotin der Materie ausgesprochen positiv gegenüberstand. Das „Anschauen" der Werke der Natur war ihm eine Form der Gottesverehrung, ganz im Sinne von Spinoza.

Die lebendige Natur als seelisches Ereignis, wie sie von Goethe gesehen wird, hat zu Beginn der Neuzeit Giordano Bruno begründet: Das All ist Gott, es ist unendlich, es ist das einzig Seiende und Lebendige, es setzt sich aus den Monaden zusammen, physischen und zugleich psychischen Wirklichkeitselementen, die nicht entstehen und nicht vergehen, sich nur mannigfach verbinden und wieder trennen. Folglich ist nichts in der Welt leblos, alles ist beseelt.

Stufenbau der Welt: Die Welt wird von Goethe als lichtdurchstrahlter, gottdurchwirkter Stufenbau gesehen, in dem der Mensch eine bestimmte Stelle einnimmt, jedoch durch göttlichen Anruf an allen Stufen teilhat. Der Stufenbau lässt sich als Pyramide veranschaulichen: an der Basis die Welt der Gesteine, darüber erst die Pflanzenwelt und dann die Tierwelt, darüber die Menschenwelt, gefolgt von der Region des Dämonischen und auslaufend im Göttlichen als Pyramidenspitze. Das Dämonische im Menschen kennzeichnet Goethe als „dasjenige, was durch Verstand und Vernunft nicht aufzulösen ist". Er sieht darin eine unheimliche Macht, die sich teils aufbauend, teils zerstörend in der einzelnen Persönlichkeit ausdrückt.

Zu jeder der drei unteren, der Natur zugehörigen Stufen versucht Goethe das zugehörige Urphänomen zu bestimmen, in dem sich die jeweilige von Gott eingegebene Gesetzlichkeit offenbart: das Urgestein, die Urpflanze und das Urtier: „Die Natur wirkt nach ewigen, notwendigen, dergestalt göttlichen Gesetzen, dass die Gottheit selbst daran nichts ändern könnte". In der gesamten Natur herrschen Urtypus und Metamorphose. Der Mensch, das höchste Geschöpf der Natur trägt all diese Gesetzlichkeiten in sich. Ihm ist aufgegeben, sich über die Natur zum Göttlichen zu erheben (der „faustische Geist"). Als „Urworte" begleiten ihn: der Dämon, das Zufällige, die Liebe, die Nötigung und die Hoffnung.[25]

Zu folgendem neuplatonisch-gnostischen Weltentstehungsmythos hat sich Goethe bereits in jungen Jahren bekannt. Der Schöpfungstrieb der Gottheit schafft sich selbst, bringt den Sohn hervor und spiegelt sich im gemeinsamen Geist – die dreieinige Urgottheit. Der erstgeschaffene Engel *Luzifer* soll das Schöpfungswerk fortführen, ergibt sich jedoch der Selbstgenügsamkeit, wodurch statt schöpferischer Expansion eine zurückbildende Kontraktion eingeleitet wird. Aber die dreieinige Urgottheit greift ein, bewirkt die Schöpfung von Kosmos und Licht.

Die zurückbildende Macht Luzifers und seiner Engel in der irdischen Welt bleibt jedoch bestehen.[25]

Goethes christliches Gottesbild: Der Mensch im kosmischen Spiel von Entstehen und Vergehen ist der Erlösung bedürftig. Nach Goethes Auffassung kann er nur dem Göttlichen entgegenstreben, bedarf jedoch zur Erlösung der entgegenkommenden Gnade und Liebe. Dies wird mit der das Faust-Drama abschließenden Himmelfahrt Fausts zur Anschauung gebracht. Fausts „Unsterbliches", seine Entelechie (gr. „das, was sein Ziel in sich selbst hat"), steigt von tieferen zu höheren Regionen auf, begleitet von heiligen Anachoreten, seligen Knaben sowie einem Chor von Büßerinnen, sich der höchsten Region nähernd, der Mater Gloriosa, Sinnbild der ewigen Liebe. Engel verkünden: „Wer immer strebend sich bemüht, Den können wir erlösen". Ein Chorus Mysticus drückt das Verhältnis der Menschenwelt zur Gotteswelt aus: „Alles Vergängliche, Ist nur ein Gleichnis" und „Das Ewig-Weibliche, Zieht uns hinan". Die Szene folgt dem frühchristlichen gnostischen Konzept der „Wiederbringung aller", das vom Kirchenvater Origines vertreten wurde.[25-27]

Gott selbst bleibt bei Goethe der nur Geahnte, in frommer Scheu Verehrte. Goethe empfand sein Wesen als mit vielen Sichtweisen auf Gott verträglich. Er sei als Dichter Polytheist, als Naturforscher Pantheist und bei Bedarf eines persönlichen Gottes sei dafür auch schon gesorgt. Im Leiden offenbare sich Gott, aber herrlicher sei Gottes heilende Offenbarung in der Liebe („das Kreuz mit Rosen umwunden"). Wo Liebe ist, da sei auch Gott.[25] Die christliche Grundüberzeugung Goethes ist damit zum Ausdruck gebracht, auch wenn er vor das Leiden Christi einen „Schleier" ziehen wollte.

Zu Beginn des Faust-Dramas will Faust aus existentieller Not und fehlendem Glauben seinem Leben ein Ende setzen, aber die Osterglocken, von Christi Auferstehung kündend, halten ihn davon ab. Bald darauf beginnt er, das Johannesevangelium zu übersetzen. Anstelle der Eröffnungsformel „Am Anfang war das Wort" wird nach reiflicher Überlegung „Am Anfang war die Tat" gesetzt, konsequent der Goetheschen Weltanschauung entsprechend, aber auch mit dem biblischen Schöpfungsbericht übereinstimmend. Wenn im Faust-Drama der „schöne Mensch" (Helena) zum Ziel des kosmischen Lebens erhoben wird, so erweist sich dies durch den weiteren Verlauf des Dramas nur als Teilwahrheit. Den Abschluss des Dramas bildet, wie bereits kommentiert, Fausts Himmelfahrt.

Zur christlichen Strukturkomponente des Faust-Dramas gehört auch Fausts unchristlicher Lebensvollzug. Dieser ist der Dramaturgie geschuldet. Faust hat einen

Pakt mit dem Teufel und nicht mit Gott geschlossen. Er geht bei seinem „irrenden Streben" über Leichen, um seine Ziele zu erreichen. Die Schuld drückt schwer und muss durch mehrfachen Heilschlaf beseitigt werden. Erst kurz vor seinem Tod überkommt Faust die Vision eines humanen Gemeinschaftswerks. In Liebe aufgefangen wird er am Ende dennoch.

An anderer Stelle führt Goethe aus, dass er die „Allgegenwart Gottes in seinen Werken der Sinnenwelt" verehre, neben dem Licht der Sonne als „Offenbarung des Höchsten", die Elemente Feuer, Luft, Wasser und Erde. Darin sieht er sich der von Zarathustra gestifteten Religion der Parsen nahestehend.[24] Auch im *Prolog* zum *Faust* kommt diese Naturverehrung zum Ausdruck, die im *Sonnengesang* des heiligen Franziskus eine christliche Parallele hat.

Zusammenfassend ist festzustellen, dass Goethes Naturphilosophie in hohem Maße von den Lehren Plotins, Brunos und Spinozas mitbestimmt ist. Den existenziellen Rahmen bilden jedoch christliche Grundüberzeugungen.

Anhang 2: Schellings Theosophie

Schellings Theosophie wird ausgehend von folgenden Schriften Schellings zusammengefasst: *Über das Wesen der menschlichen Freiheit* (1809) mit Einleitung und Anmerkungen von Horst Fuhrmans,[37] *Die Weltalter* (1811, 1813, 1814), *Stuttgarter Privatvorlesungen* (1810) und *Philosophie der Mythologie und Philosophie der Offenbarung* (1856-1858). Die genannten Schriften sind tiefgründig, zum Teil schwer verständlich und nicht immer in sich widerspruchsfrei. Die Kommentierung von Fuhrmans deckt derartige Inkonsistenzen auf. Letztere können aber im Rahmen einer Kurzfassung übergangen werden.

Schellings Theosophie wird nachfolgend ausgehend von den Kernthemen dieser Lehre dargestellt. Die Kernthemen sind jeweils am Beginn der einzelnen Abschnitte kursiv hervorgehoben. Eine Zusammenfassung ist in Kapitel VII unter Schellings Philosophie zu finden.

Panentheismus: Der gegenüber Schellings Theosophie von christlicher Seite erhobene Pantheismusvorwurf ist nicht haltbar. Schelling vertritt einen konsequenten Panentheismus, der in eine ebenso konsequente Christologie eingebunden ist. Schellings Panentheismus beinhaltet (Nikolaus Cusanus folgend) die Selbstentfaltung Gottes (*explicatio Dei*). Gott offenbart sich in allem Endlichen, und alles Endliche verbleibt in Gott. Auch der Mensch ist nicht außerhalb von Gott, sondern in Gott. Seine Tätigkeit ist Teil des Lebens Gottes. Im endlichen Sein tritt die Fülle des Göttlichen ins Dasein. Daher weiß sich das endliche Sein als bedeutungsvoll für das göttliche Sein. Dabei wird nicht die Verschiedenheit von endlichem und absolutem Sein betont (die Position des Theismus), sondern deren Nähe hervorgehoben; das absolute Sein offenbart sich als endliches Sein. So lässt sich auch die Freiheit des Menschen aus der Freiheit Gottes ableiten; Freiheit des Menschen als das Vermögen zum Guten ebenso wie zum Bösen.

Freiheit zum Bösen: Die Freiheit zum Bösen bleibt nach Schelling in den herkömmlichen philosophischen Systemen weitgehend ungeklärt. Wird im Bösen etwas Positives gesehen, das von Gott kommt, dann ist dennoch nach der Basis des Bösen zu fragen. Wird im Bösen ein Mangel an Vollkommenheit gesehen, dann bleibt dennoch offen, wie dieser Mangel mit der Güte Gottes verträglich sein soll. Wird ein wesenhafter Gegensatz von Gut und Böse angenommen, dann ist das eine „Selbstzerreißung der Vernunft", auch dann, wenn das Böse auf ein ursprünglich Gutes zurückgeführt wird. Wird schließlich die neuplatonische Emanationslehre vom Absinken des ersten Einen (dem Guten) zum letzten Vielen (der Materie, dem Bösen) zugrunde gelegt, dann verliert sich der Gegensatz von Gut und Böse über die vielen Zwischenstufen. Schelling folgert insgesamt, dass der Grund des Bösen nur in einem System erklärt werden kann, das das Reale und Ideale, das Naturhafte und das Geistige gleichermaßen einbezieht. Weder ein rein reales noch ein rein ideales System kann das leisten. Die „Grundsätze einer wahren Naturphilosophie" sind nach Schelling anzuwenden, also der von ihm vertretene Real-Idealismus.

Existierendes und Grund der Existenz: In der vorstehend beschworenen „wahren Naturphilosophie" unterscheidet Schelling zwischen dem Existierenden und dem Grund der Existenz. Der Grund der Existenz ist das Tragende, das Existierende oder Seiende ist das Getragene. Das Reale ist tragender Grund, das Ideale oder Geistige wird getragen. Dem tragenden Grund ist (Jakob Böhme folgend) ein kontrahierendes, konzentrierendes, also nach innen gerichtetes Prinzip zugeordnet, zunächst aufgefasst als Finsternis, blinder Wille, Begierde, Irrationalität, später personal aufgefasst als Selbstheit (Egoität). Dem Getragenen ist ein expandierendes, zerfließendes, also noch außen gerichtetes Prinzip zugeordnet, zunächst aufgefasst als Licht, Ordnung, Rationalität, später personal aufgefasst als

Liebe. Alles endliche Sein ist aus dem dunklen Grund heraus gefährdet. Das ihm zugeordnete Reale in Form der Selbstheit bedarf der Zügelung durch das Ideale in Form der Liebe. Schelling hat in seiner Spätphilosophie die Zuordnung umgekehrt. Das Reale ist jetzt als expandierendes Prinzip gefasst, als Lebenswille und daseinsschaffende Macht, dem das Ideale als kontrahierendes Prinzip gegenübersteht, das für Maß und Ordnung sorgt, der Vernunft Geltung verschafft. Beide Prinzipien sind göttliche Mächte.

Gott und die Welt: Schelling war bei allem Panentheismus bemüht, Gott und die Welt eindeutig zu unterscheiden. Zunächst fasste er das Reale und Ideale in Gott nicht in Form einfacher Prinzipien, sondern als zwei Schichten: eine niedere Schicht mit Primat des Realen, die Drangschicht Gottes, sein dunkler Grund und eine höhere Schicht mit Primat des Idealen, die Geistschicht Gottes. Die sichtbare Welt ist Entfaltung aus Gottes dunklem Grund, während Gott selbst in der lichten Geistschicht bleibt. Im Menschen als Teil der sichtbaren Welt verbleibt das Dunkle des Grundes als gefährdende Macht. Über die göttliche Trinität spekulierend hat Schelling die Welt auch als Sohn Gottes („Gott als Sohn") aufgefasst.

Setzung der Welt in Freiheit: Vor Setzung der Welt ist allein Gott. Gott ist nach Schelling im allerersten Sein „absolute Indifferenz"; die Mächte des Realen und Idealen sind noch nicht geweckt. Gott ist in dieser ersten Phase Wille, der noch nichts will, Wissen, das noch nichts weiß; seliges Nichtwollen und Nichtwissen. In einer zweiten Phase kommen die Mächte des Realen und Idealen spontan zu sich. Das Reich der Ideen mit der Möglichkeit realer Setzung wird Gott bewusst (der „Lebensblick"), darunter der Mensch als Ebenbild Gottes, vorerst aber nur „Geist über dunklem Grund". Gott ist sich also bereits vor Setzung der Welt seiner selbst und der Fülle seiner Möglichkeiten bewusst.

Aus dieser Ursprungsspekulation leitet Schelling die grundlegende Aussage ab, dass Gott die Welt nicht aus Notwendigkeit gesetzt hat, nämlich um sich seiner selbst bewusst zu werden, sondern in völliger Freiheit. Die Setzung der Welt ist wissendes Tun, schaffender Wille bzw. Tat. Gott lässt die Ideen oder Urbilder in Stufen aufsteigenden Geistes real werden, vom Anorganischen über das Organische bis zum Menschen. Dabei werden das expandierende Prinzip des Realen und das kontrahierende Prinzip des Idealen, wie dargestellt, wirksam. Schöpfung als Werden der sichtbaren Welt entsteht aus der Freigabe des dunklen Grundes ins außen, während der lichte Geist regulierend nach innen wirkt. Der Mensch trägt den dunklen Grund in sich, ist aber zugleich durch den Geist oder das Wort ins Licht gehoben.

Da die Welt in göttlicher Freiheit gesetzt ist, kann zugehörige Philosophie nicht dialektisch vorgehen, sondern nur philosophischer Empirismus sein: Hinnahme des in Freiheit Gesetzten, das erst *nach* dem Geschehen wissbar ist.

Selbstheit, Liebe, Person: Das dunkle Prinzip der Selbstheit und das lichte Prinzip der Liebe in angemessenem Verhältnis sind nach Schelling die Grundlage des Personseins von Mensch und Gott. Die Selbstheit hat dienende Funktion, die Liebe hat herrschende Funktion. In Gott stehen die beiden Prinzipien in einem wohlgeordneten Verhältnis; diese Ordnung ist nicht aufhebbar; Gott ist des Bösen nicht fähig. Im Menschen kann die Ordnung umgekehrt, die Selbstheit über die Liebe gestellt werden; dieses ist dann das Böse, zu dem nur der Mensch die Freiheit hat.

Weltenfall durch Sündenfall: Die Welt entstand nach Schelling durch Weckung der Mächte des Realen und Idealen, wobei das Licht sich über das Dunkel erhob. Die erste Schöpfung fand ihren Abschluss im ersten Menschen. Dieser widersetzte sich jedoch der vorgegebenen Ordnung indem er das Chaotische des dunklen Grundes zum herrschenden Prinzip erhob. Der Sündenfall wurde zum Weltenfall. Er ermöglichte nach Schelling eine zweite Schöpfung, die sich der ersten niederen Schöpfung überlagert. Ebenso wie in der ersten Schöpfung, der Entstehung des Naturreichs, der erste Mensch am Ende eines Kampfes zwischen Dunkel und Licht erscheint, steht in der zweiten Schöpfung, der personifizierten Menschheitsgeschichte Christus als Gottmensch am Ende des Kampfes zwischen Gut und Böse.

Den Sündenfall fasst Schelling als freie Tat jedes einzelnen Menschen auf. Dieser entscheidet bereits vor aller Zeit über seine nachgeburtliche körperliche und geistige Beschaffenheit. Die traditionelle christliche Vorstellung von der Erbsünde widerspricht Schellings Auffassung von der menschlichen Freiheit.

Christologie: Schelling entwickelt in seiner Spätphilosophie eine mit dem Real-Idealismus im Einklang stehende kosmische Christologie. In ihr kommt Christus nicht vom lichten Himmel herab, sondern steigt aus dem dunklen Grund der Welt empor, in dem er als „Keim-Logos" enthalten war. Er tritt aus einem verborgenen Sein in die Sichtbarkeit, tritt dem Bösen in der Welt real entgegen, wird zum inkarnierten Logos, erlöst die Welt, um sie so dem Vater zurückzugeben.

Sinn und Ende der Welt: Gott verwirklicht sich, indem er die Ideen, die zunächst ohne Eigenständigkeit in ihm sind, in ihre Eigenständigkeit entlässt, sie real werden lässt, damit sie am Ende der Zeiten als eigenständig existierende wieder in ihm seien. Die Rückkehr der gewordenen Dinge zu Gott dient der Vollendung Gottes als personales Wesen. Erst jetzt kann „alles in allem“ sein. Christus, das „ideale Prinzip“, wird alles Gewordene Gott zu Füßen legen.

Schelling vertritt folgende trinitarische Auslegung. Erst nachdem Gott die Welt in die Eigenständigkeit entlassen und sie als eigenständig zurückempfangen hat, ist echte Liebe als Heiliger Geist zwischen Vater und Sohn bzw. zwischen Gott und Welt (die Welt als „Sohn“ verstanden) verwirklicht. Aber warum geschah diese Verwirklichung der Fülle Gottes nicht unmittelbar? Schellings Antwort lautet: Weil Gott zur Person werdendes Sein ist, hat er sich freiwillig dem Werden und dem damit verbundenen Leiden unterworfen.

Am Ende der Welt wird nach Schellings Theosophie der dunkle Grund mit dem Reich des Geistes verbunden. Das Reale erreicht dadurch „absolute Identität“ mit dem Idealen, was durch den Sündenfall verbaut war. Das Ende der Welt ist also nicht das Ende der sichtbaren Welt, sondern lediglich das Ende der gefallenen Welt, damit eine „neue Erde“ und ein „neuer Himmel“ werde. Keine rein geistige Welt soll entstehen, sondern eine Welt, in der sich Leiblichkeit und Geistigkeit konfliktfrei durchdringen, denn das Geistige verlangt nach körperlicher Darstellung. Leiblichkeit ist ein Ziel der Wege Gottes. Am Ende der Welt steht nach Schelling die völlige Menschwerdung Gottes in Christus.

Rückblick zum Anfang des Seins: Das Absolute ist Ursprung und Anfangspunkt des Seins. Gott ist anfänglich reine Einfaltung (*implicatio*) von Grund der Existenz und Existierendem, von Realem und Idealem. Er ist als „Ungrund“ absolute Indifferenz, ist in der Nacht des Unbewussten, ist noch nicht Person, letztere aufgefasst als um sich wissendes Sein. Aus der anfänglichen Indifferenz heraus erfolgt die Bewusstwerdung Gottes und anschließend die Entstehung der Welt.

Zusammenfassende Wertung: Schelling geht ebenso wie Spinoza vom Absoluten aus. Gott wirkt in allem. Während Spinozas Gott ein seiender Gott ist, dessen Handeln strenger Notwendigkeit folgt, ist Schellings Gott ein werdender Gott, der in vollkommener Freiheit handelt. Während bei Spinoza der moralische Unterschied von Gut und Böse überhaupt nicht existiert, wird er bei Schelling zum zentralen Thema einer gefallenen Welt. Was in Schellings Theosophie tiefgründig erwogen wird, mündet schließlich im Glaubensdogma von der Auferstehung im Fleische, die der Apostel Paulus selbst nur einem „überirdischen Leib“ zugeschrieben hat. Der Christologie von Schelling fehlt die philosophische Skepsis, die selbst Paulus hat walten lassen.

Anhang 3: Zur Phänomenologie und Philosophie der Sprache

Wesen der Sprache: Sprache ist ein Mittel der Darstellung und Mitteilung von Gedanken. Sprache besteht aus Worten und Sätzen, die als mündliche Rede oder schriftlicher Text in Erscheinung treten. Worte und Sätze sind Zeichen, die mit Bedeutung verbunden sind. Die Bedeutung hängt nicht nur von der bezeichneten Sache ab, sondern ebenso vom sprachlichen Kontext, von den Umständen des Sprechaktes und von subjektiven Einstellungen des Sprechenden und Hörenden, bzw. des Schreibenden und Lesenden. In der Sprache kommen also mediale, soziale und psychische Elemente zum Tragen. Die mit den sprachlichen Zeichen gegebene Information bedarf daher der Klärung ihrer Bedeutung im Einzelfall. Dabei ist außerdem die Frage nach der Wahrheit bzw. Richtigkeit des Ausgesagten gestellt.

Die Sprachwissenschaft unterscheidet drei Theoriebereiche. Syntax ist die Theorie der rein formalen Beziehungen zwischen den sprachlichen Zeichen. Semantik ist die Theorie der Bedeutungen der sprachlichen Zeichen. Pragmatik ist die Theorie des sprachlichen Handelns. Die Syntax beschreibt den Satzbau. Als Grundform eines Aussagesatzes gilt ein Gebilde aus Subjekt und Prädikat, erweiterbar um weitere Satzglieder, darunter Objekte und adverbiale Bestimmungen.

Funktionen der Sprache: Die Sprache ist das umfassendste und differenzierteste Ausdrucksmittel des Menschen. Durch die Sprache unterscheidet sich der Mensch vom Tier. Wie eingangs bereits festgestellt, ist die Hauptfunktion der Sprache die Darstellung und Mitteilung von Gedanken. Gedanken sind in Begriffe gefasste Abstraktionen von sinnlichen Anschauungen oder auch die ursprünglichen Begriffe selbst. Über die Sprache wird die äußere und innere Welt des Menschen dem Denken verfügbar. Neben der Ausdrucksfunktion der Sprache stehen weitere Funktionen wie Befehl, Klage oder Drohung, die nicht dem Denken, sondern dem Gefühl zuzuordnen sind.

Sprache ist sowohl personal als auch kollektiv begründet. Personal begründet ist der sprachliche Austausch zwischen einem Ich, das ausspricht, und einem Du, das antwortet. Kollektiv begründet ist der Sprachschatz einer Sprachgemeinschaft. Als Sprachgemeinschaften gelten die Völker. Deren sprachliche Untergruppen bilden

Dialekte. Volksübergreifende Religionsgemeinschaften verwenden die Sprache ihrer Gründungsdokumente („heilige Schriften"), Pali im Buddhismus, Sanskrit im Hinduismus, Arabisch im Islam, Griechisch bzw. Lateinisch in den christlichen Kirchen.

Geist und Sprache: Sprache ist die höchste Erscheinungsform des Geistes. Innerhalb der Sprachgemeinschaft manifestiert sich der objektive Geist in den Formen des Rechts, der Sittlichkeit, der Kultur und der Wissenschaft. Er ändert sich mit dem historischen Zeitablauf. Der subjektive Geist des Einzelnen hat über die Sprache am objektiven Geist teil. Sprache ist objektivierbarer Geist. In Kunst, Religion und Philosophie löst sich der objektive Geist von der zeitlichen Begrenzung und wird nach Hegel zum absoluten Geist.

Sprache überwindet den Gegensatz von Körper und Geist. Das Sprechen und Hören sowie das Schreiben und Lesen setzen besondere, körperlich ausgebildete sensorische, motorische und neuronale Fähigkeiten voraus, die nur dem Menschen gegeben sind. Ihnen stehen die geistigen Fähigkeiten des Denkens und Erfühlens gegenüber. Die Sprache „verkörperlicht" geistige Inhalte und „vergeistigt" die sinnlich wahrgenommene Körperwelt. Wie die Verbindung von Körper und Geist erfolgt, ist trotz intensiver Gehirnforschung ungeklärt.

Denken und Sprache: Sprache setzt Denken voraus, Denken wiederum bedient sich der Sprache. Ohne sprachlich fixierte Begriffe ist Denken unmöglich. Der Mensch erfährt, erkennt und versteht die Welt über die Sprache.

Sprache und Denken bedingen sich wechselseitig. Die Sprache als Wort oder Satz steht zwischen dem Bewusstsein des Sprechenden und dem bezeichneten Gegenstand oder Sachverhalt. Die Sprache hat teil an der Seinsart beider. Sie hat sowohl trennende als auch verbindende Funktion. Die trennende Funktion bewirkt, dass der Gedanke unabhängig vom Gegenstand oder Sachverhalt erwogen und weitergegeben werden kann. Die verbindende Funktion besteht darin, dass das Wort oder der Satz zum Zeichen dessen wird, was gemeint ist. Auf der Doppelfunktion von Trennung und Verbindung beruht die überragende Bedeutung der Sprache für das Denken.

Philosophie der Sprache: Die Philosophie des Altertums hat dem Denken gegenüber der Sprache Unabhängigkeit und Vormacht eingeräumt. Für Heraklit, Platon und Aristoteles, für die Stoiker und Neuplatoniker war Sprache die Erscheinung der Idee, des Logos, der Vernunft, war Entfaltung des Geistes. Platon sah im Denken das Gespräch der Seele mit sich selbst.

Die Sophisten hatten die Frage aufgeworfen, ob die Verbindung von Zeichen und Bedeutung auf Ähnlichkeit oder auf Konvention beruht. Platon vertrat die erstgenannte „naturalistische" Position, mit Aristoteles setzte sich die zweitgenannte „konventionalistische" Position durch.

Die Philosophie der Neuzeit benennt neben Denken und Kommunikation weitere Aspekte der Sprache. Sie untersucht die mangelnde Eindeutigkeit des sprachlichen Ausdrucks. Sie versucht, die Vielheit und Vieldeutigkeit der natürlichen Sprachen durch eine formalisierte Universalsprache zu überwinden.

Francis Bacon stellt einen Zusammenhang fest zwischen der Sprache und der Geistesart bzw. Gesittung der Völker. Er versucht, über einen Sprachvergleich zu größerer Klarheit des Denkens und Sprechens zu gelangen.

Gottfried W. Leibniz tritt ebenfalls für einen systematischen Vergleich der natürlichen Sprachen ein. Ihm schwebt eine formalisierte Universalsprache vor, die sich durch Zahlen ausdrücken lässt.

Thomas Hobbes, John Locke und Etienne B. de Condillac sehen in der Sprache die Repräsentation einer äußeren Realität durch Ideen im Innern des Geistes. Die Wörter erhalten ihre Bedeutung dadurch, dass sie mittels der Ideen mit den dargestellten Dingen verbunden werden.

Johann D. Michaelis, Johann G. Herder und Wilhelm von Humboldt führen die Theorie der völkischen Verankerung der Sprachen fort.

Michaelis hebt außerdem die Prägung der Sprache durch Philosophie und Wissenschaft hervor. Im Variantenreichtum der Sprache sieht er die Möglichkeit, das Denken anzuregen, im Sprachvergleich die Möglichkeit, Mängel des Denkens aufzudecken.

Herder sieht in der Menschheitsentwicklung einen Prozess der Kultivierung, der mit der Entfaltung der Vernunft eng verbunden ist. Die jeweilige Sprache spielt dabei eine wesentliche Rolle. Vom Vergleich der Sprachen erhoffte er sich einen verbesserten Gebrauch der Vernunft.

Humboldt, Begründer der vergleichenden Sprachwissenschaft, hat die Sprache zum „Organ des Denkens" erklärt: Sprache erschließt die Welt. Sprachliches Verstehen beruht nicht auf Identität der Wortbedeutung bei Sprecher und Hörer, sondern auf „Entsprechung". Nicht Gleiches ist die Basis der Verständigung, sondern Ähnliches. Verstehen ist zugleich Nichtverstehen. Andererseits ermöglicht die Vielfalt der Wortbedeutungen einen Reichtum an Welterschließungen. Sprachliche Schwierigkeiten sind darauf zurückzuführen, dass sich in den entsprechenden Worten komplexe Zusammenhänge niedergeschlagen haben.

Friedrich Nietzsche, ursprünglich Altphilologe, hat eine philosophische Sprachkritik entwickelt, die sich gegen die Auffassung wendet, Sprache könne objektive Wahrheit vermitteln. Bereits die Wahrheitskriterien seien sprachlicher Konvention unterworfen, etwa bei der Frage nach der adäquaten „Darstellung" von „Realität" durch Sprache. Die Sprache selbst schafft Realitäten, die bei der Wahrheitssuche zu hinterfragen sind. Begriffe verallgemeinern, Namen individualisieren. Die Entwicklung der Sprache beinhaltet einen Abkürzungsprozess. Die Wirklichkeit wird also nicht unmittelbar abgebildet. Die formalen Sprachen der Logik und Mathematik vermeiden die sinnlichen und emotionalen Komponenten von Sprache, was die Genauigkeit des Ausdrucks erhöht, jedoch zugleich von der Wirklichkeit entfernt. Die Sprachabhängigkeit der philosophischen Tradition zeigt sich in der Hervorhebung unterschiedlicher Zentralbegriffe.

Ernst Cassirer begreift Sprache, Religion, Mythos, Kunst und Wissenschaft als verschiedene Weisen der Weltdeutung auf Basis symbolischer Formen. Der Mensch lebt in einer symbolischen Welt. Das Symbol vermittelt zwischen sinnlicher und geistiger Aktivität. Als Grundtypen symbolischer Form erscheinen bildhafte, sprachliche und formale Zeichen. Die Symbole entfalten sich geschichtlich in den Kulturen.

Martin Heidegger erklärt das Sein zum Urgrund der Sprache: „Die Sprache ist das Haus des Seins" oder „Sprache ist lichtend verbergende Ankunft des Seins selbst". Sprache „west" im Gesprochenen, wobei das Gedicht als „rein Gesprochenes" gilt. Im Gedicht spricht die Sprache, nicht der Mensch. Aber das Sprechen „braucht" den Menschen als Hörer, der dem im Gedicht angesprochenen „Geheiß" der Welt und der Dinge entsprechen kann. Sprache „west" im Gespräch, aufgefasst als „miteinander Sprechen".

Ferdinand de Saussure hat die „Linguistik" genannte Sprachwissenschaft begründet. Er unterscheidet zwischen dem einzelnen Sprechakt (fr. *parole*) und dem geordneten sprachlichen Zeichensystem (fr. *langue*). Die Bedeutung oder Funktion ergibt sich aus der Beziehung zu den anderen Bestandteilen des jeweiligen sprachlichen Systems. Gegenwärtiger Bestand und geschichtliche Entwicklung der Sprachen ist zu untersuchen.

Noam Chomsky, bedeutender Sprachtheoretiker, erklärt den überraschend schnellen und korrekten Spracherwerb von Kindern aus angeborenen Sprachstrukturen, „linguistischen Universalien". Aus diesem kognitiven Organisationsprinzip, verbunden mit einem universalen Regelsystem, wird die Vielfalt möglicher Bedeutungsebenen generiert („Tiefenstrukturen“), aus denen sich die konkreten einzelsprachlichen Formulierungen ergeben („Oberflächenstrukturen“). Der Mensch ist in der Lage, jederzeit auch neue Sätze zu generieren und zu verstehen („generative Transformationsgrammatik“).

Ludwig Wittgenstein lehrt im *Tractatus*: Die Welt ist die Gesamtheit von Tatsachen; das logische Abbild ist der Gedanke; er wird als sinnvoller Satz ausgedrückt; unbedingte Exaktheit ist anzustreben. Am Ende der Abhandlung steht der berühmte Satz: „Wovon man nicht sprechen kann, darüber muss man schweigen“. Später, in den *Philosophischen Untersuchungen*, ist Wittgenstein von diesen Thesen wieder abgerückt: Wer wissen will, was ein Wort oder Satz bedeutet, muss sich die Regeln seines Gebrauchs in der jeweiligen sozialen Situation ansehen. Wittgenstein spricht von „Sprachspielen“. Die Bedeutung einer Spielfigur ergibt sich aus den Regeln, nach denen das Spiel gespielt wird. Sprachspiele decken die vielfältigen Bezüge der Sprache zu Kultur, Gesellschaft, Denken und Handeln auf.

Abschließend ist auf die im englischen Sprachraum verbreitete „analytische Philosophie“, genauer „sprachanalytische Philosophie“, hinzuweisen. Sie geht von der Annahme aus, dass philosophische Probleme aus einem unreflektierten Umgang mit der Sprache resultieren und dementsprechend durch logische Analyse der Sprache zu beseitigen sind.

Vielfalt der Sprachen: Die Zahl der natürlichen Sprachen in der Welt wird je nach Abgrenzungskriterium für die Einzelsprache mit 2500 bis 10000 angegeben. Es ist nicht gelungen, die Vielfalt der Sprachen auf eine gemeinsame Ursprache zurückzuführen. Die Grammatiken der verschiedenen Sprachfamilien unterscheiden sich zum Teil erheblich.

Die Entstehung der Sprache und der Sprachen ist unbekannt. Zu Beginn der historisch überschaubaren Zeit, also vor etwa 3000 Jahren, lagen die Sprachen bereits ausgeformt vor. Die naturalistischen Erklärungsversuche für die Lautgestalt der Worte erwiesen sich als reine Spekulation. Die Suche nach den Urworten und einer Urgrammatik ist erfolglos geblieben. Auch der Spracherwerb von Kindern gibt keinen Hinweis. Somit muss es wohl bei der Annahme bleiben, dass die Sprache ein göttliches Geschenk an die Menschen ist.

Literatur

1 Hoff, Gregor M.: *Die neuen Atheismen – Eine notwendige Provokation*. Kevelaer, 2009.
2 Mynarek, Hubertus: *Die Neuen Atheisten – Ihre Thesen auf dem Prüfstand*. Essen, 2010.
3 Klausnitzer, Wolfgang, u. Koziel, Bernd E.: *Atheismus – in neuer Gestalt?* Frankfurt a. M., 2012.
4 Lohfink, Gerhard: *Der neue Atheismus – Eine kritische Auseinandersetzung*. Stuttgart, 2013.
5 Zager, Werner (Hg.): *Der neue Atheismus – Herausforderungen für Theologie und Kirche*. WBG (Wissenschaftliche Buchgesellschaft), Darmstadt, 2017.
6 Dawkins, Richard: *Der Gotteswahn*. Ullstein Verlag, Berlin, 2008.
7 Schmidt-Salomon, Michael: *Manifest des evolutionären Humanismus – Plädoyer für eine zeitgemäße Leitkultur*. Aschaffenburg, [2]2006.
8 Wuketits, Franz M.: *Darwins Kosmos – Sinnvolles Leben in einer sinnlosen Welt*. Aschaffenburg, 2009.
9 Wuketits, Franz M.: *Was Atheisten glauben*. Gütersloh, 2014.
10 Harris, Sam: *The End of Faith – Religion, Terror and the Future of Reason*. Norton Comp., New York, 2004.
11 Jammer, Max: *Einstein and Religion – Physics and Theology*. Princeton University Press, Princeton NJ, 1999.
12 Einstein, Albert: *Einstein sagt – Zitate, Einfälle, Gedanken* (Hg. Alice Calaprice). Piper Verlag, München, 2007.
13 Einstein, Albert: *Mein Weltbild* (Hg. Carl Seelig). Ullstein Verlag, Berlin, [33]2015.
14 Weischedel, Wilhelm: *Die philosophische Hintertreppe – 34 große Philosophen in Alltag und Denken*. Deutscher Taschenbuch Verlag, München, [15]1987.
15 Hirschberger, Johannes: *Geschichte der Philosophie – Neuzeit und Gegenwart*. Verlag Herder, Freiburg i. Br., [10]1979.
16 Russell, Bertrand: *History of Western Philosophy – and its Connection with Political and Social Circumstances from the Earliest Times to the Present Day*. George Allen & Unwin, London, [8]1975.
17 Volpi, Franco u. Nida-Rümelin, Julian: *Lexikon der philosophischen Werke*. Alfred Kröner Verlag, Stuttgart, 1988.
18 Spinoza: *Die Ethik – Schriften und Briefe*. Alfred Kröner Verlag, Stuttgart, [8]2010.
19 Baruch de Spinoza: *Ethik in geometrischer Ordnung dargestellt*, Lateinisch–Deutsch. Felix Meiner Verlag, Hamburg, [4]2015.
20 Bartuschat, Wolfgang: *Baruch de Spinoza*. Verlag C. H. Beck, München, [2]2006.
21 Curley, Edwin: *Behind the Geometrical Method – A Reading of Spinoza's Ethics*. Princeton University Press, Princeton NJ, 1988.
22 Sandkaulen, Birgit: *„Der Himmel im Verstande" – Spinoza und die Konsequenz des Denkens*. Zeitschrift für Ideengeschichte V/1, 2011, S. 15–28.
23 Schmidt, Heinrich: *Philosophisches Wörterbuch* (Stichworte *Goethe, Leibniz, Böhme*). Kröner-Verlag, Stuttgart, [20]1978.

24 Osten, Manfred: *„Gedenke zu leben! Wage es, glücklich zu sein!" - oder Goethe und das Glück*. Wallstein Verlag, Göttingen, 2017.
25 Spranger, Eduard: *Goethes Weltanschauung*. Insel Verlag, Leipzig, 1933.
26 Schöne, Albrecht: *Fausts Himmelfahrt – Zur letzten Szene der Tragödie*. Carl Friedrich von Siemens Stiftung, München, 1994.
27 Radaj, Dieter: *Weischedels Minimaltheologie im Spiegel der Sprachkunst*. Echter Verlag, Würzburg, 2016.
28 Eichler, Klaus-Dieter: *Travestie und Ideologie - Spinoza bei Marx und im Denken der DDR*. Zeitschrift für Ideengeschichte V/1, 2011, S. 42-60.
29 Neu, Jerome: *Emotion, Thought and Therapy - A Study of Hume and Spinoza*. Routledge, London 1977.
30 von Weizsäcker, Carl F.: *Aufbau der Physik*. Carl Hanser Verlag, München, 1985.
31 von Weizsäcker, Carl F.: *Zeit und Wissen*. Carl Hanser Verlag, München, 1992.
32 Feynman, Richard P.: *Vom Wesen physikalischer Gesetze*. Piper Verlag, München, 2003.
33 Barbour, Ian G.: *Wissenschaft und Glaube – Historische und zeitgenössische Aspekte*. Vandenhoeck & Ruprecht, Göttingen, 2003.
34 Heisenberg, Werner: *Physik und Philosophie*. Carl Hanser Verlag, München, 1992.
35 Prigogine, Ilya: *Vom Sein zum Werden – Zeit und Komplexität in den Naturwissenschaften*. Piper Verlag, München, [2]1980.
36 Eigen, Manfred: *Evolution und Zeitlichkeit*. In: *Die Zeit*, S. 35-57. Piper Verlag, München, [4]1998.
37 Schelling, Friedrich W.: *Über das Wesen der menschlichen Freiheit*. Mit Anmerkungen von Horst Fuhrmans. Philipp Reclam, Stuttgart, 1964.
38 Störig, Hans: *Kleine Weltgeschichte der Philosophie*. Fischer Taschenbuch Verlag, Frankfurt a. M., [13]1987.
39 Küng, Hans: *Existiert Gott? Antwort auf die Gottesfrage der Neuzeit*. Piper Verlag, München, [4]2006.
40 Stegmüller, Wolfgang: *Kritischer Realismus: Nicolai Hartmann*. In: *Hauptströmungen der Gegenwartsphilosophie*, Bd. I, S. 243–287. Alfred Kröner Verlag, Stuttgart, [6]1978.
41 Radaj, Dieter: *Philosophische Grundbegriffe der Naturwissenschaften – Sein und Werden, Raum und Zeit, Kausalität und Wechselwirkung, Zufall und Notwendigkeit*. WBG (Wissenschaftliche Buchgesellschaft), Darmstadt, 2017.
42 Hirschberger, Johannes: *Geschichte der Philosophie – Altertum und Mittelalter*. Verlag Herder, Freiburg i. Br., [11]1979.
43 Jonas, Hans: *Materie, Geist und Schöpfung*. Suhrkamp Verlag, Frankfurt a. M., 1988.
44 Jonas, Hans: *Macht oder Ohnmacht der Subjektivität*. Suhrkamp Verlag, Frankfurt a. M., 1987.
45 Hartmann, Nicolai: *Das Problem des geistigen Seins*. Verlag Walter de Gruyter, Berlin, [2]1949.
46 Hartmann, Nicolai: *Ethik*. Verlag Walter de Gruyter, Berlin, [2]1935.
47 Schäfer, Peter: *Zwei Götter im Himmel – Gottesvorstellungen in der jüdischen Antike*. Verlag C. H. Beck, München, 2017.
48 Küng, Hans: *Das Christentum – Die religiöse Situation der Zeit*. Piper Verlag, München, [2]2003.
49 Buber, Martin: *Ich und Du*. Philipp Reclam, Stuttgart, 1995.
50 Jonas, Hans: *Der Gottesbegriff nach Auschwitz – Eine jüdische Stimme*. Suhrkamp Verlag, Frankfurt a. M., 1987.
51 Lohmann, Hans-Martin: *Sigmund Freud*. Rowohlt Verlag, Reinbek bei Hamburg, 2006.

52 Freud, Sigmund: *Totem und Tabu*, In: *Sigmund Freud Studienausgabe*. Bd. IX, S. 287–444. S. Fischer Verlag, Frankfurt a. M., [5]1989.

53 Freud, Sigmund: *Der Mann Moses und die monotheistische Religion*. In: *Sigmund Freud Studienausgabe*. Bd. IX, S. 445–581. S. Fischer Verlag, Frankfurt a. M., [5]1989.

54 Riesenhuber, Klaus: *Nichts*. In: *Handbuch philosophischer Grundbegriffe*, S. 991–1008. Kösel Verlag, München, 1973.

55 Quint, Josef (Hg.): *Meister Eckhart, Deutsche Predigten und Traktate*. Diogenes Taschenbuch, Zürich, 1979.

56 Ruh, Kurt: *Meister Eckhart – Theologe, Prediger, Mystiker*. Verlag C. H. Beck, München, 1985.

57 Flasch, Kurt: *Meister Eckhart, Philosoph des Christentums*. Verlag C. H. Beck, München, [9]2011.

58 Nishitani, Keiji: *Was ist Religion*? Insel Verlag, Frankfurt a. M., [2]1986.

59 Flasch, Kurt: *Nicolaus Cusanus*. Verlag C. H. Beck, München, [3]2007.

60 Weischedel, Wilhelm: *Der Gott der Philosophen – Grundlegung einer Philosophischen Theologie im Zeitalter des Nihilismus*. Wissenschaftliche Buchgesellschaft, Darmstadt, [3]1975.

61 Stein, Edith: *Endliches und ewiges Sein – Versuch eines Aufstiegs zum Sinn des Seins*. Verlag Herder, Freiburg i. Br., 2006.

62 Waldenfels, Hans: *Absolutes Nichts – Zur Grundlegung des Dialogs zwischen Buddhismus und Christentum*. Verlag Herder, Freiburg i. Br., 1976.

63 Ohashi, Ryōsuke (Hg.): *Die Philosophie der Kyōto-Schule – Texte und Einführung*. Verlag Karl Alber, Freiburg i. Br., 1990.

64 Brüll, Lydia: *Die japanische Philosophie – Eine Einführung*. Wissenschaftliche Buchgesellschaft, Darmstadt, [2]1993.

65 Radaj, Dieter: *Buddhisten denken anders – Schulen und Denkwege des traditionellen und neuzeitlichen Buddhismus*. IUDICIUM Verlag, München, 2011.

66 Schumann, Hans W.: *Handbuch Buddhismus – Die zentralen Lehren: Ursprung und Gegenwart*. Heinrich Hugendubel Verlag, Kreuzlingen/München, [2]2008.

67 Dumoulin, Heinrich: *Geschichte des Zen-Buddhismus*, Bd. 2: *Japan*. Francke Verlag, Bern, 1986.

Personenregister

Sachregister